Der

Reichstag und die Partheien

von

Dr. Jolly,
Großherzoglich Badischem Staatsminister a. D.
und Präsidenten der Oberrechnungskammer.

Berlin.
Druck und Verlag von G. Reimer.
1880.

Inhalt.

Unser junges Deutsches Reich hat sein erstes Jahrzehnt zurückgelegt. Bei einem Rückblick auf dasselbe sollte man in den weitesten Kreisen das frohe Behagen erwarten, wie es einem Volke geziemt, das nach Jahrhunderte langem Sehnen und Streben das Ziel seiner heißesten Wünsche erreicht und den Bau seines in schwerer Kriegsnoth gegründeten nationalen Staatswesens in rüstiger Friedensarbeit unausgesetzt und rasch voranschreiten und sich befestigen sieht. Es bedarf nicht einmal des Blickes nach Außen, um auch dem Mismuthigsten das Herz höher schlagen zu machen bei einem Vergleich zwischen den heutigen Ehren des deutschen Namens und der früher uns gewährten mitleidigen Duldung, auch im Innern sind die Fortschritte unvergleichlich. So kurz die Spanne Zeit ist, welche uns von der Gründung des Norddeutschen Bundes trennt, so sind doch der kaum verhehlte Haß und das giftige Mistrauen, welche noch das erste Zollparlament spalteten, und die Unsicherheit des norddeutschen und des ersten deutschen Reichstags, wie weit die Idee eines gemeinsamen deutschen Staatslebens sich werde verwirklichen lassen, durch das Erlebte aus unserer Erinnerung vollständig verdrängt. So fest und stark ist unser deutscher Staat in die Wirklichkeit getreten, daß Niemand daran verzweifelt, ihn den höchsten Aufgaben gewachsen zu sehen; er ist bisher vor keiner zurückgeschreckt. Gegenüber der Thatsache, daß das Reich sich vollkommen befähigt erwies, alle idealen oder materiellen Aufgaben, welche die Zeit ihm entgegenbrachte, zu lösen, verliert die Frage sehr an Bedeutung, ob die Lösung in allen Fällen die richtige und beste war. Die Antwort darauf muß von verschiedenen Standpunkten aus verschieden ausfallen; die Hauptsache ist, daß unser nationaler Staat, die Bürgschaft unserer Zukunft, in voller Kraft lebt und wirkt, daß die Verschmelzung unserer Einzelstaaten zu einem wahrhaftigen Staatsganzen so rasche und so solide Fortschritte gemacht hat, wie ein besonnener Politiker selbst nach den gewaltigen Ereignissen des Jahres 1870 sie wohl wünschen mochte, aber schwerlich für den kurzen Zeitraum eines Jahrzehnts vorauszusetzen gewagt hat.

Statt freudiger Dankbarkeit für das Errungene und froher Zuversicht in die Zukunft ist aber leider in weiten Kreisen Deutschlands ein gewisses Misbehagen verbreitet. Es fehlt nicht an Gründen, welche eine gedrückte Stimmung breiter Massen erklären; die Folgen der wirthschaftlichen Calamitäten sind, wenn auch eine Wendung zum Besseren eingetreten zu sein scheint, noch nicht überwunden; der Ultramontanismus übt seit Jahren unablässig seine viel erprobte Kunst, das Misvergnügen, das er über die Vereitelung seiner Herrschaftsplane empfindet, den weitesten Kreisen einzuimpfen, unterstützt von der Maulwurfsarbeit der Sozialdemokratie, welche durch Aufstachelung der Unzufriedenheit und Begehrlichkeit der Einen und durch Erregung der Sorge der Andern den öffentlichen Geist vergiftet. Trotz dessen ist in der Masse unseres Volkes die politische Stimmung nicht verbittert; es fühlt mit Befriedigung den unermeßlichen Fortschritt, den wir in nationaler Beziehung gemacht haben, und es theilt nicht die Sorge einzelner Partheien, die innere Politik des Reiches werde in Bahnen eintreten, welche mit dem nationalen Geistesleben oder den Bedürfnissen der Gegenwart in Widerspruch stehen. Die Unsicherheit, die Sorge, das Misbehagen über unsre politischen Zustände sind vorzugsweise unter denjenigen verbreitet, welche unmittelbar und activ an den politischen Kämpfen sich betheiligen oder wenigstens mit eingehender geistiger Theilnahme denselben folgen. Am stärksten tritt diese Verstimmung zur Zeit bei den liberalen Partheien hervor, welche, wenn nicht die nationalen, doch verschiedene liberale Errungenschaften des letzten Jahrzehnts bedroht glauben. Insbesondere unter den Nationalliberalen sind seit der Tarifreform und den sie begleitenden Kämpfen Mistrauen und Verstimmung im Wachsen; zwar schien die letzte Session des Reichstags, während welcher die früher viel umstrittenen Gesetze über die Heeresorganisation und gegen die Sozialdemokratie ohne Schwierigkeiten verlängert wurden, unter dem bewährten Zusammenwirken der Nationalliberalen mit den beiden konservativen Partheien unter Zurückdrängen der allzu scharfen Elemente auf beiden Seiten Anfangs einen günstigen Verlauf zu nehmen, bis gegen Ende der Session durch die unter wesentlicher Mitwirkung eines Theils der Nationalliberalen erfolgte Ablehnung der Samoavorlage und durch die von eben dieser Seite gegen die Elbschifffahrtsacte erhobenen Schwierigkeiten das Bild sich vollständig änderte. In beiden Fällen hatte allerdings nur ein Theil der Parthei eine oppositionelle Stellung gegen die Regierung eingenommen, immerhin mußten durch diese Vorgänge die Beziehungen der ganzen Parthei zu der Regierung getrübt werden, und wenn in denselben einer Seits eine so tief gehende Meinungsverschiedenheit unter den Partheigenossen sich offenbarte, daß die nunmehr erfolgte Sezession einer Anzahl der entschiedensten Gegner des (wirthschaftlichen) Programms der Regierung nicht allzu sehr wundern kann, so sind sie doch anderer Seits zugleich ein Symptom einer über den Kreis der Sezessionisten hinausreichenden Verstimmung, ohne welche diese ihren gewagten Schritt wohl schwerlich unternommen hätten. Das Zentrum, welches sich mit der Hoffnung geschmeichelt hatte, für die bei der Tarifreform geleisteten Dienste der Regierung gegenüber in die Stelle der Nationalliberalen einrücken zu können, sieht sich in seinen Erwartungen getäuscht und setzt seine alte Opposition gegen alles und jedes, kaum in der Form etwas gemäßigt, unverändert fort. Selbst die konservativen Partheien, obgleich die Zeichen der Zeit für sie günstig stehen, fühlen sich unbehaglich und unsicher; die äußerste Rechte ahnt, daß sie auch im günstigsten Fall auf gar manche ihrer Ziele wird verzichten müssen, und die Gemäßigten bemühen sich vergeblich um eine Partheibildung, durch welche eine große und bleibende konservativ-liberale Majorität gesichert würde.

Gewiß hat jede unsrer Partheien von ihrem Standpunkt aus Gründe genug zu Beschwerden und Sorgen jeder Art. Es ist hier nicht beabsichtigt dieselben auf ihre Stichhaltigkeit hin zu untersuchen; nur die Thatsache war zu konstatiren, daß ungeachtet der glänzenden Erfolge, welche wir dem verflossenen Jahrzehnt zu verdanken haben, doch in sehr weiten Kreisen und zumeist in den activ an unserem politischen Leben betheiligten, keineswegs eine jenen Erfolgen entsprechende gehobene, sondern eher eine gerade entgegengesetzte Stimmung die herrschende ist. Es beruht dies nicht auf einzelnen politischen Akten, welche, wenn sie die eine Parthei verletzen, dagegen die andere befriedigen. Der eigentliche Grund jener unliebsamen Erscheinung liegt vielmehr in der ganz natürlichen und unvermeidlichen Unfertigkeit unsrer politischen Zustände, welche das frohe Gefühl der

Sicherheit nicht aufkommen und bei jeder Wendung der Verhältnisse alles mühsam Errungene wieder in Frage gestellt erscheinen läßt. Dieses Gefühl des Unbehagens, die nothwendige Folge der Neuheit unsres Reiches, wird wesentlich verschärft durch zwei spezifische Züge unsres Volkscharakters; unser Idealismus, so sehr wir demselben nicht wenige unsrer besten Besitzthümer auch auf dem politischen Gebiet zu verdanken haben, bedroht uns doch immer mit der Gefahr, das wirklich Erreichte zu unterschätzen, weil es nicht in der ganzen Schönheit des Gedankens sich darstellt, und unser Hang zur Kritik verleitet uns nicht selten, nur die Unvollkommenheiten an Personen und Sachen hervorzuheben, während wir das Entsprechende an ihnen als etwas Selbstverständliches, einer weiteren Diskussion nicht Bedürftiges hinnehmen. Sind andere Völker an selbstzufriedenem Optimismus zu Grunde gegangen, so haben wir eher unter einem Uebermaaß der Kritik zu leiden.

Alle die Gründe, welche unsre politischen Zustände überhaupt leicht in zu trübem Licht uns erscheinen lassen, treffen in besonders hohem Grade bei dem Reichstag zusammen. Das deutsche Parlament, das höchste Ziel der wärmsten nationalen Wünsche seit Generationen, war in unsrer Vorstellung nicht nur ein unentbehrliches Mittel zur Erreichung befriedigender politischer Zustände, sondern die vollendete Verwirklichung dieser Zustände geworden. Noch ehe diese gewaltige Neuerung nach allen Seiten sich festsetzen und bleibende sichere Stellung zu den andern im Staatsleben wirksamen Kräften nehmen konnte, erwarten wir von ihr in idealistischer Uebertreibung die höchsten Wirkungen, wie sie überhaupt von einer parlamentarischen Körperschaft ausgehen können, und sind geneigt, das wirklich Geleistete und Erreichte in allzu scharfer Kritik zu unterschätzen. Dieser ungeduldigen Verstimmung unterliegen naturgemäß zumeist die ringenden Kämpfer selbst; sie muß aber überwunden werden. Ihr gegenüber ist es eine Wohlthat, neben der noch zu bewältigenden Arbeitslast auch die bereits gewonnenen Früchte von Zeit zu Zeit in's Auge zu fassen, um sich daran zu erfreuen und zu ermuthigen und um zu erkennen, auf welchen Wegen die reichste Erndte zu erwarten ist. Unser junger deutscher Reichstag braucht den Vergleich mit ähnlichen politischen Körperschaften nicht zu scheuen. Allerdings ist der deutsche Constitutionalismus wesentlich verschieden von seinem englischen Vorbild und er scheint darauf angewiesen, mit andern Mitteln und Kräften als jenes sein Ziel zu erreichen. Der deutsche Reichstag hat aber bereits eine sehr bedeutende Wirksamkeit hinter sich und besitzt eine sehr erhebliche reelle Leistungsfähigkeit, so daß wir seinetwegen, weit entfernt einen Grund zu kleinmüthigem Verzagen oder trotziger Ungeduld zu haben, mit froher Zuversicht in die Zukunft schauen können.

Leistungen des Reichstags.

Es ist fast wunderbar, vor deutschen Lesern den Beweis anzutreten, daß der deutsche Reichstag während seines noch nicht drei Lustra umfassenden Bestehens eine sehr tief eingreifende Wirksamkeit gehabt hat; sie haben ja alle das an sich Selbstverständliche miterlebt; und doch ist keine Klage verbreiteter, als die über die vermeintliche, mindestens relative Bedeutungslosigkeit des Reichstags gegenüber der alles andere weit überragenden Macht der Reichsregierung, oder deutlicher und konkreter gesprochen, des Reichskanzlers. Unzweifelhaft hat er, wie er der Schöpfer des Reiches ist, auch die weitere Entwickelung desselben bisher im Wesentlichen bestimmt; er wäre aber nicht das unvergleichliche Herrschtalent, das er in Wahrheit ist, wenn er es nicht verstände, alle politisch lebendigen Kräfte in der Nation sich bethätigen zu lassen und für das höchste Ziel, die Festigung und den Ausbau unsres nationalen Staates zu verwerthen. So konnte der Reichstag neben ihm, seine eigenen Intentionen fördernd, hemmend, modifizirend, eine reiche Wirksamkeit entfalten. Um die übliche Unterschätzung derselben zu bekämpfen, genügt es, in kurzen Zügen an das zu erinnern, was in einer Reihe von wichtigen Angelegenheiten der Reichstag zwar nicht in Gegnerschaft mit, aber im Gegensatz zu der Regierung geleistet hat. Es kommt dabei zunächst nur darauf an, auf die eingreifenden Spuren hinzuweisen, welche die Thätigkeit des Reichstags in unserm jungen Staatsleben zurückgelassen hat, während die ohnehin je nach den verschiedenen politischen Standpunkten verschieden zu beantwortende Frage, ob die einzelnen Entscheidungen und Beschlüsse des Reichstags dem Reiche zum Vortheil oder zum Nachtheil gereichten, hier unerörtert bleiben kann. Dagegen gehört es zur Vollständigkeit des Bildes, auch der erfolglos gebliebenen Bestrebungen des Reichstags zu gedenken und die Stellung zu markiren, welche die einzelnen Partheien in den Hauptfragen eingenommen haben.

Vor allem die Reichs- oder Bundesverfassung selbst hat durch den constituirenden Reichstag, obgleich demselben formell nur eine berathende Stimme zustand, höchst bedeutungsvolle Aenderungen erfahren. Schon die erweiterten Competenzen der Zentralgewalt, welche der Reichstag veranlaßte, sind von erheblicher Bedeutung, so die Ausdehnung des Gesetzgebungsrechts des Reichs auf das Straf- und das Obligationenrecht (später durch Gesetz v. 20. Dez. 1873 auf das gesammte bürgerliche Recht), die Einräumung des Rechts an das Reich, auch direkte Steuern zu erheben, die Erweiterung der Befugnisse des Reichs in Schifffahrtsangelegenheiten u. a. Nach einer andern Seite hin beruht es auf Beschlüssen des constituirenden Reichstags, daß im Gegensatz zu dem Entwurf der Norddeutschen Bundesverfassung Beamte nicht nur in den Reichstag wählbar sind, sondern auch zum Eintritt in denselben keines Urlaubs bedürfen; (nicht ohne Interesse ist es, daß Lasker bereit war, gegen das Zugeständniß von Diäten für die Reichstagsabgeordneten die Wählbarkeit der Beamten aufzugeben, und daß Twesten unbedingt sich gegen dieselbe erklärte). Ebenso ist durch den constituirenden Reichstag der Verfassungsgrundsatz festgestellt, daß Mitglieder des Parlaments nicht ohne dessen Zustimmung verhaftet werden dürfen, und daß wahrheitsgetreue Berichte über Parlamentsverhandlungen straffrei sind; und es ist bekannt, daß es dem beharrlichen Bemühen des Reichstags gelungen ist, in dem Reichsstrafgesetzbuch ungeachtet der entgegenstehenden formellen Bedenken und mit Ueberwindung der offen zugestandenen Antipathien des Reichskanzlers die Straflosigkeit der Aeußerungen eines Mitgliedes des Reichstags oder eines Landtags in diesen Körperschaften, sowie der wahrheitsgetreuen Berichte über deren Verhandlungen zu gemeinem deutschen Recht zu machen. Unvergleichlich wichtiger aber als derartige Einzelnheiten ist die, man kann wohl sagen, fundamentale Umgestaltung, welche der ursprüngliche Verfassungsentwurf durch die Aenderungen des Reichstags an den Bestimmungen über das Militärwesen und das Budget sowie durch die Hinzufügung der Verantwortlichkeit des Bundeskanzlers erfahren hat. Nach dem Entwurf sollte die Friedenspräsenzstärke des Heeres ein für allemal durch die Verfassung selbst festgestellt und es sollten pro Mann dieser Friedenspräsenz unabänderlich 225 Thlr. an die Kriegsverwaltung bezahlt werden, so daß diese wegen ihrer Einnahmen und ihrer Ausgaben bis zu dem angegebenen Betrag von dem Reichstag vollkommen unabhängig gewesen wäre. Auch für die Marine sollte ein besonderer, auf längere Dauer berechneter Etat aufgestellt und nur für den kleinen übrig bleibenden Rest gemeinsamer Ausgaben ein eigentliches, übrigens für die ganze Legislaturperiode, also jeweils für 3 Jahre geltendes Budget mit dem Reichstag vereinbart werden; aber auch in diesem waren unter den Einnahmen die Ueberschüsse früherer Jahre und die Festsetzung der Matrikularbeiträge in einem ziffermäßig bestimmten Betrag nicht vorgesehen, vielmehr sollten die Matrikularbeiträge je nach Bedarf, so weit die eignen Einnahmen des Reichs (aus Zöllen, gemeinsamen Steuern, Post- und Telegraphengefällen) zur Deckung der Ausgaben nicht reichten, von dem Präsidium ausgeschrieben werden. Daß in allen diesen Beziehungen der constituirende Reichstag die ihm unterbreiteten Vorschläge in ganz radikaler Weise umgestaltet hat, ist klar. Die Friedenspräsenzstärke und das Pauschquantum für die Militärverwaltung sind durch die Verfassung selbst nur provisorisch für ein Uebergangsstadium (bis zum Ende des Jahres 1871, durch Gesetz v. 9. Dez. 1871 bis zum Ende des Jahres 1874) bewilligt, erstere soll dann durch Gesetz, der Bedarf der Kriegsverwaltung jeweils auf Grund der zu Recht bestehenden Heeresorganisation durch das Budget festgestellt werden. Das Budget wird nur für je ein Jahr festgestellt und umfaßt alle Ausgaben, wie die für das Heer (von 1872 an) so auch die für die Marine, und alle Einnahmen, namentlich auch die etwaigen Ueberschüsse aus Vorjahren und die Matrikularbeiträge in ziffermäßig genau festgesetzter Höhe. Es ist schwer zu entscheiden, ob die größere Bedeutung dieser Aenderungen in der sehr starken Ausdehnung der Rechte und des Einflusses des Reichstags oder darin gelegen ist, daß durch dieselben der Norddeutsche Bund sofort bei seinem Entstehen in ungleich schärferer Weise den Character eines wirklichen Staates, statt eines bloßen Bundes, annahm, als es nach dem Vorschlag der Regierungen der Fall gewesen sein würde. Während diese sich untereinander nur über bestimmte, unabänderliche Leistungen für das Heer vereinbart und auch für die Marine Verständigungen für längere Dauer in Aussicht genommen hatten, und nur für den zumal nach den damaligen Verhältnissen verschwindend kleinen Rest der Ausgaben ein wirkliches Budget aufstellen wollten, hat der constituirende Reichstag es dahin gebracht, daß nicht eine für immer oder für längere Zeiten getroffene Vereinbarung (nach Art des Bundes), sondern das jeweilige Bedürfniß (nach Art des Staates) für Ausgaben und Einnahmen entscheidend ist. Und in der gleichen Richtung wirkte auch der ebenfalls durch den Reichstag in die Verfassung aufgenommene Grundsatz der Verantwortlichkeit des Bundeskanzlers für alle Anordnungen und Verfügungen des Bundespräsidiums. Ueber Sinn und Bedeutung dieser Verantwortlichkeit ist schon viel gesprochen und gestritten worden; sie ist als auf einer ausdrücklichen Bestimmung der Verfassung beruhend und in Verbindung mit der Formvorschrift, daß alle Regentenhandlungen des Kaisers an die Contrasignatur des Kanzlers gebunden sind, unzweifelhaft als eine rechtliche wenigstens in dem Sinn aufzufassen, daß der Kanzler durch sie ausdrücklich verpflichtet wird, bei Leitung der Regierungsgeschäfte sich innerhalb der Schranken der Gesetze zu halten, und daß, wenn auch der Reichstag nicht eine Ministeranklage wegen Gesetzesverletzung erheben kann, doch das gegen das Gesetz Geschehene rechtlich unwirksam sein soll. Der Grundsatz, daß die Regierung nicht über, sondern unter dem Gesetz steht, ist in unsern Anschauungen so festgewurzelt, so sehr die Voraussetzung aller unserer Staatseinrichtungen, daß seine Nichterwähnung in dem Entwurfe der verbündeten Regierungen wohl kaum als eine eigentliche Negation desselben gemeint war. Bleibt dessenungeachtet seine ausdrückliche Festsetzung eine wesentliche Verbesserung der Verfassung, so ist es doch noch wichtiger, daß durch die dem Kanzler gegenüber dem Reichstag auferlegte Verantwortlichkeit die Reichszentralgewalt im Verhältniß zu den Einzelstaaten verselbstständigt und in ihrem Wesen bedeutend erhöht wurde. Es ist sehr lehrreich, die Aeußerungen des Reichskanzlers über diesen Punkt in dem Verfassung gebenden Reichstag und später bei den Verhandlungen über das Stellvertretungsgesetz zu vergleichen. Ursprünglich hatte er sich den Bundeskanzler als Unterstaatssecretär des preußischen Ministers des Auswärtigen gedacht; der Bund gehört nach dieser Auffassung zu dem Ressort des letzteren, er wird hegemonisch von Preußen geleitet, der Kanzler als bloßes Hülfsorgan des preußischen Ministers hat keine selbständige Verantwortlichkeit, diese trifft nur seinen Chef gegenüber dem preußischen Landtag; mit der directen Verantwortlichkeit des Kanzlers im Verhältniß zu dem Bunde (Reiche) ändert sich alles mit einem Schlag, jetzt kann, um dem Bunde (Reiche) die unentbehrliche Macht und in demselben Preußen die nothwendige Geltung zu bewahren, nur der Chef der preußischen Regierung Bundes(Reichs)kanzler sein; der selbstständige staat=

liche Character des Bundes hat einen gewaltigen Schritt vorwärts gethan.

Nach der ersten Lesung der Verfassung des Norddeutschen Bundes waren nur zwei Punkte übrig geblieben, in welchen ein ungelöster Widerspruch zwischen dem konstituirenden Reichstag und den Regierungen bestand. Bei der ersten Lesung war das Pauschquantum für das Heer lediglich als Provisorium bewilligt und für die Zeit nach Ablauf desselben keinerlei Vorkehr getroffen, so daß von da an über das Kriegsbudget in Ausgaben und Einnahmen frei durch den Reichstag zu beschließen gewesen wäre. Die Regierungen lehnten die daraus für die Existenz des Bundesheeres entstehende Unsicherheit unbedingt ab und nach lebhaften Verhandlungen gelang schließlich eine Verständigung dahin, daß die Feststellung der Ausgaben für das Heer künftig durch das Budget also unter Mitwirkung des Reichstags unter Zugrundelegung der bestehenden Heeresorganisation erfolgen, daß aber auch nach Ablauf des Provisoriums die Verbindlichkeit der Einzelstaaten fortdauern solle, für jeden Mann der in der Verfassung oder durch ein späteres abänderndes Gesetz festgestellten Friedenspräsenzstärke 225 Thaler an die Bundeskasse zu zahlen. Zu dieser Bestimmung, welche das Einnahmebewilligungsrecht des Reichstags formell einengt, (materiell hat die Noth längst zu weit größeren Bewilligungen geführt) ist der konstituirende Reichstag allerdings zunächst durch die unbedingte Forderung der Regierungen, die sogar noch weiter gehen wollten, bewogen worden; die Zustimmung ist aber doch schwerlich als eine lediglich dem übermächtigen, nicht abzuweisenden Begehren der Regierungsgewalt gemachte Conzession zu betrachten, man wird vielmehr anerkennen müssen, daß es durch die Macht der Verhältnisse geboten war, den eben erst in blutigem Krieg gegründeten Bundesstaat und seinen für's erste fast einzigen Halt, das Heer von dem guten Willen seiner zum Theil sehr wiederstrebenden Glieder möglichst unabhängig zu machen. — Der zweite Differenzpunkt betraf die Diäten der Reichstagsabgeordneten, welche, bei der ersten Lesung angenommen, bei der zweiten in der That nur mit Rücksicht auf das unbedingte Verlangen der Regierungen, welche sonst den Entwurf nicht annehmeu zu können erklärten, von nicht wenigen Votanten mit Hintansetzung ihrer persönlichen Ueberzeugung gestrichen wurden; übrigens darf zu richtiger Würdigung dieses Miserfolges des Reichstags nicht außer Acht gelassen werden, daß unter den Partheien, welche die Mehrheit für die Verfassung bildeten, von Anfang an nicht wenige, namentlich so ziemlich alle Conservativen geschlossen gegen Diäten waren. Die eigentlichen Urheber der maßvollen und doch so tief eingreifenden Aenderungen an dem ursprünglichen Entwurf der Bundes- (Reichs-) Verfassung sind die Nationalliberalen; im Wesentlichen in gleicher Richtung, bald sie unterstützend, bald zwischen ihnen und der Regierung vermittelnd, wirkten die gemäßigten Conservativen, namentlich die Gruppe, welche später die Reichsparthei bildete. Der Fortschritt, die Partikularisten, die damals vorhandenen Keime des späteren Zentrums bemühten sich darum, daß s. g. Grundrechte in der Verfassung aufgestellt, dieselbe nach den herkömmlichen konstitutionellen Doctrinen ausgebildet, ein Staatenhaus geschaffen werde u. s. w., vermochten aber für ihre Anträge weder die Regierungen noch die Mehrheit des Reichstags zu gewinnen, und stimmten schließlich größten Theils gegen das ganze Verfassungswerk.

Von besonderem Interesse für die weitere Entwickelung unseres Verfassungslebens sind zunächst die verschiedenen Versuche, die Ministerverantwortlichkeit, die in der Verfassung nur als Grundsatz ausgesprochen ist, bestimmter auszubilden. Schon im Jahre 1867 wurde der Antrag gestellt, in das Etatgesetz die ausdrückliche Bestimmung aufzunehmen, der Bundeskanzler sei wegen Nichteinhaltung des Etats civilrechtlich vor dem Oberappellationsgericht in Lübeck verantwortlich; es ist ebenso interessant, von Schwarze neben Hänel und Reichensperger unter den Vertheidigern, wie Twesten und Lasker als die entschiedensten Gegner des Antrags zu treffen, welcher denn auch in Uebereinstimmung mit den Ausführungen der letztern schon aus dem formellen Grunde abgelehnt wurde, daß eine solche wesentliche Verfassungsbestimmung nicht in ein Etatgesetz gehöre. Dagegen gelangte ebenfalls 1867 der verwandte Antrag, in dem Gesetze über die Verwaltung der Bundesschulden dem Reichstage die Befugniß beizulegen, durch seine Mitglieder in der Bundesschuldenkommission die Beamten der Schuldenverwaltung wegen Verletzung ihrer Pflichten civilrechtlich zu verfolgen, im Reichstag zur Annahme, das Gesetz scheiterte aber an diesem Verlangen, wurde dann, nachdem in Folge davon das für die Marine bewilligte Anlehen nicht hatte vollzogen werden können und die Entwickelung der Marine dadurch in's Stocken gerathen war, im Jahre 1868 unter Weglassung obiger Bestimmung, aber unter Nachgiebigkeit der Regierungen in einem andern Differenzpunkte wieder vorgelegt, um schließlich, weil der Reichstag die fragliche Bestimmung wieder beifügte, von den Regierungen zum zweitenmal zurückgezogen zu werden. Die Verhandlungen waren ziemlich lebhaft; der Reichstag empfand die gegen seine Wünsche verfügte Sistirung in der Entwickelung der Marine als eine unbillige Pression, um ihn in der Verantwortlichkeitsfrage zur Nachgiebigkeit zu bestimmen, der Bundeskanzler erklärte entschieden, das Gesetz werde, wenn der Reichstag auf seiner Klausel beharre, scheitern und machte diesen für die damit verbundene Schädigung der Marine verantwortlich; nachdrücklich wies er den nach seiner Auffassung in dem Antrag des Reichstags gelegenen Versuch zurück, die gegebene Lage zu benützen, um die parlamentarische Macht auf Kosten der Regierungsgewalt zu erweitern. Das sachlich wohl bedeutendste Argument gegen den Vorschlag, daß durch denselben prinzipwidrig dem Reichstag direct Rechte gegen untergeordnete Beamte beigelegt würden, ist namentlich von Windthorst, übrigens vergeblich, geltend gemacht worden. In der Sache ist schließlich der Bundeskanzler Sieger geblieben; die Verwaltung der Bundesschulden, zunächst der Marineanleihe, dann successiv auch die der später aufgenommenen wurde der bestehenden Preußischen Behörde für Verwaltung der Preußischen Staatsschulden übertragen und dabei selbstverständlich von einer directen Verantwortlichkeit dieser Beamten gegen den Reichstag Umgang genommen; nur der Fortschritt lehnte dies ab.

Weit mannichfaltiger und inhaltreicher sind die verschiedenen Verhandlungen des Reichstags über eine vollere Ausgestaltung der Reichsregierung durch verantwortliche Minister, wie sie gelegentlich des s. Z. viel besprochenen Twesten-Münster'schen Antrags über verantwortliche Reichsminister (1871) und später wiederholt bei Etatberathungen gepflogen wurden. Den natürlichen Ausgangspunkt für die Bestrebungen des Reichstags bildete die Thatsache, daß die Reichsverwaltung je länger je mehr einen Umfang annahm, bei welchem die oberste Leitung derselben durch einen einzigen Mann, wie die Verfassung mit dem einzig verantwortlichen Reichskanzler voraussetzt, sich als unmöglich herausstellte; das Bedürfniß, die Regierungsgeschäfte unter mehrere, wenigstens relativ selbständig gestellte Personen zu vertheilen, deren jede dann für ihr Gebiet die Verantwortung wirklich und wahrhaftig tragen könnte, schien um so dringender, als der Reichskanzler die Grenzen seines eignen freien und verantwortlichen Handelns bei verschiedenen Gelegenheiten sehr enge gezogen und bald den Bundesrath, bald seine Preußischen Ministerkollegen als die eigentlich entscheidenden Instanzen bezeichnet hatte. Die Vertheilung der Regierungsgeschäfte unter mehrere Gleichberechtigte, die je für ihr Gebiet unabhängig neben einander ständen und von denen jeder einzelne nur der Entscheidung ihrer Gesammtheit sich unterzuordnen hätte, wurde von dem Reichskanzler stets auf das entschiedenste zurückgewiesen und dagegen die Vorzüglichkeit des (englischen) Systems gerühmt, nach welchem ein Einzelner an der Spitze der Gesammtregierung stehe und über die einzelnen Ressortchefs mindestens die Gewalt zu üben habe, welche bei dem s. g. Collegialsystem das Collegium über seine einzelnen Mitglieder ausübe. Für eine Organisation der obersten Reichsämter in diesem Sinne wäre wohl unschwer eine Majorität im Reichstag zu gewinnen gewesen. Um so schwerer ist aber die Herstellung von Reichsministerien gegenüber dem Bundesrath unter der für das Reich und Preußen gleich nothwendigen Berücksichtigung der specifisch Preußischen Machtstellung und unter der gebotenen Schonung der Rechte und selbst der Empfindlichkeit der übrigen Reichsgenossen. Auch der Reichstag hat das Gewicht dieser Schwierigkeiten nie verkannt und es deshalb unterlassen, förmliche Beschlüsse über die Organisation der obersten Reichsämter zu fassen. Uebrigens ist doch schon gar nicht Unerhebliches in der Richtung der in dem Reichstag laut gewordenen Wünsche geschehen; das eine Reichskanzleramt hat sich in eine ganz stattliche Reihe einzelner einander koordinirter Reichsämter aufgelöst, deren Vorständen nach dem Gesetz über die Stellvertretung des Reichskanzlers (1878) die volle Verantwortlichkeit für ihr Ressort als Stellvertretern des Reichskanzlers übertragen werden kann. Es ist characteristisch, daß, während die Nationalliberalen, die Reichspartei und die Conservativen die Einrichtung gerne als einen wenn auch mäßigen Fortschritt annahmen, das Zentrum sie als Schädigung des Partikularismus ablehnte und der Fortschritt, das Gute an ihr anerkennend, ihr doch nicht zustimmen zu dürfen glaubte, weil die Fälle, in welchen die Ressortchefs als Stellvertreter des Kanzlers mit voller Verantwortlichkeit zu handeln haben, nicht durch Gesetz, mindestens das jeweilige Etatgesetz, sondern bei der Unfertigkeit der Zustände je nach dem Bedürfniß durch das Ermessen der Regierung bestimmt werden sollen.

Unter den rechtlichen Beziehungen des Reichstags ist am häufigsten, aber bisher ohne Erfolg, über die Diätenfrage verhandelt worden. Alle schon seit dem Jahre 1867 auf Gewährung von Diäten gerichteten Anträge, die im Reichstag während der ersten Jahre einigemale mit geringer Mehrheit abgelehnt, später mit wachsender

Majorität angenommen wurden, scheiterten an dem Widerspruch der Regierungen. Dagegen hat der Reichstag einen sehr starken Einfluß auf ein anderes, ihn ganz unmittelbar berührendes Gesetz, auf die Wahlordnung, ausgeübt. Es gelang ihm ungeachtet des zum Theil sehr entschiedenen Widerstrebens der Regierung durchzusetzen, daß die Wahlkreise durch Gesetz zu bestimmen seien, daß das von dem Bundesrath zu erlassende Wahlreglement nur mit Zustimmung des Reichstags geändert werden dürfe, und daß die Wahlberechtigten befugt seien, zum Betrieb der Wahlen Vereine zu begründen und öffentliche Versammlungen in geschlossenen Räumen und ohne Waffen zu halten, während in einem andern Punkte, der durch die Wahlordnung neu eingeführten Ausschließung der unter der Fahne stehenden Militärpersonen vom activen Wahlrecht, die Regierung Siegerin geblieben ist. Es wird überraschen, unter den Gegnern dieser Bestimmung fast alle Nationalliberalen und selbst einzelne Freikonservative zu finden. — Am lebhaftesten umstritten unter den Beziehungen des Reichstags war die Frage wegen der Privilegien seiner Mitglieder. Sie trat zum erstenmal auf, als während der Session 1874/75 der Abgeordnete Majunke zur Verbüßung einer vorher gegen ihn erkannten Strafe zur Haft gebracht wurde. Der Reichstag, offenbar überrascht und zunächst von der Ansicht beherrscht, es liege hierin eine Verletzung des Art. 31 der Verfassung, beschloß sofort einstimmig, eine besondere Commission zur Berichterstattung über die Rechtsfrage und eventuell zur Unterbreitung geeignet scheinender Vorschläge zu ernennen. Die Commission war zwar mit großer Majorität der Ansicht, das bestehende Recht schließe die Vollstreckung einer früher erkannten Freiheitsstrafe gegen einen Abgeordneten während der Session nicht aus, konnte sich aber über weitere Anträge nicht einigen, dagegen wurde im Plenum ein aus der Mitte der Fortschrittsparthei hervorgegangener Antrag angenommen, die Verhaftung eines Abgeordneten während der Session zum Zweck der Strafvollstreckung durch Deklaration bezw. Aenderung der Verfassung auszuschließen. Dieser Beschluß hatte aber keinen Erfolg bei der Regierung, und als der Antrag während der folgenden Session wiederholt wurde, erlangte er auch im Reichstage nicht mehr die Majorität. In einem andern Falle hat dagegen dieser seine Auffassung der Regierung gegenüber praktisch geltend gemacht, indem er einstimmig die Genehmigung zur Einleitung des gerichtlichen Strafverfahrens gegen die Abgeordneten Fritzsche und Hasselmann und zu deren Verhaftung versagte, welche erfolgen sollte, weil dieselben unter Verletzung der gegen sie auf Grund des Sozialistengesetzes und des sogenannten kleinen Belagerungszustandes ausgesprochenen Verweisung aus Berlin doch behufs Theilnahme an den Verhandlungen des Reichstags (1879) dahin gekommen waren. Es handelte sich dabei insofern um etwas anderes als die nach Art. 31 der Verfassung nothwendige Genehmigung des Reichstags zur Einleitung einer Untersuchung gegen eines seiner Mitglieder, als wenn die Rückkehr nach Berlin zum Zweck der Theilnahme an den Reichstagsverhandlungen überhaupt strafbar war, die Untersuchung und Verhaftung auch ohne Genehmigung des Reichstags erfolgen konnte, da ja die Betreffenden auf frischer That, d. i. während ihres verbotswidrigen Aufenthaltes in Berlin ergriffen wurden. Uebrigens hat auch der Reichstag ungeachtet der von Seiten der Regierung und der Conservativen erhobenen Bedenken gegen die Interpretation eines Gesetzes einseitig durch den Reichstag durch förmlichen Beschluß erklärt, die Ausweisung Fritzsche's und Hasselmann's aus Berlin auch während der Reichstagssession entspreche nicht dem Sinne, welchen der Reichstag mit dem Sozialistengesetz verbunden habe und diese Auslegung des Gesetzes ist jetzt bei der Verlängerung des Sozialistengesetzes ohne Schwierigkeit zu ausdrücklicher Anerkennung in demselben gelangt. — Einen gleich entschiedenen Miserfolg hat die Regierung in der nämlichen (1879er) Session mit ihrem Antrage gehabt, durch Gesetz (statt durch die Geschäftsordnung) die Disziplinargewalt des Reichstags über seine Mitglieder sehr erheblich zu verschärfen und die Straflosigkeit wahrheitsgetreuer Berichte über die Reichstagsverhandlungen namentlich mit Rücksicht auf mögliche Agitationsreden der Sozialdemokraten wesentlich zu beschränken. Der Antrag wurde sofort abgelehnt. Der Versuch, formell in die Autonomie des Reichstags einzugreifen, stieß auf einen sehr entschiedenen Widerwillen aller Partheien, vielleicht mit Ausnahme der Deutschkonservativen, die aber doch auch die ursprüngliche Form des Entwurfs unvertheidigt fallen ließen; mehr als die gesetzliche Ermächtigung an den Reichstag, autonom durch die Geschäftsordnung seine Disziplinargewalt über seine Mitglieder bis zu zeitweiser Ausschließung derselben von den Sitzungen zu erhöhen, eine Maßregel, deren Zulässigkeit nach der Verfassung mindestens zweifelhaft ist, wollte Niemand zugestehen. Aber auch materiell stießen die Vorschläge der Regierung, namentlich die beabsichtigte Beschränkung der freien Mittheilung der Reichstagsverhandlungen, auf sehr entschiedenen Widerspruch. Der Antrag der Reichspartei, die Geschäftsordnungskommission zu beauftragen, Vorschläge über die Verschärfung der Disziplinarvorschriften zu machen und ein Gutachten darüber zu erstatten, ob nicht für die Dauer des Sozialistengesetzes die Straflosigkeit der Verbreitung im Reichstag gehaltener sozialdemokratischer Agitationsreden auszuschließen sei, fand keine Mehrheit; nur der nationalliberale Antrag, die Geschäftsordnungskommission mit einer Prüfung zu betrauen, ob (verschärfende) Aenderungen der Geschäftsordnung angezeigt seien, gelangte zur Annahme, hat aber bekanntlich keinen weiteren Erfolg gehabt.

Praktisch von ungleich größerer Bedeutung ist die Ausbildung und Handhabung des Büdgetrechts. Der Reichtskanzler hat wiederholt bei verschiedenen Etatberathungen die entscheidende Stimme des Reichstags in Finanzfragen vorbehaltlos als völlig unanfechtbar anerkannt, und derselbe hat in der That seine finanziellen Rechte stets ohne Mühe in vollem Umfang üben können. Schon bei Berathung des ersten Etats im Jahre 1867 wurde die Resolution angenommen und seither stets befolgt, daß die Errichtung neuer Behörden oder Beamtenstellen so wie die Erhöhung von Beamtengehalten über den bisherigen Satz hinaus nicht ohne vorhergegangene Bewilligung des Reichstags erfolgen dürfe, und es ist bekannt, wie seither mit vollster Consequenz das Reichsbüdget auf das äußerste, in einem das in andern Ländern Uebliche sehr weit übersteigenden Maaße spezialisirt, die Regierung für die Einhaltung jeder auf besonderer ausdrücklicher oder stillschweigender Genehmigung beruhenden Positon verantwortlich gemacht und auf das genauste bestimmt wurde, welche Positionen unter einander oder von einem Jahr auf das andere übertragbar sein sollen. Es ist zu bedauern, daß die abschließenden Gesetze über die Einnahmen und Ausgaben des Reichs und über den Rechnungshof noch nicht zu Stande gekommen sind. Bei dem letzteren, das zum erstenmal im Jahre 1872 für sich allein, dann in Verbindung mit dem Etatgesetz wiederholt, zuletzt 1877 dem Reichstage vorgelegt war, bestanden schließlich keine trennenden Differenzpunkte mehr zwischen Regierung und Reichstag, indem alle wesentlichen Forderungen des letzteren zugestanden waren. Auch bei dem Etatgesetz, über welches ein Beschluß des Plenums des Reichstags noch nicht vorliegt, über welches aber in der zweiten Session des Jahres 1874 ein sehr eingehender Commissionsbericht erstattet wurde, haben in den später von der Regierung vorgelegten Entwürfen die Commissionsvorschläge eine sehr weit gehende Berücksichtigung gefunden, und wenn auch noch einige nicht unerhebliche Differenzpunkte übrig blieben, so ist man doch überrascht, daß der Entwurf im Jahre 1877 unerledigt liegen blieb, obgleich bereits von Vertretern der Nationalliberalen, der Reichspartei und der Conservativen gemeinschaftlich Verbesserungsanträge eingebracht waren, auf Grund deren man eine Verständigung hätte erwarten sollen. Jedenfalls waren die Differenzpunkte nicht prinzipieller Natur. Die scheinbar wichtigste Frage, ob eine von dem Rechnungshof erhobene Erinnerung wegen eines durch außeretatmäßige Ausgaben oder durch Etatüberschreitung entstandenen Defects durch kaiserlichen Erlaß solle niedergeschlagen werden können, hatte ihre Hauptbedeutung durch die Erklärung der Regierung verloren, daß die außeretatmäßigen Ausgaben und die Etatüberschreitungen jedenfalls der nachträglichen Genehmigung des Bundesraths und des Reichstags unterliegen. Ob und in welchem Umfange aber die Regierung befugt sein solle, über Ersparnisse am Gehaltsetat zur Honorirung von Stellvertretern oder zu sonstigen Remunerationen zu verfügen, auf wie viele Jahre Baufonds übertragbar sein sollen u. ä., das sind Fragen, die überhaupt nur einer sehr pünktlichen und sehr gewissenhaften Finanzverwaltung gegenüber aufgeworfen werden können. — Anstände, welche sich hie und da in der Praxis ergeben haben, sind bisher ohne Schwierigkeiten beglichen worden. So war z. B. in den Militärkonventionen mit den mitteldeutschen Kleinstaaten gleich nach Abschluß des Norddeutschen Bundes denselben für einige Jahre ein Nachlaß bewilligt; der Reichstag von 1867 nahm für sich das Recht der Zustimmung zu dieser finanziellen Abmachung in Anspruch, dasselbe wurde von der Regierung zugegeben und die Sache in der Form erledigt, daß in dem Etat die Bezugnahme auf die (sonst stillschweigend genehmigten) Verträge gestrichen und die Nachlässe nur für je ein Jahr genehmigt wurden. Im Jahr 1869 wurde gerügt, der Bundeskanzler habe im vorangegangenen Jahre versucht, nicht budgetmäßig bewilligte Matrikularbeiträge zu erheben; im Sommer 1868 im ersten Jahre des Bestehens des Bundes, als dessen Anstalten noch aller Betriebsmittel außer den von Preußen entlehnten und an dieses allmählig zurückzuerstattenden entbehrte, war namentlich in Folge unvorhergesehener Einnahmeausfälle vorübergehend die Sorge entstanden, die Bundeskasse könne plötzlich einer Insuffizienz gegenüber stehen, und es war deshalb in Aussicht genommen, von den einzelnen Bundesstaaten Zuschüsse nach dem Maaßstab der Matrikularbeiträge vorschußweise einzuziehen. Der Vorschlag blieb, da eine außerordentliche Aushilfe nicht nöthig fiel, im Bundesrath unerledigt, und auch der Reichstag hat über die im Gebiet der Theorie verbliebene Frage keinen Beschluß gefaßt, man wird aber nicht daran zweifeln können, daß er ein Recht, weitere als die budgetmäßig bewilligten Matrikularbeiträge zu erheben oder eine Pflicht, sie zu leisten, nicht zugibt, so wenig wie anderer Seits aus dem mitgetheilten Vorgang eine dolose, auf Verletzung des Art. 70 der Verfassung gerichtete Absicht des Kanzlers wird gefolgert werden können. — Als gegen die Mitte der 70er Jahre die Finanzen anfingen knapper zu werden, fügte sich die Regierung in das Begehren des Reichstags, einen Theil der von dem Jahre 1874 erwarteten, aber vor Ablauf desselben noch nicht vorhandenen oder wenigstens noch nicht konstatirten Ueberschüsse unter die Einnahmen des Jahres 1875 aufzunehmen; ebenso im folgenden Jahr; sie willigte im Jahre 1877 ein, daß der Invalidenfond durch Uebernahme bedeutender bisher aus laufenden Reichseinnahmen bestrittener Pensionen erheblich stärker belastet und daß in der Militärverwaltung verschiedene Restbestände übertragbarer Fonds beträchtlich geschmälert wurden; sie ließ es im folgenden Jahre geschehen, daß die Einnahmen nicht unerheblich höher, die Ausgaben niedriger veranschlagt wurden, als sie für richtig hielt. Die Erübrigungen an den von Frankreich für die Okkupationstruppen bezahlten Verpflegungsgeldern waren mehrere Jahre hindurch als ein nicht in den allgemeinen Reichshaushalt gehöriger besonderer Fond behandelt worden; nachdem die Regierung von der Unstatthaftigkeit dieses Verfahrens sich überzeugt hatte, stellte sie dem Reichstag (1878) die Gelder zur Verfügung und suchte um nachträgliche Genehmigung der aus denselben bereits gemachten Verwendungen nach. Der Reichstag gewährte dieselbe, stimmte auch zu, daß weitere 3 Millionen zu einem Garantiefond für eine Lebensversicherungsanstalt für Militärs verwendet wurden, zog aber den Rest, aus welchem die Regierung mehrere Fonds zu verschiedenen militärischen Zwecken zu gründen vorgeschlagen hatte, in die Reichskasse und übernahm die dauernden Leistungen für jene Zwecke in das laufende Budget, während einige in Vorschlag gebrachten einmaligen Aufwendungen gestrichen wurden. — Man kann alle angeführten Einzelheiten, denen sich noch zahlreiche andere beigesellen ließen, als ganz selbstverständlich betrachten, immerhin beweisen sie doch, daß das verfassungsmäßige Budgetrecht des Reichstags von der Regierung ohne Hintergedanken anerkannt und respektirt ist und von jenem anstandslos geübt wird. Gerade der zuletzt hervorgehobene Fall ist besonders characteristisch; er zeigt, wie sehr die Kriegsverwaltung nach ihrem Bewußtsein eine Sonderstellung einnimmt, er zeigt aber nicht minder klar, daß auch diese außerordentlich starke Macht den Geboten der Verfassung sich fügt. Jedenfalls kann das deutsche Reich sich eines Budgets rühmen, das an Genauigkeit und Klarheit kaum zu übertreffen ist, und wir haben uns in Verbindung damit einer solchen Wahrhaftigkeit und Ehrlichkeit der Finanzverwaltung zu erfreuen, daß dieser nächste und unmittelbarste Zweck jedes constitutionellen Budgetrechts bei uns mindestens so vollkommen, wahrscheinlich viel besser erreicht wird als in den meisten der Länder, in welchen jenes Recht wesentlich zu politischen Zwecken verwendet wird.

Dagegen hat das Recht der Einnahmebewilligung in seiner spezifisch politischen Bedeutung, in welcher es nach einer weit verbreiteten Ansicht als das wichtigste und unentbehrlichste parlamentarische Machtmittel gilt, in dem Reichskanzler von jeher einen sehr entschiedenen und hartnäckigen Gegner gefunden, und es ist dem Reichstag bisher nicht gelungen, in dieser Beziehung mehr als die Wahrung des durch die Verfassung gegebenen Besitzstandes zu erreichen. Die Frage ist in dem Reichstag seit seinem Bestehen eben so häufig als lebhaft bei den Berathungen des Etats und verschiedener Steuer- und Zollgesetze verhandelt worden, war aber für denselben immer mit einer besonderen und eigenthümlichen Schwierigkeit dadurch verbunden, daß der Reichstag eigentlich weniger um sein eigenes Einnahmebewilligungsrecht, das, so weit es ihm in der Bewilligung der Matrikularbeiträge zustand, unschwer aufrecht zu erhalten war, als vielmehr für die Gewährung dieses Rechts an die Einzellandtage, speziell in Preußen, kämpfte, wo bekanntlich abweichend von dem gewöhnlichen konstitutionellen System die Steuern nicht vorübergehend je für eine Budgetperiode, sondern durch Gesetz ein- für allemal, d. h. bis zu einer von der Uebereinstimmung aller Faktoren der gesetzgebenden Gewalt abhängigen Aenderung des Gesetzes bewilligt sind. Diese Einrichtung betrachten alle Partheien mit Ausnahme der Conservativen und bis zu gewissem Grad auch der ReichspartheI in doppelter Beziehung als eine mangelhafte, sie reduzire zu sehr die für die Volksvertretung nothwendige reale Macht, und sie sei finanztechnisch durchaus unzweckmäßig, weil sie die Möglichkeit ausschließe, die Staatseinnahmen je nach dem wechselnden Bedarf herauf- oder herabzusetzen. Die preußische Frage als solche konnte selbstverständlich nicht direkt in dem Reichstag verhandelt werden; dagegen mußte sich dieser natürlich bei jeder von ihm neu zu bewilligenden eignen Einnahme des Reiches die Frage vorlegen, ob nicht durch dieselbe die Matrikularbeiträge so gemindert werden würden, daß in Folge davon bei den Einzelstaaten Einnahmeüberschüsse sich ergäben, und wer es für konstitutionell nothwendig oder wenigstens finanzpolitisch für sehr zweckmäßig hielt, daß in solchem Falle die Volksvertretung auf eine Minderung der in ihrem Gesammtertrag zu hohen Abgaben direkt einwirken könne, mußte Angesichts der Thatsache, daß eine solche Einwirkung in dem größten deutschen Staate ausgeschlossen ist, sehr zu einem verneinenden Votum geneigt sein. So ist dem Zollparlament erst der dritte Versuch einer Reform des Zolltarifs, für welche an und für sich von vornherein die Majorität wohl geneigt war, in der dritten und letzten Tagung (1870) jener ephemeren Körperschaft gelungen; bei den beiden ersten Versuchen (1868 u. 1869) lag allerdings auch in dem Petroleumzoll ein Stein des Anstoßes, aber auch der andere Gesichtspunkt, daß der neue Tarif in Verbindung mit der Steuer und dem Zoll von Zucker voraussichtlich nicht unerhebliche Mehreinnahmen liefern werde, ohne daß der Volksvertretung, namentlich in Preußen, Mittel zuständen, auf eine entsprechende Minderung anderer Abgaben hinzuwirken, war von bedeutendem Einfluß für die Ablehnung, und die gleiche Rücksicht bestimmte die Majorität im Jahre 1870 den neuen Tarif nur unter der Bedingung anzunehmen, daß (nicht aus Freihandelsrücksichten, sondern um die Zolleinnahmen zu mindern) einige Positionen desselben etwas herabgesetzt wurden. Im vorhergehenden Jahr war das Gesetz über Zoll und Steuer von Zucker, obgleich man über die Sache selbst einig war, in Gefahr zu scheitern, weil den aus demselben zu erwartenden Einnahmen nicht mehr die mit der projectirten, aber mittlerweile zu Fall gekommenen Tarifreform verbundenen Einnahmeausfälle gegenüber ständen. In beiden Fällen war der Fortschritt, in dem letzten auch ein Theil der Nationalliberalen (Lasker, Bamberger) in der Opposition. Auch bei der Zerpflückung des berühmten v. d. Heidt'schen Steuerbouquets (1869) hat neben vielen andern Ursachen der Gedanke mitgewirkt, der Reichstag könne nicht bleibende Mehreinnahmen bewilligen ohne Garantie dafür, daß, wenn in Folge davon in den Einzelstaaten bleibende Ueberschüsse sich ergeben sollten, andere Abgaben entsprechend herabgesetzt werden würden, und ähnliche Betrachtungen kehren immer wieder bei den Berathungen des Etats und der verschiedenen successiv dem Reichstag vorgelegten Steuerprojecte, z. B. der Börsen- und der Brausteuer in der Session 1875/76, der Tabaksteuer in der 1878er Session. Die liberalen Partheien und das Zentrum hielten für den Reichstag selbst unbedingt an dem Einnahmebewilligungsrecht, wie es in der Bewilligung der Matrikularbeiträge gelegen ist, als Minimum fest und bestanden, wenn dieselben durch andere Reichseinnahmen entbehrlich werden sollten, auf einem gleichwerthigen Ersatz für den Reichstag; sie verlangten aber daneben auch Garantien, daß nicht durch erhöhte Reichseinnahmen in den Einzelstaaten (speziell in Preußen) Einnahmeüberschüsse entstehen, welche jeder directen Einwirkung der Volksvertretung entzogen wären, sie wollten deshalb, daß Zug um Zug mit Erhöhung der Reichssteuern eine entsprechende Minderung der Landessteuern eintrete oder gar nur eine Uebertragung der letztern auf das Reich stattfinde, und stellten für den Fall einer effectiven Erhöhung der Gesammtheit aller öffentlichen Abgaben mehr oder minder bestimmt die Forderung, gegen die Erhöhung der Reichseinnahmen der Volksvertretung in allen Einzelstaaten das Recht der periodischen Einnahmebewilligung oder wenigstens einigermaaßen äquivalente Befugnisse zuzugestehen, z. B. in Preußen mindestens in die Quotisirung der Einkommensteuer einzuwilligen. Die Motivirung dieser Forderung war aber bei den verschiedenen Führern der Nationalliberalen eine ziemlich verschiedene; während z. B. v. Bennigsen sich wesentlich auf finanztechnische Gründe stützte, hob von Stauffenberg die allgemein politischen und konstitutionellen Gründe für das unbeschränkte Recht der Einnahmebewilligung nachdrücklich hervor; Lasker und Forkenbeck standen diesem, Miquel und Benda jenem näher. Die konservativen Partheien legten auf das Recht der Einnahmebewilligung keinen oder nur einen sehr untergeordneten Werth, indem sie in Uebereinstimmung mit dem Reichskanzler das Ausgabebewilligungsrecht konstitutionell für genügend hielten; die Reichspartei nahm aber doch immer darauf Bedacht, zu einem vermittelnden Ausgleich zu gelangen und hat in der That bei dem schließlichen Austrag der Sache wesentlich mitgewirkt. Zu diesem kam man bekanntlich, nachdem im Lauf eines Jahrzehnts eine ganze Reihe vereinzelter Steuerprojecte hauptsächlich allerdings aus sachlichen Gründen, aber immer doch unter Mitwirkung des politischen Moments gescheitert waren, erst im vorigen Jahre (1879) durch den neuen Zolltarif und die Tabaksteuer, welche die eignen Einnahmen des Reichs um eine die durchschnittliche Höhe der Matrikularbeiträge erheblich übertreffende Summe steigerten, diese also entbehrlich machten und in Folge davon das Einnahmebewilligungsrecht, wie es bisher der Reichstag in der Bewilligung der Matrikularbeiträge geübt hatte, thatsächlich beseitigt haben würden, wenn nicht in andrer Weise für Ersatz derselben gesorgt worden wäre. Der s. Zeit viel besprochene und hart angegriffene Frankenstein'sche Antrag hat die Schwierigkeit durch die Vorschrift gelöst, daß alles, was an Zöllen und Tabaksteuer über 130 Millionen Mark jährlich eingehe, durch das Reich an die Einzelstaaten (durch das jeweilige Ausgabebudget) zu überweisen sei; die bisherige jährliche Durchschnittseinnahme aus Zöllen und Tabaksteuer betrug allerdings mehrere Millionen weniger als 130 Millionen, da aber diese Differenz doch sehr viel geringer ist, als der bisherige Durchschnittsbetrag der Matrikularbeiträge, sind die letzteren nach wie vor unentbehrlich. Ein unbefangenes Urtheil wird zugestehen müssen, daß damit das Einnahmebewilligungsrecht des Reichstags für das Reich genau so geblieben ist, wie es von Anfang an durch die Verfassung bestimmt war. Mag der Betrag der Zölle und der Tabaksteuer noch so hoch steigen, das Reich wird, da es den Mehrertrag jener Einnahmequellen über den Betrag von 130 Mill. Mark hinaus den Einzelstaaten zu überlassen Kraft Gesetzes verpflichtet ist, nach wie vor der Matrikularbeiträge bedürfen, welche grade so wie bisher in der aus einer Vergleichung der bewilligten Ausgabe mit den veranschlagten Einnahmen sich ergebenden Höhe mit Genehmigung des Reichstags unter die Einnahmen des jährlichen Reichetats aufzunehmen sind. Auch thatsächlich ist die Lage durchaus nicht zum Nachtheil des Reichstags oder gar des Reiches selbst geändert. Mag immerhin das Zentrum mit dem Antrag, welcher aus seiner Mitte hervorging, particularistische Tendenzen verfolgt haben, es ist nicht abzusehen, wie die Einzelstaaten dem Reich gegenüber dadurch an Macht und Bedeutung gewonnen haben sollen, daß, wenn sie in ihrem finanziellen Sonderinteresse auf thunlichste Ermäßigung der Matrikularbeiträge hinwirken, sie bei der jetzigen Sachlage um Erhöhung ihrer Bezüge aus der Reichskasse sich bemühen, während sie früher für Verringerung der aus ihrem eigenen Säckel zu zahlenden Zuschüsse kämpften; im Gegentheil, die Abhängigkeit der Einzelstaaten von dem Reich, welche darauf beruht, daß sie in voraussichtlich wachsendem Maaß von diesem Zuschüsse erhalten, ist die solideste, weil die am willigsten getragene, die sich denken läßt. Die Lage des Reichstags aber ist vollkommen intakt geblieben, er übt auf die etatmäßige Festsetzung der Einnahmen, welche dem Reich als solchem zukommen und verbleiben sollen, in der Sache und in der Form ganz denselben Einfluß aus, wie früher. Dagegen kommen allerdings durch die gesetzlich ein für allemal festgesetzten höheren Reichszölle und Reichssteuern, die zum Theil Kraft Gesetzes den Einzelstaaten zu überweisen sind, diesen unabhängig von einer periodischen Budgetbewilligung beträchtlich höhere Einnahmen zu, ohne daß in denjenigen unter ihnen, in welchen, wie namentlich in Preußen, alle Steuern bleibend durch Gesetz festgestellt sind, die Volksvertretung in der Lage wäre, auf eine entsprechende Entlastung in andern Beziehungen direct einzuwirken. Diese Eventualität wäre vermieden worden, wenn der Antrag der Nationalliberalen, einige Zölle und Steuern beweglich zu machen, d. h. die Höhe ihrer Sätze jeweils durch das Etatgesetz zu bestimmen, zur Annahme gelangt wäre. Der Antrag wurde bekanntlich, nachdem seine Aussichtslosigkeit durch den Verlauf der Commissionsverhandlungen und durch die Verständigung des Zentrums mit den beiden konservativen Partheien über das Frankenstein'sche Amendement dargethan war, nicht mehr in das Plenum eingebracht und würde auch von der Regierung sehr wahrscheinlich nicht acceptirt worden sein; sie betonte die besonderen Mißlichkeiten, welche mit der Beweglichkeit indirecter Steuern verbunden seien; sie wies auf die Unzukömmlichkeit hin, welche dadurch entstehe, daß der Reichstag, indem er einzelne bewegliche Steuern oder Zölle herauf- oder herabsetze und damit die nicht dem Reich verbleibenden, sondern an die Einzelstaaten zu überweisenden Ueberschüsse mehre oder mindere, eigentlich über deren Bedürfniß ohne formelle Competenz und ohne sachliche Befähigung entscheide; und sie ließ darüber nie einen Zweifel, daß sie jeder Ausdehnung des Einnahmebewilligungsrechts des Reichstags über das durch die Verfassung bestimmte Maaß hinaus entschieden wiederstrebe. Hat demnach der Reichstag bei der Zoll- und Steuerreform an seinen Budgetrechten zwar nichts verloren, so hat er auch nichts gewonnen; mittelbar ist es aber seinem Einfluß gelungen, in den preußischen Verhältnissen, welche auf die Behandlung der Frage auch im Reich sehr bedeutend eingewirkt haben, eine gewisse seinen Bestrebungen entsprechende Veränderung herbeizuführen. In Wiederaufnahme eines früher (1869) schon einmal von Lasker angeregten Gedankens wurde durch die Bemühung des Preußischen Finanzministers Hobrecht und unter Zusammenwirken der Nationalliberalen und der Freiconservativen für Preußen die Bestimmung getroffen, daß die Mehreinnahmen bezw. Minderausgaben an Matrikularbeiträgen, welche für Preußen aus der Erhöhung der Reichs-Zölle und Steuern sich ergeben würden, so weit sie nicht zu gewissen andern, zum Voraus spezifizirten Zwecken mit Zustimmung des Landtags Verwendung fänden, in bestimmtem Betrag an der Klassen- und Einkommensteuer nachgelassen werden sollten. Also auch hier kein periodisch wirksames Steuerbewilligungsrecht, keine bewegliche Steuer, deren Höhe jeweils durch das Etatgesetz festgesetzt wird; aber der Volksvertretung ist doch, ehe durch ihre bezw. des an ihre Stelle tretenden Reichstags Beschlüsse eine bedeutende Vermehrung der Staatseinnahmen bewilligt wurde, eine volle Einwirkung auf die Verwendung der erwarteten Mehreinnahmen zugestanden und dadurch eines der hauptsächlichsten Bedenken beseitigt worden, welches in dem Reichstag so lange jedem Versuch einer beträchtlichen, in ihrem schließlichen Effect den Einzelstaaten zu gut kommenden Steigerung der Reichseinnahmen sich entgegengestemmt hatte.

Verhältnißmäßig den geringsten Erfolg hatten bisher die Versuche des Reichstags, auf den Gang der Regierung als solcher (abgesehen von dem Budget und der Gesetzgebung) einzuwirken. Bei der Besetzung der obersten politischen Reichsämter kamen, weit entfernt von den leisesten Anfängen des s. g. parlamentarischen Systems, Wünsche und Bestrebungen des Reichstags so wenig zur Berücksichtigung, daß er regelmäßig über Grund und Ziel eingetretener Personalveränderungen nicht einmal irgend eine Auskunft erhielt. Allerdings ist auch für das Reich die Besetzung der preußischen Ministerien auch heute noch in mancher Beziehung wichtiger als die der obersten Reichsämter und doch kann über jene im Reichstag selbstverständlich unmöglich verhandelt werden, aber auch der Preußische Landtag kann sich in dieser Beziehung keiner einflußreicheren Stellung als der Reichstag rühmen, und überdies gibt es auch im Reich eine Anzahl oberster Aemter, welche unbeschadet der verfassungsmäßig den Reichskanzler ausschließlich treffenden Verantwortlichkeit und ohne Rücksicht darauf, ob ihre Inhaber zu Stellvertretern des Reichskanzlers für das betreffende Ressort ernannt sind oder nicht, in sich nothwendig eine solche selbstständige politische Bedeutung haben, daß das natürliche Interesse des Reichstags an ihrer Besetzung nicht zu verkennen ist und er ohne Zweifel darüber Auskunft verlangen und erhalten würde, wenn seine Macht ausreichte, um die entgegenstehende Anschauung zu überwinden, welche auch diese indirecteste Einflußnahme des Reichstags auf die Besetzung der Regierung unbedingt zurückweist. Auch mit seinen Interpellationen hatte der Reichstag wiederholt wenig Glück; es ist ihm z. B. nicht gelungen, über den Unglücksfall des „großen Kurfürsten" Auskunft in dem gewünschten Umfang zu erhalten, und es steht noch in frischer Erinnerung, in wie wenig verbindlicher Form die in der rücksichtsvollsten Weise begründete und durch eine Reihe der angesehensten Mitglieder des Reichstags aus allen Parteien unterstützte Interpellation über die Münzpolitik der Regierung erwiedert wurde. Derartige Vorkommnisse, verschiedene, einander nicht immer genau deckende Erklärungen des Reichskanzlers über den Umfang seiner Verantwortlichkeit und über das, was andere, namentlich seine Preußischen Ministerkollegen zu verantworten hätten, gelegentliche scharfe Aeußerungen über dieselben, wie sie allerdings das sonst bei parlamentarischen Verhandlungen übliche Maaß ministerieller Offenherzigkeit um ein ziemlich beträchtliches übersteigen, sind es hauptsächlich, welche in weiten Kreisen die Vorstellung hervorriefen, daß der Reichskanzler ein maaßlos persönliches Regiment anstrebe und bereits wirklich übe. Dieser Vorwurf kann hier, wo es sich weder um eine Anklage noch um eine Apologie des Kanzlers handelt, dahin gestellt bleiben; nur das eine ist zu konstatiren, daß nach seiner Auffassung das Verhältniß der Regierung zu dem Reichstag sich so stellt, daß jene zwar selbstverständlich an die Schranken des Gesetzes gebunden ist, bei der Auslegung und Anwendung desselben aber nur die Entscheidungen zuständiger Gerichte oder Verwaltungsgerichte, nicht aber ein etwa von ihrer eigenen Anschauung abweichendes Votum des Reichstags zu berücksichtigen hat. So wurde in dem schon einmal erwähnten Falle der Reichstagsabgeordneten Fritzsche und Hasselmann die Anklage wegen Bruchs der Verweisung aus Berlin nach dem ablehnenden Beschluß des Reichstags zwar bis zum Schluß desselben verschoben, dann aber ungeachtet seines auch materiell entgegenstehenden Votums erhoben und erst, nachdem das Socialistengesetz geändert war, fallen gelassen. Aehnlich ist der Fall des Redacteurs Kantecki, welcher wegen verweigerten Zeugnisses Monate lang, zwar auf Grund eines richterlichen Erkenntnisses, aber länger, als die große Majorität des Reichstags für billig hielt und länger, als nach der damals (1877) bereits publicirten und in naher

Zukunft in's Leben tretenden Strafproceßordnung zulässig gewesen wäre, durch seine vorgesetzte Dienstbehörde in Haft gehalten wurde.

Es versteht sich so ziemlich von selbst, daß bei dieser Lage der Verhältnisse dem Reichstag eine Einflußnahme auf die Leitung der auswärtigen Politik, auch wenn er eine solche ernstlich versucht hätte, höchst wahrscheinlich nicht gelungen wäre; es ist aber bekannt, daß das deutsche Volk gerade auf diesem Gebiet dem Reichskanzler eben so unbedingtes Vertrauen schenkt, wie es ihm zu unbegrenzten Danke verpflichtet ist, und von dieser Gesinnung ließen auch alle Partheien des Reichstags so sehr sich leiten, daß selbst das Zentrum es nicht weiter als zu gelegentlichen Bemängelungen brachte, die sich freilich einmal im Jahre 1877 bis zu einer gewissen Unterstützung des Antrags des Dänen Kryger steigerten, Nordschleswig an Dänemark abzutreten. Ein interessantes Licht auf das sehr scharf ausgeprägte Bestreben des Kanzlers, jeden Einfluß des Reichstags auf die auswärtige Politik hintanzuhalten, wirft die Behandlung, welche die damals ja noch zu den auswärtigen gehörige Badische Frage im Jahre 1870 erfahren hat. Der Lasker'sche Antrag, der Reichstag möge seine Freude aussprechen, mit welcher er als Ziel der Badischen Bestrebungen den möglichst baldigen Anschluß des Landes an den Norddeutschen Bund wahrnehme, mit anderen Worten, die Bereitwilligkeit zur Aufnahme in den Bund zu erkennen geben, stieß auf einen so bestimmten Widerspruch des Bundeskanzlers, daß dieser ihn für eine Art Mißtrauensvotum gegen sich erklärte; dem Minister allein müsse, wenn man über das Ziel der ohne Zwang zu erstrebenden Einigung von ganz Deutschland allseitig einverstanden sei, die Beurtheilung des Wie und Wann? überlassen werden. Die Schärfe, mit welcher der Bundeskanzler dem Antrag entgegentrat, war offenbar zum Theil durch die Meinung und die Besorgniß veranlaßt, die Badische Regierung habe bei dem Antrag irgend wie die Hand mit im Spiele gehabt, was übrigens, wie der Verfasser dieser Zeilen aus wirklich bester Quelle versichern kann, schlechterdings nicht, auch nicht in aller indirectester Weise der Fall war; immerhin tritt der Wille des Kanzlers, jede Einwirkung des Reichstags auf den Gang der auswärtigen Politik möglichst auszuschließen, sehr bestimmt hervor. Der Reichstag hatte übrigens in der Sache keinen Beschluß zu fassen, da die Antragsteller, denen nichts ferner lag als die Absicht, dem Bundeskanzler Opposition oder auch nur Schwierigkeiten zu machen, den Antrag vor der Beschlußfassung zurückzogen.

Auf gleich geringen Widerspruch wie bei der auswärtigen Politik traf bisher der Reichskanzler in der Leitung und Constituirung des Reichslandes Elsaß-Lothringen. Allerdings schienen gleich bei dem ersten Gesetzentwurf über dieses Reichsgebiet zeitweise die Ansichten ziemlich auseinander zu gehen, und das Gesetz von 1877, welches in Sachen der Gesetzgebung und des Budgets für Elsaß-Lothringen an Stelle des Reichstags ordentlicher Weise den elsaß-lothringischen Landesausschuß treten läßt, ging mit der ursprünglichen Vorlage verglichen in völlig veränderter Form aus dem Reichstag hervor. Sachlich hat aber weder an diesen beiden, noch an einem andern auf das Reichsland sich beziehenden Gesetze, einschließlich des jüngsten über die Einsetzung der Statthalterschaft, der Reichstag irgend erhebliche Aenderungen vorgenommen. Das Tempo und das Maaß und die Art, wie dem Reichslande allmählig und successiv die selbständige Vertretung seiner Sonderinteressen zunächst im Reichstag, dann im Landesausschuß eingeräumt und für dasselbe schließlich eine besondere Regierung eingesetzt wurde, die Stellung des Kaisers, des Reichskanzlers, des Statthalters und der ihn umgebenden Ministerialchefs, die dem Bundesrath und dem Reichstag vorbehaltenen Rechte, alles ist im Wesentlichen in Uebereinstimmung mit den Vorschlägen der Regierung geordnet. Zwischen Conservativen, Reichspartei und Nationalliberalen traten in Behandlung der ganzen Angelegenheit bestimmte Partheigegensätze nicht hervor, einzelne Mitglieder dieser Partheien schienen bald für ein rascheres Tempo und ein größeres Maaß von Conzessionen, bald zu größerer Vorsicht geneigt; am zurückhaltendsten vielleicht, aber ohne der Regierung zu opponiren, war von Treitschke, welcher das Reichsland am liebsten in Preußen einverleibt gesehen hätte, eine Idee, deren Nichtrealisirung später auch von anderen gelegentlich bedauert wurde, und welcher schon im Jahre 1871 nachdrücklich davor warnte, auf den Weg der Constituirung von Elsaß-Lothringen als eines selbständigen Staates einzulenken. Gerade dies scheint das Ideal des Zentrums zu sein; nicht nur, daß schon im Jahre 1871 und von da an bei jeder sich darbietenden Gelegenheit aus seiner Mitte für Einsetzung eines besondern selbständigen Elsaß-Lothringischen Landtags plädirt wurde, womit eben so wie mit den Angriffen gegen den s. g. Dictaturparagraphen der Fortschritt selbstverständlich jeder Zeit einverstanden war: als im Jahre 1877 für die Sondergesetzgebung und das Budget Elsaß-Lothringens der Landesausschuß an Stelle des Reichstags gestellt wurde, stimmte gegen den Fortschritt, aber in Gemeinschaft mit den Protestlern ein großer Theil des Centrums gegen das Gesetz und verlangte eine vollständige Landesverfassung für Elsaß-Lothringen. Das gleiche Begehren wiederholte es im folgenden Jahr bei dem Antrag der Autonomisten auf Einsetzung einer besonderen Regierung in Straßburg, und bei den Verhandlungen über das darauf hin vorgelegte Gesetz über die Statthalterschaft in Elsaß-Lothringen hätte Windthorst am liebsten allgemeine direkte Wahlen, wenn dies unmöglich, mindestens allgemeine Wahlen durch besondere Wahlmänner statt durch die Bezirkstage gesehen, er tadelt, daß der Statthalter, soweit er an die Stelle des Reichskanzlers tritt, dem Reichstag (nicht dem Landesausschuß) verantwortlich sein soll und wünscht, daß das Land statt der ihm fortgesetzt zugedachten fremden Regierung in dem den Landesherrn vertretenden Statthalter mit konstitutionell dem Land verantwortlichen Ministern eine eigene Regierung erhalte. Die in der Session 1875/76 angeforderten Gelder zu Stipendien für einheimische Juristen, ein nothwendiges Mittel, um eingeborene Beamte heranzuziehen, hatte er freilich abgelehnt. In seinen äußersten Forderungen, welche auf ein Preisgeben der Rechte des Reiches hinausliefen, war das Zentrum allein geblieben, auch von der Forschrittsparthei verlassen.

Einen weit umfassenden und tief eingreifenden Einfluß hat der Reichstag von dem ersten Tage seines Bestehens an auf die Gesetzgebung ausgeübt. Auch in dieser Beziehung bietet allerdings die junge Praxis des deutschen Reiches manche Erscheinungen dar, welche mit den vorherrschenden konstitutionellen Anschauungen und Gebräuchen nicht immer in Einklang stehen. Man kann eine ziemliche Anzahl von Gesetzentwürfen der Regierung aufzählen, welche von dem Reichstag zum Theil fast einstimmig abgelehnt wurden, andere von diesem kraft seiner Initiative beschlossene, welchen umgekehrt zum Theil trotz ihrer öfteren Wiederholung die Regierung keine Folge gab; noch öfter standen sich beide Theile in Einzelheiten eines Gesetzes, welche der eine oder der andere von seinem Standpunkte aus für wesentlich hielt, schroff und ohne die Möglichkeit eines inneren Ausgleichs einander gegenüber, so daß nur durch resignirende Nachgiebigkeit auf einer oder auch bei gleichzeitigen Differenzen über verschiedene Punkte auf beiden Seiten das Ganze zu retten war; die Ausgleichsversuche traten nicht selten in der harten Form von unbedingten Forderungen auf, von deren Gewährung das Zustandekommen des Gesetzes abhängig gemacht wurde. Diese Härte der Form beruht zu einem wesentlichen Theil auf unserem Einkammersystem, welches Regierung und Reichstag ausschließlich einander gegenüberstellt, ohne daß ein drittes Organ bei Differenzen vermitteln oder, indem es sich auf die eine Seite stellt, der andern das Nachgeben erleichtern könnte. Der Bundesrath, welcher seine Beschlüsse nach den Instruktionen der Einzelregierungen ohne öffentliche Diskussion faßt, gewährt in dieser Beziehung keinen Ersatz; wenn er einem in zweiter Lesung gefaßten Beschluß des Reichstags nicht glaubt beitreten zu können, bleibt nichts anderes übrig, als den für ihn positiv oder negativ entscheidenden Punkt scharf zu bezeichnen, und so stehen der Wille der Regierung (des Bundesraths) und der in der zweiten Lesung frei documentirte Wille des Reichstags lediglich als zwei Willenspotenzen einander gegenüber, von denen, wenn das Ziel erreicht werden soll, die eine der andern sich unterordnen muß, ohne daß die materiell ja häufig genug vorhandene Gegenseitigkeit von Leistung und Nachgiebigkeit so nachdrücklich hervortritt, wie es bei freier öffentlicher Diskussion in verschiedenen Körperschaften und zwischen denselben der Fall sein würde. Wenn man aber auch diesen Verhältnissen Rechnung trägt, so haben sich doch nicht ganz selten auch in Gesetzgebungsfragen zwischen der Regierung und der Majorität des Reichstags, gelegentlich selbst dem ganzen Reichstag Meinungsverschiedenheiten, für welche der Bundesrath in Wahrheit nicht verantwortlich gemacht werden konnte, von solcher Schärfe ergeben, wie sie nach den überlieferten konstitutionellen Anschauungen als anomal und störend betrachtet zu werden pflegen. Auf der andern Seite ist es dessenungeachtet eine feststehende Thatsache, daß der Reichstag auf allen Gebieten der Gesetzgebung eine sehr bedeutende Wirksamkeit geübt hat und auch über manche sehr fest gewurzelte Ueberzeugungen und Neigungen der Regierung Sieger geblieben ist. Es würde viel zu weit führen, dies für alle Einzelfälle nachweisen zu wollen, es hätte auch bei der großen Menge von Gesetzen, denen eine politische Bedeutung nicht zukommt, kein Interesse, da ja nicht die technischen, sondern die politischen Leistungen und Erfolge des Reichstags in Frage stehen. Dagegen ist gerade über diesen Punkt eine sicherere und unanfechtbarere Entscheidung nicht zu erlangen als durch die Betrachtung dessen, was der Reichstag von sich aus in verschiedenen, politisch mehr oder minder bedeutsamen Gebieten der Gesetzgebung geleistet hat.

Als sehr erheblich springt seine Wirksamkeit sofort in die Augen bei der Militärgesetzgebung, welche, an sich ein Thema voll Schwierigkeiten für einen richtigen Ausgleich zwischen den Forderungen der Executive und den Ansprüchen der Volksvertretung, für die letztere in einem neu unter den Stürmen des Krieges begründeten Bundesstaate, nach den Traditionen des führenden Staates Preußen, nach dem gerade über diesen Punkt früher dort entbrannten Conflict unendlich gesteigerte Schwierigkeiten darbot; sie sind, freilich nicht in allen Einzelnheiten zur Zufriedenheit aller, aber doch im Ganzen glücklich gelöst. Bei dem Gesetz über die Militärorganisation (1874) wurde der lebhafteste Kampf um die Frage geführt, ob die Friedenspräsenzziffer des Heeres durch Gesetz ein für allemal oder jährlich durch den Etat auf Grund der im Allgemeinen festgestellten Organisation bestimmt werden solle. Bekanntlich ist die Frage durch ein Compromiß dahin erledigt worden, daß die Friedenspräsenz im Jahre 1874 zunächst auf die Dauer von 7 Jahren und jetzt vor Ablauf dieser Periode etwas erhöht wieder auf 7 Jahre festgesetzt wurde. Der Löwenantheil bei diesem Ausgleich fiel offenbar dem Reichstag beziehungsweise derjenigen Richtung in demselben zu, welche wünscht, daß die Feststellung der Präsenzziffer wo möglich jährlich im Etat, wenn das nicht zu erreichen war, in möglichst kurzen Zwischenräumen an die Zustimmung des Reichstags gebunden werde. Das Entgegenkommen der Regierung ist um so höher zu veranschlagen, als im Jahre 1874 der Versuch keineswegs aussichtslos war, eine definitive Festsetzung der Friedenspräsenzstärke durch ein in seiner Dauer nicht beschränktes Gesetz sei es mit einer kleinen Majorität des damaligen Reichstags, sei es mittelst Neuwahlen und dann vielleicht mit größerer Majorität durchzusetzen. Jedenfalls hat die Regierung bei dieser Gelegenheit gezeigt, daß sie im Stande ist, einer festgewurzelten Ansicht solcher Partheien, auf deren sachliche Unterstützung im Ganzen sie rechnen kann, wenn sie nur durch dieselbe keine directe Schädigung der Staatsinteressen fürchtet, lieber schwer wiegende Opfer an ihrer eigenen Ueberzeugung darzubringen, als daß sie diese durch rücksichtsloses Wagen und Brüskiren durchzusetzen versuchte. Auch noch in andern Beziehungen hat das Gesetz über die Militärorganisation wichtige Aenderungen durch den Reichstag erfahren. Die Feststellung der Zahl der Offiziere, Aerzte zc. in den verschiedenen Chargen wurde aus dem Gesetz herausgenommen und dem jeweiligen Etat zugewiesen, welcher in dieser Beziehung bekanntlich in ein sehr genaues Detail eingeht, man erinnere sich z. B. der Verhandlungen über die Einsetzung einer größeren Anzahl oder auch nur einzelner activer Stabsoffiziere als Landwehrbezirkskommandeure (1875/76), über die Creirung der dreizehnten Hauptmannsstelle in den Infanterieregimentern (1877) u. a. ä. Die Unterscheidung zwischen Ersatzreserve erster und zweiter Klasse wurde genauer als im Regierungsentwurf präzisirt und die Beschränkungen, welchen die Pflichtigen der ersten Klasse unterworfen sein sollten, unter Ausschluß jeglichen freien Ermessens der Militärverwaltung durch das Gesetz selbst fest bestimmt und im Ganzen gemildert. Bei der jetzt erfolgten Ausdehnung der Pflichten der Ersatzreserve erster Klasse sind auch wieder nicht nur Art und Maaß derselben, sondern auch die Reihenfolge, in welcher die Einzelnen zu ihrer Erfüllung herangezogen werden sollen, auf das genauste durch das Gesetz selbst regulirt, anstatt, wie der Entwurf vorgeschlagen hatte, der Militärverwaltung eine gewisse freie Hand zu lassen. Ganz in der gleichen Richtung ist es gelegen, daß der Reichstag durch das Gesetz über die Militärorganisation die Regierung verpflichtete, die Verhältnisse des Landsturms, die Controle der Mannschaften des Beurlaubtenstandes und die Voraussetzungen des einjährigen Freiwilligendienstes statt durch Verordnungen durch Gesetze zu regeln, welche mit Ausnahme des letzten Gegenstandes auch schon in der nächstfolgenden Session 1874/75 ohne erhebliche Schwierigkeiten, aber unter mancherlei Conzessionen der Regierung vereinbart wurden. Das Streben des Reichstags, insbesondere der liberalen Partheien in demselben, das freie militärische Ermessen durch möglichst enge gesetzliche Schranken zu begrenzen und in dem Gesetz die Rechte des Individuums gegenüber dem mächtigen Militärorganismus thunlichst zu schützen, machte sich nicht ohne Erfolg auch schon bei den älteren Militärgesetzen geltend, so z. B. in dem Gesetz über die Kriegsdienstpflicht von 1867 durch die genauen Vorschriften über die Zeit der Entlassung, Zahl und Dauer der Uebungen ꝛc., während der aus der gleichen Rücksicht entsprungene Antrag, eine Einberufung von Reservisten „zu nothwendigen Verstärkungen“ auszuschließen, nur einen Theil der Nationalliberalen (Lasker, v. Forkenbeck) für sich gewann, von andern aber (v. Bennigsen) und von der Mehrheit des Reichstags als politisch unzweckmäßig abgelehnt wurde. — Das Militärstrafgesetzbuch (1872) hat durch den Reichstag sehr eingreifende Veränderungen erfahren. Namentlich ist, während der Entwurf die Art der Freiheitsstrafe von dem Stand des Bestraften als Offizier oder Gemeiner abhängig machte und darnach als Arten der Freiheitsstrafe Festungsarrest für Offiziere, Festungsarbeitsstrafe für Gemeine und Arrest unterschied, das Strafensystem des Militärstrafgesetzbuchs mit dem allgemeinen Strafrecht dadurch möglichst in Uebereinstimmung gebracht, daß als Freiheitsstrafe gegen alle Militärpersonen Gefängniß, Festungshaft und Arrest zugelassen ist und den besonderen militärischen Verhältnissen nur dadurch Rechnung getragen wird, daß verurtheilte Gemeine zu militärischen Arbeiten auch außerhalb der Strafanstalt verwendet werden dürfen, und daß bei Offizieren ziemlich durchgängig statt auf Gefängniß alternativ auf Festungsarrest auch in solchen Fällen erkannt werden kann, in welchen nach gemeinem Strafrecht ersteres ausschließlich angedroht ist. Daneben sind die Strafen, namentlich der Gemeinen, vor allem durch Erleichterung des mittleren und des strengen Arrests, vielfach gemildert, dagegen die der Vorgesetzten wegen Vergehen gegen Untergebene erhöht, die Thatbestände in vielen Fällen genauer präzisirt u. a. — Auch bei den wirthschaftlichen Gesetzen, welche mit dem Militärwesen zusammenhängen, hat der Reichstag nicht unwichtige Erfolge erzielt. Wenn in dem Gesetz über die Naturalleistungen an das Heer im Frieden die Vergütungssätze erhöht wurden, so läuft das freilich am Ende auf eine Erhöhung des Budgets hinaus, wobei die Beachtung der Stimme des Reichstags ziemlich selbstverständlich war. Prinzipiell weit wichtiger ist es, daß der Reichstag gegenüber einer Anschauung, welche die Quartierlast im Frieden als eine natürliche Last des Garnisonortes betrachtete, in dem Gesetz über die Quartierleistung im Frieden (1868) den Grundsatz zur Geltung brachte, daß die Stellung des Quartiers für die Friedensarmee eine Last des Bundes sei, zu deren Erfüllung er zwar die erforderlichen Räume, aber nur gegen Entschädigung in Anspruch nehmen könne. In Consequenz dieses Grundsatzes wurde die Quartierlast aus einer Last der Gemeinden, wie im Entwurf vorgeschlagen war, zu einer Last der Inhaber der betreffenden Räume gemacht, zu deren Gunsten in gewisse Grenzen eingeschlossen, die Exemtion der Geistlichen, der Lehrer und der servisberechtigten Militärpersonen von der Quartierlast gestrichen, das Vertheilungsverfahren unter die einzelnen Pflichtigen genauer und besser bestimmt u. a. — Hatten bei dem zuletzt besprochenen Gesetz bestimmte Partheigegensätze innerhalb des Reichstags kaum sich bemerkbar gemacht, so waren dieselben begreiflich bei den meisten andern das Militärwesen betreffenden Gesetzen um so schärfer hervorgetreten. Das

Zustandekommen dieser Gesetze ist wesentlich dem Zusammenwirken der nationalliberalen, der conservativen und der Reichspartheі zu verdanken, wobei die erste mehr den Standpunkt des gemeinen Rechts, die beiden letzten mehr den des spezifisch militärisch Nothwendigen vertraten; wie aber die Conservativen im Ganzen (gelegentlich auch bei Budgetbewilligungen) sich geneigter als die Reichspartheі zeigten, alle militärischen Ansprüche als begründet gelten zu lassen, so kann man auch bei den Verhandlungen über alle diese Fragen unter den Nationalliberalen sehr bestimmt einen rechten, den Regierungsvorschlägen günstiger gesinnten Flügel unter von Bennigsen, und einen linken unter Lasker unterscheiden, welcher z. B. nie auf die Bekämpfung der dreijährigen Präsenz verzichten wollte und jetzt nach seinem Austritt aus der Parthei gegen die erneute Festsetzung der Friedenspräsenzstärke auf weitere 7 Jahre stimmte. Die Fortschrittspartheі und noch mehr das Zentrum verhielten sich so ziemlich gegen alles ablehnend; in der Opposition gegen das Gesetz über den Landsturm stand das letztere ganz allein.

In sehr ausgedehntem Maaße hatte der Reichstag mit der Justizgesetzgebung sich zu befassen, hinsichtlich deren, wie bereits erwähnt, durch ihn die Competenz des Reiches schon bei der ersten Feststellung der Verfassung und später noch einmal durch eine Aenderung derselben erheblich erweitert worden ist. Das erste große Justizgesetz, welches den Reichstag noch zur Zeit des Norddeutschen Bundes (1876) unter sehr lebhafter Theilnahme der Bevölkerung beschäftigte, war das Strafgesetzbuch, bei welchem namentlich die Frage der Abschaffung der Todesstrafe in weiten Kreisen ein fast leidenschaftliches Interesse erregte. Der Reichstag hatte bei der zweiten Lesung, obgleich schon bei dieser die Erklärung des Bundeskanzlers erfolgt war, Preußen und wahrscheinlich auch die Mehrheit des Bundesrathes werde die Todesstrafe nicht fallen lassen, dennoch für Beseitigung derselben (gegen die Conservativen und die Mehrheit der Freiconservativen) sich ausgesprochen, mußte sie dann aber bei der dritten Lesung, wenn das Gesetz nicht scheitern sollte, wenigstens für einige, nicht für alle die Fälle, für welche sie ursprünglich in Vorschlag gebracht war, zulassen; nur der kleinere Theil der Nationalliberalen entschloß sich zu dieser Nachgiebigkeit und sicherte dadurch das Zustandekommen des Gesetzes (Miquel erklärte sich auch abgesehen von dem Compromiß an sich für die Strafe); die Mehrzahl der Nationalliberalen unter Lasker's Führung und der Fortschritt waren bei ihrem verneinenden Votum geblieben. Der schwer errungene Sieg der Regierung für Beibehaltung der Todesstrafe überhaupt hinterließ bei dem vorzugsweise auf diesen Punkt koncentrirten öffentlichen Interesse bei vielen den Eindruck, als habe die Regierung bei den Verhandlungen über das Strafgesetzbuch überhaupt eine fast erdrückende Uebermacht gegenüber dem Reichstag bethätigt. Nichts ist unrichtiger; im Gegentheil, es ist bei diesem Gesetzbuch, auf dessen Zustandekommen auch die Regierung einen sehr hohen sachlichen und politischen Werth legte, den Wünschen des Reichstags in sehr reichem Maaße Rechnung getragen worden. Die Todesstrafe wurde bei gemeinen Verbrechen ausschließlich auf den eigentlichen Mord beschränkt, bei den schwersten Fällen absichtlicher Tödtung, für welche sie im Entwurf angedroht war, beseitigt; bei politischen Verbrechen blieb sie nur für die allerschwersten Fälle des Hochverraths, Mord oder Mordversuch an dem Bundesoberhaupt, an dem eignen Landesherrn oder an demjenigen Landesherrn, in dessen Staat der Thäter verweilt, bestehen und wurde in allen anderen Fällen schwerer Art, z. B. selbst absichtliche Tödtung eines Bundesfürsten oder Mordversuch an einem solchen unter andern als den obigen Voraussetzungen, Gefangennehmung eines Bundesfürsten u. a. durch lebenslängliche Zuchthaus- oder Festungsstrafe ersetzt. Grundsätzlich wurde ungeachtet des sehr entschiedenen Widerstrebens der Regierung bestimmt, daß in allen Fällen, in welchen Zuchthausstrafe oder Festungshaft alternativ angedroht sind, auf die erste nur dann erkannt werden dürfe, wenn festgestellt werde, daß die strafbare Handlung aus ehrloser Gesinnung entsprungen sei, und um dem Grundsatz möglichst ausgedehnte Anwendung zu sichern, wurde nahezu bei allen politischen Verbrechen, welche der Entwurf ausschließlich mit Zuchthausstrafe bedroht hatte, alternativ neben diese die Festungshaft gestellt. Bei einer Reihe leichterer politischer Vergehen wurde der Thatbestand zum Zweck größerer Sicherung der bürgerlichen Freiheit gegen mögliche Uebergriffe der Exekutive schärfer präzisirt, einzelne in dem Entwurf für strafbar erklärte Handlungen z. B. die bloße Rechtfertigung einer gesetzwidrigen Handlung, wurden von Strafe ganz freigelassen. Daneben sind in einer sehr großen Anzahl von Fällen bei strafbaren Handlungen der verschiedensten Art die im Entwurf vorgesehenen Strafen bedeutend gemildert, sei es durch Herabsetzung des Strafmaximums, sei es durch Beseitigung des Strafminimums, sei es durch Zulassung von mildernden Umständen. Der Kreis der nur auf Antrag des Verletzten zu verfolgenden Delicte (s. g. Antragsdelicte) wurde erweitert und, was praktisch schwerer in's Gewicht fiel, die Zurücknahme des Antrags bis zur Verkündigung des Strafurtheils, statt nur bis zur förmlichen Eröffnung der Untersuchung gestattet u. a. m.

Frischer lebt in der Erinnerung der Menschen der sehr stark umgestaltende Einfluß, welchen der Reichstag auf die Novelle zu dem Strafgesetzbuch (Session 1875/76) ausgeübt hat. Die im Anfang der siebenziger Jahre eingerissene Verwilderung der Massen und einzelne besondere Vorkommnisse (Fall v. Arnim, Fall Duchesne) veranlaßten die Regierungen eine Verschärfung des Strafgesetzbuches in verschiedenen Richtungen zu beantragen. Wenn dem Reichstag vorgeworfen werden sollte, er trage die Schuld an der ungenügenden Kraft des Strafgesetzbuches, so ließ sich dieser Vorwurf nur in der einzigen Beziehung rechtfertigen, daß die durch den Reichstag geschaffene Möglichkeit, bei Antragsdelicten den Antrag auf Bestrafung bis zur Verkündigung des Strafurtheils zurückziehen zu dürfen, in der That zu schlimmen Mißständen geführt hatte. Die entsprechende Aenderung des Gesetzes fand natürlich keine Schwierigkeit, ebensowenig, aber ohne daß der Reichstag ein ihm zur Last fallendes Versehen wieder gut zu machen gehabt hätte, die Verschärfung der Bestimmungen gegen Körperverletzung und gegen Widersetzlichkeit gegen die öffentliche Gewalt. Dagegen wurde die Strafbarkeit einer erfolglos gebliebenen Aufforderung oder eines erfolglos gebliebenen Erbietens zu einem Verbrechen (Fall Duchesne) nur unter beschränkenden Voraussetzungen anerkannt und eine kriminelle Bestrafung unbotmäßiger Beamten im auswärtigen Dienst (Fall Arnim) nur wegen genau präzisirter, eine bloße Verletzung der Disciplin unzweifelhaft überschreitender rechtswidriger Handlungen zugelassen, dagegen wegen bloßer Nachlässigkeit in der Registratur, wegen Wegnehmen von Akten, soweit dies nicht schon nach dem allgemeinen Strafgesetzbuch strafbar ist, abgelehnt. Der Antrag endlich, die im Auslande begangenen Verbrechen und Vergehen in weiterem Umfang, als das Strafgesetzbuch bestimmt, für im Inland strafbar zu erklären, wurde (gegen die Conservativen) fast ganz, der Antrag, den Begriff des s. g. vollendeten Versuchs neu in das Strafgesetzbuch einzuführen und mit demselben eine höhere Strafe zu verbinden, nahezu einstimmig abgelehnt, und eben so erging es den Anträgen, den Thatbestand verschiedener politischer Vergehen, wie Aufforderung zum Ungehorsam, Aufreizung u. ä. allgemeiner und mehr umfassend zu machen; nur der Antrag,

Angriffe auf die Institute der Familie und des Eigenthums für strafbar zu erklären, fand bei den Conservativen und einem Theil der Reichspartei Unterstützung. Das Centrum hat zusammen mit dem Fortschritt nahezu gegen alle Vorschläge der Regierung, z. B. auch gegen die Verschärfung der Strafbestimmungen gegen Widersetzlichkeit, ebenso gegen die kriminelle Bestrafung pflichtwidriger Handlungen von Beamten im auswärtigen Dienst gestimmt. Der Reichskanzler aber enthielt sich gegenüber der entschieden abwehrenden Haltung, welche der Reichstag zu einem großen, wohl dem bedeutenderen Theil der Novelle zum Strafgesetzbuch eingenommen hatte, des Versuchs, durch einen künstlichen Druck ein günstigeres Resultat zu erlangen, und beschränkte sich auf die Erklärung, die Regierung habe durch die Vorlage ihre Verantwortlichkeit decken wollen und überlasse es dem Reichstag, unter seiner Verantwortung zu entscheiden.

Bei der ganzen Gruppe der großen, das Gerichtswesen betreffenden Gesetze (über die Gerichtsverfassung und die verschiedenen Arten des gerichtlichen Verfahrens) ist es dem Reichstag gelungen, eine Berücksichtigung seiner Ansichten in ausgedehntestem Maaße zu erlangen. Schon in der raschen, nur mit großer Anstrengung zu ermöglichenden Ausarbeitung der betreffenden Entwürfe lag ein Entgegenkommen gegen seine Wünsche und diesen war schon von vornherein in einem höchst wichtigen Punkte, in der Beibehaltung des Geschworeneninstituts statt der von der Regierung wohl vorgezogenen, auch von einem Theil des Reichstags selbst gebilligten Erweiterung und Verallgemeinerung der Schöffeneinrichtung entsprochen. Das gleiche Bestreben, zu einem für alle Theile annehmbaren Ausgleich unter den hundertfach aus politischen und aus juristisch-technischen Gründen sich durchkreuzenden Ansichten zu gelangen, zeigte sich sodann bei den sämmtlichen eben so langen wie schwierigen Verhandlungen über die Gesetzentwürfe nicht nur im Reichstag selbst, sondern auch in der zur Vorprüfung derselben niedergesetzten Commission, deren Arbeiten das glänzendste Zeugniß nicht minder für den Fleiß, das Wissen und den Scharfsinn, wie für den hingebenden Eifer ablegen, mit welchem sie für das Zustandekommen der Gesetze in möglichster Vollkommenheit bemüht war. Es ist unmöglich, hier auch nur die wichtigeren Einzelnheiten in einiger Vollständigkeit hervorzuheben; es muß genügen, auf einige besonders in die Augen springende Punkte aufmerksam zu machen, bei welchen es dem Reichstag gelungen ist, mit größerer oder geringerer Anstrengung seine

Ansicht gegenüber entgegenstehenden Vorschlägen der Regierung durchzusetzen, und unter diesen sind von besonderem Interesse diejenigen, bei welchen es sich um eine Einengung der Regierungsgewalt und ihres freien Ermessens handelt oder ein stärkerer Schutz der individuellen Freiheit gegenüber der Staatsgewalt in Frage steht. In dieser Richtung hat die Regierung schon bei oder nach der zweiten Lesung ohne weiteres Widerstreben eine Reihe sehr erheblicher Zugeständnisse gemacht. Sie ließ z. B. gleichmäßige Bestimmungen für das ganze Reich über die Befähigung zum Richteramt und sehr ausgiebige Garantien für die persönliche Unabhängigkeit der Richter zu. Mit ihrer Zustimmung sind über die Zusammensetzung der einzelnen Kammern und den Vorsitz in denselben bei den Collegialgerichten, ebenso über die regelmäßige Stellvertretung verhinderter Mitglieder die genauesten Vorschriften aufgestellt, und da alle diese Punkte durch das Gesammtpräsidium des Gerichts selbst zum Voraus je für ein Jahr bestimmt werden, ist für die Regierung jede Möglichkeit ausgeschlossen, auf die Zusammensetzung des zur Aburtheilung berufenen Collegiums im konkreten Fall irgend einen Einfluß auszuüben. Unter den hierher gehörigen Fragen war bei der zweiten Lesung nur ein Punkt strittig geblieben, nämlich die Modalitäten der Bestellung von stellvertretenden (nicht dem Gerichtshof selbst angehörigen) Hilfsarbeitern bei den Landgerichten. Wenn die Regierung in dieser Beziehung allzu beschränkende Vorschriften zurückwies, so durfte sie unter Berufung auf die von ihr gemachten, entscheidenden Zugeständnisse mit gutem Grund die Unterstellung ablehnen, als wolle sie sich auf diesem Weg einen ungebührlichen Einfluß auf die Besetzung der Gerichte in einzelnen Fällen verschaffen, und als das Motiv für ihr Verlangen das unabweisliche Bedürfniß der Verwaltung geltend machen. Der bei der dritten Lesung erzielte Ausgleich bestätigt dies vollkommen; darnach werden die stellvertretenden Hilfsarbeiter auf Antrag des Gesammtpräsidiums für die ganze Dauer des die Aushilfe bedingenden Verhältnisses oder auf zum Voraus bestimmte Zeit (auf dieser zweiten Alternative war die Regierung bestanden) ernannt. Auch so noch fanden Zentrum und Fortschritt die Unabhängigkeit der Gerichte bedroht, obgleich schon bei der zweiten Lesung zugestanden war, daß zu Oberlandesgerichten überhaupt nur ständig angestellte Richter als Hilfsrichter sollten herangezogen werden dürfen, und daß bei dem Reichsgericht Hilfsrichter abgesehen von den durch das Einführungsgesetz selbst vorgesehenen und genau regulirten Hilfssenaten für die Uebergangszeit, überhaupt ausgeschlossen sein sollten. Ebenso kam die Regierung den Wünschen des Reichstags darin entgegen, daß sie einwilligte, der Vorsitzende einer detachirten Strafkammer sei ständig zu ernennen, und die Herstellung der Spruchliste der Geschworenen aus der Vorschlagsliste solle ausschließlich durch das Loos, statt zu einem Theil durch den Präsidenten des Gerichts bewirkt werden. In der Strafprozeßordnung sind zahllose Amendements zur Annahme gelangt, durch welche die Garantien für den Beschuldigten verstärkt, jedem Misbrauch der Amtsgewalt des Staatsanwalts oder des Untersuchungsrichters möglichst vorgebeugt, die Interessen der Rechtsgleichheit und der Humanität in sehr umfassender Weise zur Geltung gebracht wurden. Hierher gehören z. B. die genauen Bestimmungen über die Voraussetzungen und die Modalitäten der Untersuchungshaft, die Erweiterung der Fälle, in welchen ein Vertheidiger ex officio zu bestellen ist, der freiere Verkehr desselben mit dem Beschuldigten auch schon während der Voruntersuchung, seine Bezahlung aus der Staatskasse bei Vermögenslosigkeit des Beschuldigten, die Ausdehnung der Fälle, in welchen die Voruntersuchung obligatorisch sein soll, und die auch dem Beschuldigten eingeräumte Befugniß, eine solche zu verlangen, die Vorschrift, daß auf Antrag des Vertheidigers die Frage über das Vorhandensein mildernder Umstände an die Geschworenen gestellt werden muß und bei Stimmengleichheit für bejaht gilt; dann die erhöhte Selbständigkeit des Untersuchungsrichters gegenüber dem Staatsanwalt, die Beschränkungen des letzteren und der Polizeibehörden bei Beschlagnahmen, die ausschließliche Zuständigkeit des Richters (mit Ausschluß des Staatsanwalts) zur Durchsicht beschlagnahmter Papiere, die in das ganze System des Entwurfs tief eingreifende Einführung des Rechtsmittels der Berufung gegen schöffengerichtliche Urtheile; ferner Milderung der gegen renitente Zeugen zulässigen Strafen und Zwangsmittel, Befreiung der Aerzte von dem Zeugniß über das, was sie in Ausübung ihres Berufs erfahren haben, Ersatz der nothwendigen Kosten an den freigesprochenen Angeschuldigten nach dem Ermessen des Gerichts und vieles andere. Besonders lebhaft erörtert war die Frage, ob die Richter, welche bei der Entscheidung über die Eröffnung des Hauptverfahrens mitgewirkt hatten, auch bei der Hauptverhandlung mitwirken dürften; die Regierung gab ungeachtet der großen, dadurch für die Organisation entstehenden Schwierigkeiten zu, daß höchstens zwei von den bei dem Verweisungsbeschluß betheiligten Richtern und jedenfalls nicht der Referent bei der Hauptverhandlung betheiligt sein dürfen, und ein wohl noch größeres Opfer an ihren Anschauungen brachte sie dadurch, daß sie an die Stelle des s. g. Anklagemonopols des Staatsanwalts die Bestimmung setzen ließ, der Verletzte könne, wenn die Staatsanwaltschaft seinen Antrag auf Erhebung einer öffentlichen Anklage ablehne, auf die Entscheidung des Gerichts provoziren, und auf dessen Anordnung müsse der Staatsanwalt die öffentliche Anklage erheben und dem Verletzten stehe es frei, derselben als Nebenkläger sich anzuschließen. Ueber mehrere der hier berührten Punkte ist eine Verständigung erst bei der dritten Lesung, durch ein s. Zeit viel besprochenes und von dem Fortschritt und dem Zentrum viel geschmähtes Compromiß erreicht worden. Man braucht aber nur die erzielten Resultate einfach in's Auge zu fassen, um zu dem Urtheil zu gelangen, daß in der That ein sachlicher Ausgleich unter entgegenstehenden Ansichten stattgefunden und daß die Regierung sich zwar nicht allen in der zweiten Lesung gefaßten Beschlüssen des Reichstags unterworfen, aber doch sehr viele derselben pure angenommen und nach allen Richtungen hin sehr weit gehende Zugeständnisse gemacht hat. Aehnlich verhält es sich auch mit dem spezifisch politischen Theil des Compromisses. Mehrere Streitpunkte gingen nur aus einem gewissen, übrigens wie die Erfahrung gezeigt hat, nicht begründeten wechselseitigen Mistrauen hervor. Im Reichstag fürchtete man, die zur Ausführung der Justizgesetze unentbehrliche Anwaltsordnung könne, wenn jene erst einmal votirt seien, möglicher Weise nicht oder nicht mit dem gewünschten Inhalt zu Stande kommen, und wünschte deshalb die Grundzüge einer solchen Anwaltsordnung schon dem Gerichtsverfassungsgesetz einzuverleiben; der betreffende Beschluß, in zweiter Lesung durch eine aus dem Fortschritt, dem Zentrum und einem Theil der Nationalliberalen gebildete Majorität angenommen, wurde gegen die beiden erst genannten Partheien in dritter Lesung auf Andringen der Regierung abgelehnt, welche jenen Beschluß als nicht hierher gehörig, als nicht genügend vorbereitet und als die Sache jedenfalls nicht erschöpfend bekämpfte und die rechtzeitige Ausarbeitung einer entsprechenden Anwaltsordnung zusagte, welche denn auch 1878 zu Stande kam. Umgekehrt fürchtete die Regierung, sie könne durch die von allen Partheien gewünschte Festsetzung eines äußersten Termins für Einführung der Justizgesetze (1. Oktober 1879) genöthigt werden, in dem bis dahin nothwendig zu vereinbarenden Gerichtskostengesetz, um es eben zu Stande zu bringen, unliebsame Conzessionen zu machen. Zur Beruhigung der Regierung einigte man sich (gegen Zentrum und Fortschritt) bei der dritten Lesung dahin, die Justizgesetze sollten gleichzeitig mit dem Gerichtskostengesetz am 1. Oktober 1879 in Wirksamkeit treten; letzteres wurde bekanntlich ebenfalls im Jahre 1878 unter nicht unerheblicher Ermäßigung der vorgeschlagenen Sätze ohne Schwierigkeiten vereinbart. Auch der Streit über die Competenzgerichtshöfe drehte sich, nachdem man über die Zulässigkeit derselben an sich, ihre Zusammensetzung und die Grundzüge des Verfahrens schon in zweiter Lesung sich geeinigt hatte, eigentlich nur darum, zu verhüten, daß nicht bei Ausführung des Gesetzes der eine Theil über den andern ein unbilliges Uebergewicht erlange. In Folge des Reichsgesetzes mußten nämlich da, wo Competenzgerichtshöfe bestanden, aber in ihren Einrichtungen dem Reichsgesetz nicht entsprachen, dieselben durch Landesgesetz umgebildet werden; die Regierungen fürchteten nun, dabei könnten ihnen möglicher Weise für sie unannehmbare Bedingungen durch ihre Stände gestellt werden, und es wurde deshalb auf dem Compromißweg bei der dritten Lesung die Bestimmung beigefügt, wenn die erforderliche Veränderung bis zum Inkrafttreten der Reichsjustizgesetze durch Landesgesetz nicht getroffen sei, könne sie durch landesherrliche (selbstverständlich an den Inhalt des Reichsgesetzes gebundene) Verordnung herbeigeführt werden. Wesentlich sachlicher Natur war dagegen die Differenz über die civil- und strafgerichtliche Verfolgbarkeit der Beamten wegen Amtshandlungen, welche der Reichstag nach den Beschlüssen der zweiten Lesung unbeschränkt zugelassen wissen wollte, während die Regierung irgend welche Schutzmaaßregeln für unentbehrlich hielt; man einigte sich schließlich (wieder gegen Zentrum und Fortschritt) unter Festhaltung des Grundsatzes, daß die Verwaltung nicht hemmend eingreifen dürfe, dahin, der Landesgesetzgebung anheimzustellen, die gerichtliche Verhandlung von einer durch den obersten Verwaltungsgerichtshof des Landes oder, wo ein solcher nicht bestehe, durch das Reichsgericht zu gebenden Vorentscheidung abhängig zu machen, ob der Beamte seine Amtsbefugnisse überschritten habe oder nicht. — Am wenigsten Erfolg hatte der Reichstag mit seinen die Preßdelicte betreffenden Beschlüssen. In zweiter Lesung war beschlossen worden, Preßvergehen sollten als an dem Orte begangen gelten, an welchem das Preßerzeugniß erschienen ist, und der Redacteur und die Hilfspersonen sollten von der Zeugnißpflicht befreit sein, sofern die strafgerichtliche Verfolgung auf den Inhalt einer Druckschrift sich beziehe, für welche der Redacteur formell hafte. Die Regierung erklärte beide Beschlüsse, obgleich der erste wenigstens mit sehr großer Majorität unter Zustimmung sogar eines Theiles der Conservativen gefaßt war, für unannehmbar und der Ausgleich bestand hier nur darin, daß an die Stelle der zurückgewiesenen Sätze auch keine andern gestellt wurden, die Entscheidung mithin der Jurisprudenz überlassen ist. Am unbefriedigendsten ist wohl der Ausgang des Streites über die außerordentliche Zuständigkeit der Schwurgerichte in Preßsachen; sie wurde von der Regierung eben so entschieden zurückgewiesen, wie von einem Theil der Nationalliberalen, namentlich den Bayern, welche damit ihr geltendes Landesrecht vertheidigten, hartnäckig festgehalten, so daß schließlich ein Ausweg nur in der Bestimmung sich fand, bestehende Landesgesetze, welche den Schwurgerichten eine besondere (über die allgemeinen reichsgesetzlichen Vorschriften hinausreichende) Competenz zuweisen, sollten in Kraft bleiben. Ein ähnlicher Antrag war seiner Zeit bei den Verhandlungen über die Todesstrafe von dem Bundeskanzler auf das schärfste zurückgewiesen worden, daß man jetzt seine Zuflucht zu ihm nahm, zeigt, wie fest hier Wille gegen Wille stand. Zentrum und Fortschritt haben selbstverständlich auch gegen die sämmtlichen die Presse betreffenden Compromisse gestimmt; in den Augen der großen Mehrzahl der Nationalliberalen waren sie ohne Zweifel, wie auch der verdienstvolle Vorsitzende der Justizkommission und der Hauptvertheidiger der Compromißanträge (Miquel) hervorhob, Opfer, welche sie für die auf der andern Seite gebotenen, sonst nicht zu erlangenden sehr großen Vortheile darbrachten.

So schwer die schließliche Vereinbarung über die großen Gesetze über die Gerichtsverfassung und das gerichtliche Verfahren gefallen war, so verhältnißmäßig leicht verständigte man sich über die ergänzenden Gesetze, namentlich die Rechtsanwaltsordnung (1878). War schon in dem Entwurf den früher geäußerten Anschauungen des Reichstags im Wesentlichen Rechnung getragen, so ließ es die Regierung bei den Verhandlungen an noch weiterem Entgegenkommen nicht fehlen. Minder erheblich, aber doch immerhin bemerkenswerth ist es, daß in Anerkennung der selbständigen, von dem Staatsdienst spezifisch verschiedenen Stellung der Rechtsanwälte das Erforderniß eines Urlaubs bei längerer Abwesenheit von ihrem dienstlichen Wohnsitz beseitigt und daß als Berufungsinstanz für Urtheile der Ehrengerichte an die Stelle des von dem Entwurf vorgeschlagenen Reichsgerichts der Ehrengerichtshof gesetzt wurde, welcher unter dem Vorsitz des Präsidenten des Reichsgerichts aus drei Mitgliedern dieses Gerichtshofes und drei bei demselben angestellten Rechtsanwälten besteht. Wichtiger ist, daß die Ernennung der Rechtsanwälte bei dem Reichsgericht dem Reichskanzler entzogen und auf das Gerichtspräsidium übertragen wurde. Am schwersten scheint der Regierung das Zugeständniß geworden zu sein, daß derjenige, welcher durch Ablegung der vorgeschriebenen Prüfungen das Recht auf Zulassung zur Anwaltschaft erlangt hat, dasselbe nicht wieder verlieren soll, wenn er sich nicht innerhalb des ersten Jahres nach erlangter Fähigkeit um die Anwaltschaft bewirbt oder wenn er einen Staatsdienst annimmt, und daß, wenn bei einem Gericht ein Mangel an Rechtsanwälten sich ergebe, deshalb doch nicht die Zulassung neuer Anwälte bei anderen Gerichten solle untersagt werden dürfen. Abgesehen von der großen politischen Bedeutung, welche die Vorschrift, daß das einmal erlangte Recht auf Zulassung zur Anwaltschaft durch die Annahme eines Staatsamtes nicht verloren geht, sondern im Gegentheil gewahrt wird, für die innere Selbständigkeit des Beamtenthums hat, lag in den fraglichen Bestimmungen, zumal von dem Standpunkt Alt-Preußens aus, insofern ein sehr erhebliches Zugeständniß, als man bei den bis dahin total anders gestalteten Einrichtungen des Landes nicht sicher war, ob nicht die freie Zulassung zur Rechtsanwaltschaft dem Staatsjustizdienste zu viele Kräfte entziehen, und ob bei den in den verschiedenen Landesgegenden außerordentlich verschiedenartigen Verhältnissen bei jedem Landgericht die zur Führung der Anwaltsprozesse nothwendige Anzahl von Rechtsanwälten sich finden werde. Das Entgegenkommen Preußens, dessen besondere Bedürfnisse übrigens durch Uebergangsbestimmungen berücksichtigt wurden, verdient um so mehr Anerkennung, als nicht nur die Reform dort tiefer als in den meisten anderen Staaten eingriff, sondern auch das preußische Selbstgefühl durch den Beschluß der Verlegung des Reichsgerichts nach Leipzig empfindlich verletzt war. Die Reichsregierung hatte ursprünglich die Bestimmung des Sitzes des Reichsgerichts kaiserlicher Verordnung vorbehalten wollen; bei den Verhandlungen über die Gerichtsverfassung war aber zugestanden worden, ihn durch Gesetz festsetzen zu lassen, und dieses Gesetz (1877) entschied für Leipzig in Uebereinstimmung mit den Anträgen der Reichsregierung, aber in Widerspruch mit den offen ausgesprochenen und vertheidigten Ansichten und Wünschen Preußens. Die Majorität für Leipzig war dadurch entstanden, daß die Nationalliberalen sich gespaltet hatten und ein Theil derselben (Lasker und zahlreiche süddeutsche Partheimitglieder) für Leipzig stimmten. Bei Berathung der Anwaltsordnung machten sich die Partheigegensätze verhältnißmäßig wenig bemerkbar; nur das Zentrum stimmte auch bei dieser Gelegenheit so ziemlich gegen alle Vorschläge und Verlangen der Regierung, und Windthorst insbesondere sprach offen aus, am Scheitern des Gesetzes sei nichts gelegen.

Traten über die Behandlung der Presse selbst bei solchen Gesetzen, welche deren Verhältnisse nur gelegentlich streifen, jeder Zeit sehr scharfe Gegensätze hervor, so war dies selbstverständlich vor allem bei der Berathung des Preßgesetzes selbst (1874) der Fall. Der Reichstag mußte dabei auf einige Lieblingswünsche verzichten. Die Ordnung des Plakatwesens, für welches eine weitgehende Freiheit beantragt war, mußte der Landesgesetzgebung überlassen werden. Die erstrebten Begünstigungen der Presse über das gemeine Recht hinaus konnten theils gar nicht, theils nur in erheblich beschränktem Umfang erreicht werden; so ist der Versuch, den Redacteur von der Zeugnißpflicht zu befreien, nicht gelungen (er blieb auch, wie bereits erwähnt, bei der Wiederholung bei der Strafprozeßordnung erfolglos), und die polizeiliche Beschlagnahme von Druckschriften wegen ihres strafbaren Inhalts, welche der Entwurf bei allen Vergehen durch die Presse, der Reichstag nach den Beschlüssen der zweiten Lesung nur bei unzüchtigen Veröffentlichungen hatte gestatten wollen, mußte nicht nur bei den letzteren, sondern auch bei Hochverrath, Majestätsbeleidigung und Aufreizung verschiedener Stände gegen einander zugelassen werden. Auch in der lebhaft verhandelten Frage, ob bei dem Redakteur, welcher bekanntlich nach dem Preßgesetz, auch wenn er nicht als eigentlicher Thäter erscheint, wegen Fahrlässigkeit in Zulassung der strafbaren Veröffentlichung gestraft wird, diese Nachlässigkeit im Zweifel anzunehmen oder ob sie ihm speziell nachzuweisen sei, mußte der Reichstag die erste strengere Auffassung in dem Gesetz zulassen, wenn dasselbe nicht Schiffbruch leiden sollte. Wie hoch man aber diese Nichterfolge des Reichstags anschlagen mag, jedenfalls werden sie von seinen Erfolgen in der Materie weit überboten. Schon der Entwurf der Regierung schloß sich in einer Reihe der wesentlichsten Beziehungen den in der 1873er Session aus der Mitte der nationalliberalen und der Fortschrittsparthei hervorgegangenen Vorschlägen an; Conzessionen und Cautionen sind vollständig beseitigt, eben so jede Art von Zeitungsstempel; die Preßgewerbe sind unter das gemeine Recht der Gewerbeordnung gestellt und, was bei dieser von der Regierung noch unbedingt abgelehnt war, jetzt zugestanden, daß nämlich die Berechtigung zum Betrieb eines Preßgewerbes oder zur Herausgabe von Druckschriften wegen Preßvergehens selbst durch richterliches Urtheil nicht entzogen werden darf; für die gleichmäßige Behandlung aller Zeitungen bei dem Postdebit war schon durch das Postgesetz gesorgt. Ueber die polizeilichen Vorschriften über die Presse wurde ohne große Mühe Verständigung mit dem Reichstag erreicht, und die Regierung, welche in ihrem Entwurfe das in dem 1873er Antrag empfohlene strafrechtliche System adoptirt hatte, gab den geänderten Ansichten des Reichstags nach und setzte an die Stelle dieses Systems, nach welchem statt des Verfassers, wenn er nicht vor Gericht gestellt werden kann, der Herausgeber, dann der Verleger u. s. w. als Thäter haftet, das andere System, nach welchem die Strafe des eigentlichen Thäters nur denjenigen trifft, welcher das Vergehen wissentlich begangen hat, daneben aber der Redakteur, sofern er nicht als eigentlicher Thäter erscheint, eine Strafe wegen Fahrlässigkeit erleidet. Der Versuch, materielle Strafvorschriften in das Preßgesetz zu bringen und Druckschriften, welche den Ungehorsam gegen Gesetze als erlaubt darstellen u. ä. für strafbar zu erklären, gab die Regierung als aussichtslos auf; sie fand dafür bei keiner Parthei Unterstützung, so wenig wie bei der späteren Wiederholung des gleichen Versuchs bei der Novelle zum Strafgesetzbuch. Im Uebrigen hielten sich die Conservativen, welche dem 1873er Antrag gemäßigte Opposition gemacht hatten, bei den Verhandlungen des Jahres 1874 ziemlich zurück; die Reichsparthei, welche zu jenem Antrag eine freundliche Stellung, wenn auch mit Vorbehalten, eingenommen hatte, wirkte zusammen mit den Nationalliberalen vermittelnd für das Zustandekommen des Gesetzes; das Zentrum vertrat mit dem Fortschritt die möglichst absolute Freiheit für alles, was mit der Presse zusammenhängt und wünschte das Gesetz auch sofort in Elsaß-Lothringen an Stelle der schärferen französischen Gesetze in Wirksamkeit treten zu sehen.

Bei den kirchenpolitischen Gesetzen traten bestimmte Gegensätze zwischen Regierung und Reichstag, abgesehen natürlich von dem Zentrum, wenig hervor, dagegen sind die Unterschiede in der Auffassung der einzelnen Partheien deutlich bemerkbar. Am entschiedensten traten bei allen auftauchenden Fragen für Abwehr kirchlicher

Uebergriffe und nachdrückliche Geltendmachung der Rechte des Staats die Reichspartthei und die Nationalliberalen, namentlich die Süddeutschen unter ihnen, auf. Das wichtigste der hierher gehörigen Gesetze, das Gesetz über die Civilehe und die Civilstandsregister, zu welchem aus der Mitte der genannten Partheien schon seit dem Jahre 1872 wiederholt Initiativanträge gestellt waren, wurde auf Grund eines von der Regierung vorgelegten, nur unerheblich geänderten Entwurfs zwar schließlich von allen Partheien gegen das Zentrum angenommen; eine Anzahl von Conservativen, welche auch schon jenen Initiativanträgen entgegen getreten waren, beharrten aber auch der Regierungsvorlage gegenüber auf ihrem ablehnenden Votum. Dieselben hatten schon früher gegen den s. g. Kanzelparagraphen (1871) und gegen die Ausweisung der Jesuiten (1872) gestimmt, in diesen beiden Fällen von einem starken Bruchtheil des Fortschritts und einzelnen Nationalliberalen und Freikonservativen (Lasker, Friedenthal) unterstützt. Nur bei dem Gesetz über die Internirung widerspenstiger Geistlicher sah sich das Zentrum allein, doch gab sich auch hier ein gewisses Widerstreben gegen die ganze von der Gesetzgebung eingeschlagene Richtung unter den Conservativen zu erkennen. Der Fortschritt vertheidigte wiederholt bei den kirchenpolitischen Diskussionen, gelegentlich unter Windthorst's Billigung die Trennung von Staat und Kirche als die einzig richtige Lösung der entstandenen Schwierigkeiten.

Am unbestrittensten hat der Reichstag auf die Gesetzgebung in allen Gebieten der Volkswirthschaft (die besonders darzustellende Zoll- und Steuerreform bleibt hier zunächst außer Betracht) einen sehr erheblichen Einfluß ausgeübt, welcher dadurch an Bedeutung nichts verliert, daß im Großen und Ganzen Regierung und Reichstag die gleiche Hauptrichtung verfolgten. Schon das letzte Zollparlament (1870) hatte mit überwiegender Mehrheit gegen die süddeutschen Partikularisten den Antrag Bamberger's angenommen, die im Norddeutschen Bunde bereits angeregte Münzfrage als Zollvereinsangelegenheit zu behandeln, namentlich an der vorbereitenden Enquète auch die süddeutschen Staaten Theil nehmen zu lassen. Ein Süddeutscher (Augspurger) sprach sich bei dieser Gelegenheit auch für die Goldwährung aus, ohne daß übrigens dieser Punkt damals weiter erörtert wurde. Der erste Schritt in der mit Gründung des deutschen Reichs von selbst zu einer gemeinsamen deutschen Angelegenheit gewordenen Münzreform geschah schon im Jahre 1871 (zweite Session) durch das Gesetz über die Ausprägung von Goldmünzen, welches durch den Reichstag mehrere Aenderungen von höchster Wichtigkeit erfuhr; die Einziehung der alten und in Zukunft der neuen, abgenutzten Goldmünzen wurde auf Kosten des Reichs statt der Einzelstaaten übernommen, die weitere Ausprägung von Silbermünzen sistirt, dagegen die Ermächtigung zur Einziehung auch grober Silbermünzen (neben den alten Goldmünzen) ertheilt und die Ausprägung von 30 Mark-Stücken (10 Thlr.) gegen den von den Conservativen unterstützten entschiedenen Widerspruch der Regierung beseitigt. Es leuchtet ohne Weiteres ein, daß durch die Gesammtheit dieser Maaßregeln das Münzwesen in weit eminenterem Sinne, als der Regierungsentwurf beabsichtigt hatte, zur Reichssache gemacht und daß die Reform energischer und konsequenter (durch Beseitigung der Anklänge an das Thalersystem) gefördert wurde. An dem Münzgesetz (1873) wurde durch den Reichstag die prinzipiell sehr bedeutsame Aenderung herbeigeführt, daß das Maximum der für Privatgoldausprägungen zu bezahlenden Gebühren dem Ermessen der Regierung entzogen und durch das Gesetz selbst festgesetzt wurde, wozu später noch in dem Reichsbankgesetz die ebenfalls auf einem Amendement des Reichstags beruhende Bestimmung hinzutrat, durch welche die Reichsbank verpflichtet wird, die ihr angetragenen Goldbarren zu gesetzlich fixirtem Preis gegen Banknoten einzutauschen. Auch die Vorschriften, daß bis zum 1. Januar 1876 alle nicht auf Reichswährung lautenden Banknoten eingezogen werden mußten und neue Banknoten nur auf Beträge von mindestens 100 Mark ausgestellt werden dürfen, ist durch den Reichstag veranlaßt, welcher schließlich auch die Einziehung des Landespapiergeldes bis zu dem gleichen Termin gegen das Zugeständniß durchsetzte, daß dagegen Reichspapiergeld kreirt und den Einzelstaaten bei Einziehung ihres Landespapiergeldes Erleichterungen durch das Reich gewährt würden. In dem Reichsbankgesetz (1874/75) endlich ist vor allem die Einsetzung der Reichsbank selbst dem Reichstag zu verdanken, welcher, abgesehen von verschiedenen, zum Theil sehr wesentlichen technischen Detailbestimmungen sein eignes Controlrecht gegenüber dem neuen Reichsinstitut weiter ausdehnte und besser festigte, als die Regierung vorgeschlagen hatte, namentlich auch die Verlängerung der Bankprivilegien über das Jahr 1891 hinaus an seine Zustimmung band. Durchgreifende Gegensätze der politischen Partheien sind bei den Verhandlungen über die Münz- und Bankgesetze nicht hervorgetreten; nur das Zentrum beobachtete auch dabei eine mehr abwehrende Haltung und lieh gern seine Unterstützung allen gegen Regierungsvorschläge gerichteten Anträgen, so z. B. dem namentlich von Süddeutschen verschiedener Partheien gestellten und wesentlich mit Hilfe des Zentrums durchgesetzten Antrag auf Prägung von Zweimarkstücken. Als charakteristisch für die Conservativen mag hervorgehoben werden, daß sie hauptsächlich die von der Regierung warm befürwortete (übrigens abgelehnte) Steuer von ungedeckten Noten vertheidigten, und daß sie, gegen die Regierung, die Dotirung der Reichsbank mit Reichsgeldern, statt mit Privatkapital bevorzugten.

Dem Gesetz über Freizügigkeit ist gleich durch den ersten Reichstag des Norddeutschen Bundes (1867) ein sehr viel reicherer Inhalt, als der Entwurf ihn geboten hatte, durch Beifügung der Sätze verschafft worden, daß jeder Bundesangehörige an jedem Orte des Bundesgebietes Grundeigenthum erwerben und ein Gewerbe betreiben dürfe unter den gleichen Voraussetzungen wie der Einheimische; daß keinem Bundesangehörigen der Erwerb von Grundeigenthum, die Niederlassung oder der Gewerbebetrieb wegen seines Glaubensbekenntnisses oder wegen fehlender Landes- oder Gemeindeangehörigkeit versagt werden dürfe; daß polizeiliche Ausweisung nur aus den im Gesetz vorgesehenen Gründen statthaft sei. In das Gesetz über den Erwerb und den Verlust der Staatsangehörigkeit (1870) wurde durch den Reichstag im Sinne der Gemeinsamkeit des deutschen Bürgerrechts die Bestimmung aufgenommen, daß dem Angehörigen eines Bundesstaates die Aufnahme in jeden andern als Landesangehöriger (unter den gesetzlichen Voraussetzungen) kostenfrei gewährt werden muß, und daß ein Deutscher, welcher durch zehnjährige Abwesenheit seine Staatsangehörigkeit verloren hat, bei seiner Rückkehr in das Bundesgebiet einfach durch Niederlassung in einem Bundesstaate die Staatsangehörigkeit erwirbt. Vollständig umgestaltet durch den Reichstag wurde das Gesetz über den Unterstützungswohnsitz (1870). Der Entwurf hatte, allerdings entgegen den ursprünglichen Vorschlägen Preußens, die Regelung der Armenlast innerhalb der einzelnen Staaten für deren Angehörige der Partikulargesetzgebung überlassen und gemeinsame Rechtsvorschriften nur für den Fall vorgesehen, wenn ein Norddeutscher in einem Bundesstaat außerhalb seines Heimathsstaates hilfsbedürftig werde; in diesem Falle sollte er nach fünfjährigem Aufenthalt an einem bestimmten Ort in diesem seinen Unterstützungswohnsitz haben oder wenigstens, wenn ein solcher nicht entstanden, von dem Bundesstaate, in dessen Gebiet er fünf Jahre lang sich aufgehalten, unterstützt werden, wobei es aber dem Partikularstaat überlassen bleiben sollte, durch seine Gesetzgebung die Unterstützungspflicht von sich auf engere Verbände innerhalb seines Gebietes abzuschieben. Statt dessen wurde nach den Anträgen des Reichstags die Armenlast direct im ganzen Reich gleichmäßig und ohne Rücksicht auf die Landesangehörigkeit des zu Unterstützenden in der Art geregelt, daß die Unterstützungspflicht zunächst die Gemeinde, in welcher der Bedürftige durch zweijährigen Aufenthalt einen Unterstützungswohnsitz erworben hat, und sofern ein solcher nicht begründet ist, den Landarmenverband trifft, d. h. denjenigen größeren, möglicher Weise ein ganzes Staatsterritorium umfassenden Kreis, in welchem der eines Unterstützungswohnsitzes Entbehrende seinen Aufenthalt hat. Die Abgrenzung der Gemeinde- eben so der Land-Armenverbände wurde der Partikulargesetzgebung überlassen, mußte aber bis zum 1. Juli 1871 geschehen sein. Die Ueberführung vertragsähnlicher Festsetzungen zwischen einzelnen, getrennt und unabhängig von einander gedachten Staaten in ein gemeinsames, sie alle und ihre Angehörigen direkt bindendes Gesetz kann kaum schärfer hervortreten als hier, und ebenso leuchtet ein, daß nur durch ein so geartetes Gesetz die Einheit des deutschen Reichsbürgerrechts in einer der praktisch wichtigsten Beziehungen thatsächlich hergestellt werden konnte. Seine ängstliche Abwehr gegen jedes Eingreifen der Bundeszentralgewalt hatte der Entwurf auch darin gezeigt, daß er als Berufungsinstanz bei Streitigkeiten zwischen Armenverbänden verschiedener Staaten einen Ausschuß des Bundesraths in Aussicht genommen hatte; an seine Stelle trat nach dem Antrag des Reichstags das Bundesamt für Heimathwesen, ein in richterlicher Unabhängigkeit constituirtes Verwaltungsgericht, dessen Verfahren in den Hauptpunkten durch das Gesetz geregelt ist. Der weitere Versuch, im Interesse einheitlicher und sicherer Rechtsanwendung dieses Bundesamt zur Berufungsinstanz auch bei Streitigkeiten zwischen Armenverbänden eines und desselben Staates zu machen, scheiterte an dem entschiedenen Widerspruch des Bundesraths, welcher darin sogar eine Verfassungsänderung erblickte, und man verständigte sich schließlich, indem der Reichstag wenigstens diese letzte Frage offen halten wollte, dahin, in das Gesetz nur die Bestimmung aufzunehmen, bis zu anderweitiger von Bundeswegen erfolgender Regelung der Competenz des Bundesamtes für Heimathwesen könne dasselbe durch die Landesgesetzgebung eines Einzelstaates zur Berufungsinstanz bei Streitigkeiten zwischen Armenverbänden dieses Staates erklärt werden. — Mit der ganzen, hier zuletzt besprochenen Gruppe von Gesetzen wurden der Hauptsache nach nur altbestehende preußische Einrichtungen auf das Reich (den Bund) übertragen, und damit mag es zusammenhängen, daß bei den Verhandlungen darüber an Stelle der sonst herrschenden Partheigegensätze viel mehr der Gegensatz von Preußen und Nichtpreußen sich geltend machte.

Bei der Ordnung des Gewerbewesens hat der Reichstag einen äußerlich ebenso ausgedehnten als innerlich bedeutenden Einfluß ausgeübt. Schon im Jahre 1868 war als einer der ersten Schritte, um dem neu begründeten Bunde einen materiellen Inhalt zu verschaffen, eine vollständige, auf dem Grundsatz der Gewerbefreiheit beruhende Gewerbeordnung vorgelegt worden; als es sich zeigte, daß die Zeit zur Erledigung des Gesetzes nicht hinreichen werde, wurde auf einen Antrag der Nationalliberalen hin unter heftigem, allerdings zum Theil auf formelle Gründe gestütztem Widerspruch eines Theils der Conservativen noch in der 1868er Session ein kurzes Gesetz vereinbart, welches ohne weitere Details den Zunftzwang mit allem, was dazu gehört, beseitigte. Bei dem im folgenden Jahre wieder vorgelegten Entwurf einer umfassenden Gewerbeordnung war die Regierung bereits in mehreren wichtigen Punkten den in den früheren Commissionsberathungen zum Ausdruck gelangten Wünschen entgegengekommen, indem jetzt schärfere Bestimmungen als früher wegen sofortiger Beseitigung der gewerblichen Zwangs- und Bannrechte in Vorschlag gebracht, die Preßgewerbe im Allgemeinen unter die Gewerbeordnung gestellt wurden und zugestanden war, die Erlaubniß zum Wirthschaftsbetrieb, die für die polizeiliche Praxis wohl bedeutsamste Conzession, solle nicht mehr auf kurze Zeit (1 Jahr), sondern dauernd verliehen werden. Der Entwurf, welcher den Grundsatz der Gewerbefreiheit konsequent durchführte und im Interesse der Ordnung und der Rechtssicherheit im Ganzen ziemlich mäßige Beschränkungen aufstellte, stieß im Reichstag prinzipiell nicht auf Schwierigkeiten, wurde aber in der von ihm selbst bereits eingeschlagenen Richtung weiter und schärfer ausgebildet. Die Gewerbeordnung sollte nach der Erklärung der Regierung das deutsche Gewerberecht nicht abschließen, sondern nur einen sicheren Boden zu dessen Weiterentwickelung bieten, die je nach dem aus der Erfahrung zu erkennenden Bedürfniß eine ausdehnende oder eine einengende sein konnte; der Reichstag stellte sich auf den gleichen Standpunkt, ging aber doch um ein Beträchtliches über die Vorschläge der Regierung hinaus. Es ist unmöglich alle oder auch nur alle wichtigeren Veränderungen hervorzuheben, welche er an der Gewerbeordnung vorgenommen hat; es muß genügen, auf Einzelnes aufmerksam zu machen, woraus der sehr starke Einfluß, welchen der Reichstag auf dieses die weitesten Lebensgebiete beherrschende Gesetz geübt hat, hervorgehen wird. Durch seinen Beschluß ist die Neubegründung ausschließlicher Gewerberechte, auch wo sie landesgesetzlich zulässig wäre, schlechthin verboten. Das im Gesetz aufgestellte Verzeichniß derjenigen gewerblichen Anlagen, welche wegen der mit ihnen für das Publikum oder die Nachbarn verbundenen Belästigungen besonderer Genehmigung bedürfen, kann zwar, wie der Entwurf vorschlug, je nach dem wechselnden Bedürfniß durch Beschluß des Bundesrathes geändert werden, der Beschluß unterliegt aber der Genehmigung des nächsten Reichstags, und den Betheiligten sind für eine sachgemäße Entscheidung dadurch möglichst Garantien geboten, daß die Gewerbeordnung selbst für die Organisation der entscheidenden Behörden und das von ihnen zu beobachtende Verfahren allgemeine Normen aufstellt, an welche die Einzelstaaten gebunden sind. Die Vorschriften über den nicht unbedingt freien Gewerbetrieb sind genauer und für die persönliche Freiheit günstiger gestaltet worden. Die Ausübung des ärztlichen Berufes wurde vollkommen frei gegeben, nur die Führung eines ärztlichen Titels von Ablegung einer öffentlichen Prüfung abhängig gemacht, in Verbindung damit die Rechtspflicht der Medizinalpersonen, auf Verlangen ärztlichen Beistand zu leisten, aufgehoben und eine obrigkeitliche Taxe für ihre Bemühungen nur noch als subsidiäre Norm in Ermangelung anderweitiger Vereinbarung zugelassen. Für die Fälle, in welchen die Ausübung eines Gewerbes von obrigkeitlicher Erlaubniß abhängig gemacht ist oder durch obrigkeitliche Verfügung untersagt werden kann, sind die Voraussetzungen für das eine oder das andere gesetzlich genau bestimmt, die Conzessionen und Genehmigungen sind nicht nur, wie schon im Entwurf vorgeschlagen war, unwiderruflich, sondern auch der Zeit nach unbeschränkt zu ertheilen, und dem Betheiligten steht gegen ungerechtfertigte Versagung oder Wiederentziehung der Befugniß der Rekurs zu, welcher mit den gleichen Garantien wie die Beschwerden gegen Untersagung einer von obrigkeitlicher Genehmigung abhängigen gewerblichen Anlage umgeben ist. Der Straßenverkauf von Druckschriften, welchen der Entwurf von einer in das freie Ermessen der Ortspolizeibehörde gestellten, jeder Zeit widerruflichen Erlaubniß abhängig gemacht hatte, ist dem Hausiren gleichgestellt und gegen die Versagung des darnach erforderlichen Erlaubnißscheines die Möglichkeit des Rekurses unter den gleichen Garantien wie bei andern gegen Gewerbetriebe gerichteten Verboten gewährt. Verschiedene in dem Entwurf der Ortspolizeibehörde zugedachte Functionen sind der Gemeindebehörde überwiesen, die Innungen sind noch vollständiger als in dem Entwurf ihres öffentrechtlichen Characters entkleidet, auch die Stellung der Lehrlinge so gut wie ausschließlich nach privatrechtlichen Gesichtspunkten geordnet. Das Verhältniß zwischen Arbeitgeber und Arbeitnehmer ist rein und mit Ausschluß jeglicher Ueberordnung des ersten über den zweiten als Vertragsverhältniß aufgefaßt und in Uebereinstimmung damit die Strafe des Arbeitnehmers wegen Ungehorsams oder wegen eigenmächtigen Verlassens der Arbeit beseitigt. Die eigentlich aus dem Entwurf sich von selbst ergebende Aufhebung des Zwangs für erwachsene Arbeiter, Arbeitsbücher zu führen, wurde ohne Anstand ausdrücklich anerkannt, ebenso die Coalitionsfreiheit für Arbeitgeber und Arbeitnehmer, welche durch ein Spezialgesetz inmitten der alten gewerblichen Zustände auszusprechen die Regierung im Jahre 1867 gegen den Beschluß des Reichstags abgelehnt hatte. In der für das Armenwesen und die Gemeinden hochwichtigen Frage, ob nach dem Vorschlag des Entwurfs Gesellen und Fabrikarbeiter durch Ortsstatut zum Eintritt in eine Hilfs- und Krankenkasse sollten verpflichtet werden können, einigte man sich dahin, die Entscheidung einstweilen der Landesgesetzgebung zu überlassen.

Die Gewerbeordnung ist bekanntlich, wenn auch im Lauf der Diskussion die Zurückdrängung des öffentrechtlichen und polizeilichen Gesichtspunktes und die Rücksichtnahme auf die individuelle Freiheit und Rechtssicherheit namentlich von konservativer Seite als zu weitgehend bekämpft, umgekehrt vom Fortschritt und einem Theil der Nationalliberalen gefunden wurde, das Gesetz gehe in dieser Richtung noch nicht weit genug, schließlich doch von allen Partheien des Reichstags angenommen worden. Die oben zuletzt erwähnte Lücke in Betreff der Hilfskassen für gewerbliche Arbeiter wurde in der Session 1875/76 in der Art vermittelnd ausgefüllt, daß diesen Arbeitern durch Ortsstatut zwar der Beitritt zu einer Hilfskasse, aber nicht zu einer bestimmten gemeindebehördlich überwachten zur Pflicht gemacht werden kann, es vielmehr genügt, wenn sie Mitglieder einer freien, den gesetzlichen Anforderungen entsprechenden Kasse sind; und gleichzeitig wurde über diese freiwilligen Hilfskassen ein ausführliches Normativgesetz erlassen. Wirkliche Aenderungen hat die Gewerbeordnung bis jetzt erfahren durch Umarbeitung des ganzen von den Gewerbsgehilfen, Gesellen, Lehrlingen und Fabrikarbeitern handelnden Titels (1878) und durch Verschärfung der staatlichen Aufsichtsrechte bei einigen besonderen Gewerben (1879). Am wichtigsten in dieser letzteren Beziehung ist die den Landesregierungen ertheilte Ermächtigung, durch Verordnung die Erlaubniß zum Ausschank von Branntwein oder zum Kleinhandel mit Branntwein oder Spiritus allgemein, ferner die Erlaubniß zum Betrieb der Gastwirthschaft oder zum Ausschank von Bier oder Branntwein in Ortschaften mit weniger als 15000 Einwohnern unbedingt, in größeren Orten wenigstens dann von dem Nachweis eines vorhandenen Bedürfnisses abhängig zu machen, wenn dies durch Ortsstatut festgesetzt ist. Ein ähnlicher Vorschlag war schon in dem Entwurf der Gewerbeordnung enthalten, damals aber unter Mitwirkung eines Theils der Nationalliberalen, auch Lasker's, abgelehnt und nur mit Mühe der Vermittelungsantrag Miquel's angenommen worden, daß die Landesregierungen die Erlaubniß zum Ausschank von Branntwein von dem Bedürfniß abhängig machen könnten, sofern die Landesgesetzgebung nicht im Wege stehe. Im Jahre 1879 erkannte Lasker die Nothwendigkeit von Beschränkungen an, während andere Nationalliberale, z. B. Braun und der Fortschritt nach wie vor die unbedingte Freiheit des Gewerbebetriebs vertheidigten. Ein interessanter ähnlicher Umschlag der Anschauungen des Reichstags zeigt sich darin, daß jetzt 1879 auf seine Veranlassung die entgeltliche Verpflegung kleiner Kinder von der Gewerbeordnung ausgenommen und damit den Einzelstaaten die Möglichkeit gegeben wurde, Vorsorge gegen Mißbräuche zu treffen, während bei der Berathung der Gewerbeordnung der Antrag, in das Reichsgesetz derartige Bestimmungen aufzunehmen, als unnöthige und unzweckmäßige Beschränkung der Freiheit abgelehnt worden war. — Die Novelle über die Verhältnisse der gewerblichen Arbeiter sucht zunächst für eine strengere Zucht namentlich unter den jugendlichen Arbeitern zu wirken. Die Arbeitsbücher wurden bis zum vollendeten 21. Jahr (die Regierung hatte das 18. vorgeschlagen) obligatorisch gemacht, insbesondere in dem Verhältniß der Lehrlinge die Autorität des Lehrherrn, zugleich auch seine Verantwortlichkeit verschärft; auf Antrag des Reichstags ist die Ausstellung eines Lehrzeugnisses gesetzlich vorgeschrieben, statt desselben aber da, wo Innungen bestehen, auch ein Lehrbrief der Innung zugelassen. Die im Ganzen etwas dürftigen Vorschriften der Gewerbeordnung zum Schutz der Arbeiter sind weiter fortgebildet und haben in mehrfachen Beziehungen noch Verbesserungen durch den Reichstag erfahren, namentlich durch weitere Schutzmaaßregeln zu Gunsten der Frauen, durch die dem Bundesrath beigelegte Befugniß, für gewisse Arten von besonders gefährlichen Betrieben allgemeine Anordnungen zur Sicherung der Arbeiter zu erlassen, vor allem durch die für obligatorisch erklärte Einrichtung der Fabrikinspectoren. Nur in dem letzten Punkt entschloß sich die Regierung, übrigens weniger aus sachlichen Gründen als aus Rücksicht auf die Selbständigkeit der Polizeiverwaltung in den Einzelstaaten nur schwer zur Nachgiebigkeit, im Uebrigen treten scharfe Gegensätze zwischen ihr und dem Reichstag kaum hervor.

Auch die Parteien des letzteren gingen weniger über den Inhalt der Novelle, als über ihre weiteren Ziele und Wünsche auseinander, die sie theils bei der Berathung derselben, theils in selbständigen Anträgen, am ausführlichsten in den während der 1877er Session von allen Parteien zu der Gewerbeordnung eingebrachten Resolutionen und einer Diskussion über dieselben ausgesprochen haben. Die betreffenden Fragen werden fortgesetzt in dem Reichstag auf das lebhafteste erörtert. Die Conservativen sind für strengere Ordnungen im Gewerbewesen; sie wollten z. B. die Arbeitsbücher für alle Arbeiter obligatorisch gemacht haben; am wärmsten und häufigsten traten sie durch wiederholte Anträge (1878, 1879, 1880) für Stärkung der Innungen ein, welche durch mancherlei in dem Gewerbewesen ihnen zugedachte Vorrechte wenigstens indirect den Handwerkerstand unterstützen sollten, und denen einzelne Redner aus der Mitte der Partei (Kleist-Retzow) sogar ausschließliche Gewerbebefugnisse wieder zuzuwenden nicht abgeneigt waren. Die Reichspartei ging im Ganzen den gleichen Weg, wenn auch mit größerer Zurückhaltung und mit besserer Schonung des Grundsatzes der Gewerbefreiheit. Auf dem gerade entgegengesetzten Standpunkt stand von jeher und steht noch die Fortschrittspartei, welche jede Beschränkung der individuellen Freiheit, vor allem jede ordnende und überwachende Thätigkeit der staatlichen Verwaltungsorgane möglichst fern zu halten sucht. Unter den Nationalliberalen giebt es eine Anzahl von Anhängern einer nationalökonomischen Schule, welche dieser Richtung sehr nahe kommt; sie übten bei Berathung der Gewerbeordnung einen aus dem bereits

Mitgetheilten ersichtlichen starken Einfluß aus, der aber seither eher ab- als zugenommen hat; so erklärte sich die Partei im Jahre 1877 zwar entschieden für die Aufrechterhaltung der Grundsätze der Gewerbeordnung, aber auch bereit, die nach der Erfahrung nöthig gewordenen Aenderungen an derselben vorzunehmen, und sie hat dieses Programm bei der Revision einzelner Theile der Gewerbeordnung in den Jahren 1878 und 1879 erfüllt; so haben z. B. neben anderem bereits Erwähnten auch die Fabrikinspectoren, welche bei der Berathung der Gewerbeordnung als bedenklich für die Freiheit der Bewegung in den Fabriken aus ihrer Mitte sehr lebhaft bekämpft worden waren, im Jahre 1879 bei der Parthei im Ganzen keinen Widerspruch mehr gefunden, und sie zeigte sich geneigt, der Pflege des Innungswesens auf Grundlage des Osnabrücker Normativstatuts größere Sorgfalt zu widmen, dagegen blieb sie dabei, jede directe oder indirecte Beherrschung der Gewerbe durch geschlossene, bevorrechtete Innungen zu verwerfen. Das Zentrum war bei den 1877er Resolutionen am weitesten zurückgegangen; es wollte Hebung des Handwerks durch Beschränkung der Gewerbefreiheit und Revision des Freizügigkeitsgesetzes, und wenn auch Windthorst nachträglich die durch den ersten Fractionsredner (v. Galen) noch verschärfte Bedeutung der Anträge abzuschwächen suchte, so wurde doch von allen anderen Partheien und ebenso von der Regierung der entschiedene Gegensatz derselben gegen die Grundsätze der Gewerbeordnung erkannt und bestimmt zurückgewiesen. Die Sozialdemokraten traten sowohl in den Resolutionen während der 1877er Session, wie bei den Verhandlungen über die Revision der Gewerbeordnung im Jahre 1878 hauptsächlich für den Normalarbeitstag von 10 Stunden und für wesentliche Beschränkung der Frauen- und Kinderarbeit auf; sie erklärten sich in scharfem Gegensatz namentlich gegen die Fortschrittsparthei für energisches Eingreifen des Staates in die Ordnung des Gewerbewesens zu Gunsten der Arbeiter und vertheidigten in dieser Beziehung namentlich auch warm die Einrichtung der Fabrikinspectoren. Interessant war der Kampf um die Sonntagsfeier; während die Regierung an dem Grundsatz festhalten wollte, daß die Sonntagsarbeit erwachsener Arbeiter, vorbehaltlich der allgemeinen landesgesetzlichen Vorschriften über die Sonntagsruhe, der freien Vereinbarung mit dem Arbeitgeber zu überlassen sei, bemühten sich bei der Novelle von 1878 die konservativen Parteien und das Zentrum, in dieser Frage auch von den Sozialdemokraten unterstützt, auf das eifrigste, ein Verbot der

Sonntagsarbeit in Fabriken und Werkstätten (von landwirthschaftlichen Arbeiten ist in der Gewerbeordnung keine Rede) durchzusetzen, brachten auch ihren Antrag bei der zweiten Lesung mit einer Stimme Mehrheit gegen den Widerspruch der Regierung zur Annahme, sind aber schließlich bei der dritten Lesung um eine Stimme in der Minderheit geblieben. Die Neigung, der Staatsgewalt eine starke Einwirkung auf die Ordnung der gewerblichen Verhältnisse zu gestatten und die Abneigung gegen das s. g. Manchesterthum führten auch sonst gelegentlich eher zu einem gewissen Einvernehmen zwischen den Sozialdemokraten einer, und den konservativen Partheien und dem Zentrum anderer Seits als zwischen jenen und den Liberalen, wenn auch so feindselig antikapitalistische, stark sozialistisch angehauchte Anschauungen, wie sie z. B. von Wagener unter scharfer Zurückweisung von freikonservativer Seite bei Berathung der Gewerbeordnung vorgetragen worden waren, auf konservativer Seite nicht mehr hervortraten. In dem Kampf um die Gewerbeordnung hat die antiliberale Richtung während des letzten Reichstags durch die Annahme der v. Seydewitz'schen Anträge namentlich in Betreff der den Innungen zu gewährenden Vorrechte einen gewissen Erfolg errungen. Wurden dieselben auch namentlich durch die Intervention der Reichspartheı etwas abgeschwächt, so ist doch nicht zu verkennen, daß sie auch in dieser Abschwächung zu einer Beschränkung der vollen, grundsätzlichen Gewerbefreiheit führen können, vielleicht auch im Sinne wenigstens eines Theils ihrer Anhänger führen sollen. Die Anträge sind unter einer gewissen Connivenz der Regierung zur Annahme gelangt durch die Stimmen der beiden konservativen Partheien und des bei dieser Gelegenheit übrigens sehr viel gemäßigter als im Jahre 1877 auftretenden Zentrums gegen die Nationalliberalen und die Fortschrittspartheı; ob sie wirklich zu einer prinzipiellen Aenderung der Gewerbeordnung führen werden, bleibt abzuwarten.

Auch außerhalb des von der Gewerbeordnung umschriebenen Gebietes gingen bisher Reichstag und Regierung Hand in Hand in Befreiung des wirthschaftlichen Lebens von hergebrachten Beschränkungen und unhaltbar gewordenen alten Ueberlieferungen. Schon 1867 wurde auf einen Initiativantrag der Liberalen hin unter persönlicher Unterstützung des Bundeskanzlers ein Gesetz über Zinsfreiheit erlassen, ihm folgte im nächsten Jahr, zugleich in Erledigung eines von konservativer Seite eingebrachten Initiativantrags, das Gesetz über Beseitigung der Schuldhaft. 1869 wurde die Beschlag=

nahme des noch nicht verdienten Arbeitslohnes aufgehoben, 1870 die Nothwendigkeit der staatlichen Genehmigung für Aktiengesellschaften beseitigt. Waren bei allen diesen Anlässen bestimmte Partheigegensätze nicht hervorgetreten, so tauchten doch solche namentlich seit dem allgemeinen wirthschaftlichen Niedergang auf, der nach einer weit verbreiteten Ansicht durch die neue freiere Gesetzgebung wenigstens mitverschuldet sein soll. So wurde und wird noch von dem Zentrum und einem Theil der Conservativen für Wiedereinführung von Zinstaxen und für Beseitigung der übrigens sehr viel älteren allgemeinen Wechselfähigkeit gekämpft, während die Liberalen in beiden Beziehungen entschiedene Vertheidiger des geltenden Rechts sind. In dem ersten Punkt trat auch die Regierung auf ihre Seite und so wurde in dem jüngst vereinbarten Gesetz gegen den Wucher der Thatbestand dieses Vergehens nur dahin erweitert, daß die eigennützige Ausbeutung fremden Leichtsinns oder Nothstands, nicht die Ueberschreitung einer bestimmten Zinstaxe, für strafbar erklärt wurde; dagegen scheint die Regierung über die zu der Frage der allgemeinen Wechselfähigkeit zu nehmende Stellung noch nicht entschieden.

Schließlich sei hier noch zweier Gesetze, um welche die lebhaftesten noch in frischer Erinnerung stehenden Kämpfe geführt wurden, gedacht, des Sozialistengesetzes und der Tarifreform. Die Annahme des ersteren durch den Reichstag ist demselben von den Gegnern des Gesetzes zu einem schweren Vorwurf gemacht und als ein Zeichen innerer Schwäche und Haltlosigkeit ausgelegt worden. Der Vorwurf könnte jedenfalls nur gegen die Nationalliberalen gerichtet werden, denn Conservative und Reichspartei waren bereit, schon den ersten Gesetzentwurf gegen die Ausschreitungen der Sozialdemokratie, als ihren Anschauungen entsprechend oder mit denselben vereinbar, anzunehmen, während die Liberalen mit ganz wenigen Ausnahmen (Gneist, Beseler, v. Treitschke) jenen Entwurf vor dem Nobiling'schen Attentat und vor der Auflösung des Reichstags grundsätzlich abgelehnt hatten, um später nach diesen Ereignissen dem zweiten Entwurf zuzustimmen, welcher allerdings genauer präzisirt, aber auch verschärft, übrigens im Wesentlichen und grundsätzlich der alte war. Aber auch die nationalliberale Parthei kann wenigstens in den Augen aller derjenigen, für welche die Politik nicht in dem Bekennen abstracter Prinzipien besteht, ihre durch die veränderten Verhältnisse bedingte veränderte Haltung unschwer rechtfertigen; jedenfalls ist es Thatsache, daß sie, weit entfernt, sich blindlings dem Willen der

Regierung zu unterwerfen, gegen denselben einen sehr erheblichen Einfluß auf das Sozialistengesetz ausgeübt hat. Das eigentliche Opfer der Parthei bestand darin, daß sie, die ursprünglich kein Ausnahmegesetz gewollt hatte, sondern die strenge Anwendung des bestehenden Rechts für genügend hielt, eventuell dessen Verschärfung vorgezogen hätte, schließlich dennoch einem auf ganz bestimmte konkrete Verhältnisse sich beziehenden Spezialgesetz ihre Zustimmung ertheilte; sie entschloß sich gegenüber dem zweiten Entwurf zu dieser Nachgiebigkeit, weil eine Verständigung über eine eventuelle Verschärfung des gemeinen Rechts nicht zu erzielen und sie anderer Seits doch zu der Ueberzeugung gelangt war, daß eine schärfere Repression des maaßlosen Treibens der Sozialdemokratie unter den gegebenen Verhältnissen unerläßlich sei. Das Sozialistengesetz ist ein Polizeigesetz in dem Sinne, daß es gegenüber einem bestimmten gemeingefährlichen Zustande die Verwaltung mit außerordentlichen Vollmachten ausrüstet. Die thatsächliche Bedeutung eines solchen Gesetzes hängt mehr von der Gewissenhaftigkeit der Verwaltung als von der möglichst genauen Präzisirung des als gemeingefährlich zu Verfolgenden ab, da Auslegung und Anwendung der getroffenen, unvermeidlich in allgemeinen Beschreibungen sich haltenden Bestimmungen der Verwaltung überlassen werden müssen; immerhin ist die möglichst genaue Bezeichnung dessen, was unterdrückt werden soll, ein sehr werthvoller Schutz gegen Mißbrauch, und daß in dieser Beziehung das Sozialistengesetz durch den Reichstag erheblich verbessert wurde, ist unbestritten. Viel wichtiger aber als Beweise des sehr starken von dem Reichstag, speziell von der nationalliberalen Parthei geübten Einflusses sind diejenigen Aenderungen des Sozialistengesetzes, durch welche die Wirksamkeit desselben gegen die ursprünglichen Intentionen und ungeachtet des sehr entschiedenen Widerspruchs der Regierung aus allgemeinen politischen oder juristischen Gründen erheblich abgeschwächt wurde. Die Beschränkung des Gesetzes auf die Dauer weniger Jahre mußte begreiflich seine Wirkung eben so sehr beeinträchtigen, wie dadurch der Einfluß des Reichstags gesteigert wurde, der nach wenigen Jahren über die Fortdauer des Ausnahmezustandes wieder zu entscheiden hatte und dabei, wie die Erfahrung gezeigt hat, seine Bedingungen (Nichtanwendbarkeit der Ausweisung auf Reichstagsmitglieder während der Session und abermalige Verkürzung der neuen Geltungsperiode des Gesetzes) durchsetzen konnte. Wenn die Entziehung positiver Individualrechte, namentlich des

Rechts des Aufenthaltes an einem bestimmten Orte und des Rechts zum Betrieb gewisser Gewerbe, wie des Wirthschafts- und der Preßgewerbe durch die Beschlüsse des Reichstags an enger begrenzte Voraussetzungen und an ein richterliches Urtheil gebunden wurde, so liegt darin eine sehr bedeutsame Stärkung der Rechtsgarantien für die Betheiligten ohne nothwendige Abschwächung der Wirksamkeit des Gesetzes; aber auch eine solche mußte die Regierung in der auf Billigkeitsrücksichten beruhenden Bestimmung zulassen, daß, wenn auch die gesetzlichen Voraussetzungen der Ausweisung vorhanden sind, dieselbe doch nicht aus dem Orte erfolgen darf, in welchem der Betreffende seit mindestens 6 Monaten seinen Wohnsitz hat. Auch die Vorschrift, daß das Verbot einer periodischen Druckschrift nicht auf die frühere, bis zum Erscheinen des Gesetzes bethätigte Haltung derselben gestützt, sondern erst dann erlassen werden dürfe, wenn vorher wenigstens eine der nach dem Inslebentreten des Gesetzes ausgegebenen Nummern als gesetzwidrig verboten worden, ist unzweifelhaft von strenger Gerechtigkeit, sie war aber auch eben so unzweifelhaft geeignet, den Effect des Gesetzes erheblich zu beeinträchtigen. Der Reichstag hat ferner die oberste Rekursinstanz in Annäherung an die ursprünglichen preußischen Vorschläge vollständig umgestaltet und durch die Art ihrer Zusammensetzung — sie muß zur Hälfte aus Mitgliedern der höchsten Reichs- oder Landesgerichte bestehen — so wie durch das ihr vorgeschriebene gerichtsähnliche Verfahren für partheilose Anwendung des Gesetzes möglichst zu sorgen gesucht, nachdem der Gneist'sche Antrag, den Reichskanzler selbst zur obersten Rekursinstanz zu machen und sich an seine politische Verantwortlichkeit zu halten, von allen Seiten zurückgewiesen war. Das Angeführte wird genügen, um die vorangestellte Behauptung zu rechtfertigen, daß bei dem Sozialistengesetz der Einfluß des Reichstags in sehr bedeutsamer Weise sich geltend gemacht hat. Hatte die Regierung den ersten Entwurf nicht mit großem Nachdruck vertreten und sich bei der Erklärung beruhigt, sie habe mit Vorlegung desselben ihre Verantwortlichkeit gedeckt, so bemühte sie sich um so eifriger für den zweiten und gab in einer Reihe sehr wesentlicher Punkte, zum Theil erst bei der dritten Lesung, so weit nach, als nöthig war, um die Zustimmung der Nationalliberalen für das Ganze zu gewinnen. Diese sind die eigentlichen Urheber der an dem Regierungsentwurf vorgenommenen Aenderungen; einige derselben fanden auch die Billigung der Reichspartei, andere wurden bei der Einzelberathung durch die Stimmen des Fortschritts und des Zentrums durchgebracht, die freilich gegen das Gesetz als Ganzes die heftigste Opposition machten. Die Conservativen waren pure für das Gesetz und bekämpften alles, was die kräftigste Wirkung desselben beeinträchtigen konnte; einzelne ihrer Redner gingen weit über den Inhalt des Ausnahmegesetzes hinaus und sprachen sich unverhohlen gegen den ganzen Geist der Gesetzgebung des letzten Jahrzehnts aus. — Ueber die bisherige Ausführung des Sozialistengesetzes haben im Reichstag wiederholt Diskussionen stattgefunden, bei welchen von sozialdemokratischer Seite zwar öfter über harte und unrichtige Anwendung des Gesetzes geklagt wurde, aus welchen aber doch das Resultat unzweifelhaft hervorgeht, daß das Gesetz nicht gegen seine Intention zur Unterdrückung politischer Partheien irgendwie mißbraucht wurde. Die Verlängerung des Sozialistengesetzes gab, wie bereits erwähnt, Gelegenheit, den Reichstag gegen die Ausweisung seiner Mitglieder aus Berlin während der Session auf Grund jenes Gesetzes zu sichern; im Uebrigen ist nur hervorzuheben, daß, während im Jahre 1878 das ganze Zentrum geschlossen gegen das Gesetz gestimmt hatte, einige Mitglieder desselben für die Verlängerung sich erklärten und daß umgekehrt von den Liberalen Lasker, der ursprünglich dem Gesetz zugestimmt hatte, die Verlängerung ablehnte.

Die Kämpfe, die im vorigen Jahr um die Tarif- und Steuerreform geführt wurden, waren vielleicht nicht erregter, als die dem Abschluß mancher anderer Gesetzgebungswerke vorangegangenen, sie boten aber das Eigenthümliche, daß sie die relativ stärkste Parthei, welche bis dahin von der Gründung des Norddeutschen Bundes an die Regierung im Ganzen mit Wärme unterstützt und dagegen bei derselben eine weitgehende Berücksichtigung ihrer Anschauungen gefunden hatte, schließlich in offenen Gegensatz zu der Regierung brachten, die unversöhnlichsten Gegner der ganzen bisherigen Entwicklung als die entscheidenden Vertheidiger der Reform erscheinen ließen und so die sei es Sorge sei es Hoffnung erweckten, mit der Reform des Zolltarifs werde eine radikale Umkehr der bisherigen inneren Politik des jungen deutschen Reiches inaugurirt. Die Gegensätze, welche bei den Kämpfen um die Tarifreform hervortraten, waren, ganz abgesehen von den rein politischen Motiven, welche auf verschiedenen Seiten unverkennbar mitwirkten, auch soweit es sich um die Sache selbst handelte, sehr verschiedener Art. Durch die Tarifreform in Verbindung mit der starken Erhöhung der Tabaksteuer wurden die eignen Einnahmen des Reichs so vermehrt, daß, wenn man nicht anderweitige Vorkehrungen traf, das Einnahmebewilligungsrecht des Reichstags, wie er es bisher in der Bewilligung der Matrikularbeiträge geübt hatte, thatsächlich hinfällig wurde. Eine solche Reduktion seines Einflusses wollte der Reichstag in seiner Mehrheit entschieden nicht; über das Maaß des zu Beanspruchenden gingen aber die Ansichten auseinander, und da die Nationalliberalen dasjenige, womit das Zentrum und die das ständische Einnahmebewilligungsrecht überhaupt gering achtenden konservativen Partheien sich für befriedigt erklärten, nicht für genügend hielten, stimmte die ganze Parthei mit Ausnahme weniger über diese Collision ausscheidender Mitglieder gegen das ganze Gesetzgebungswerk. Einer der einflußreichsten Partheiführer, v. Bennigsen, hat gleich bei Beginn der Berathung über das Zollgesetz das angegebene Motiv als das entscheidende hervorgehoben, während er dem Tarif an sich grundsätzlich nicht entgegengetreten war, mehreren der prinzipiell wichtigsten Positionen, z. B. den Eisen- und den Getreidezöllen zugestimmt hatte, und sowohl bei der ersten allgemeinen Diskussion wie bei der Motivirung seiner Ablehnung des Ganzen auch einer Erhöhung der Finanzzölle sich geneigt zeigte. Schon früher ist dargestellt, wie die Frage des Budgetrechts durch Annahme des Frankenstein'schen Antrags ihre Erledigung gefunden hat, so daß hier nur noch die sachlichen Differenzpunkte zu besprechen sind, welche bei der vorjährigen Reform der Zollgesetzgebung sich ergeben haben. Bei dem Zolltarif traten trotz der zahllosen Anträge, sei es auf Erhöhung sei es auf Herabsetzung einzelner Tarifsätze, doch zwischen der Regierung und der zur Zustimmung überhaupt geneigten Reichstagsmehrheit keine Meinungsverschiedenheiten hervor, deren Ausgleichung besondere Schwierigkeiten veranlaßt hätte; am interessantesten ist die Erhöhung des Roggenzolls, welche gegen den Regierungsvorschlag, aber in Uebereinstimmung mit der persönlichen Ansicht des Reichskanzlers beschlossen wurde. Opfer an ihren Wünschen mußte die Regierung namentlich bei der Herabsetzung einiger Finanzzölle bringen, unter welchen die des Petroleumzolls am stärksten in's Gewicht fällt. Auch bei dem Zollgesetz wurde die Regierung zu erheblichen Concessionen genöthigt; die Anordnung von Retorsionszöllen durch den Bundesrath (vorbehaltlich späterer Vorlage an den Reichstag) wurde nur für den Fall gestattet, wenn ein auswärtiger Staat Deutschland schlechther als andere Staaten behandle, dagegen für den andern beantragten Fall, wenn das Ausland einen höheren als den von der gleichen Waare im Deutschen Reich zu entrichtenden Zoll erhebe, gestrichen, und als Maximum des Retorsionszolles statt 100 nur 50 % des Tarifsatzes zugelassen; ferner wurden gegen das Widerstreben der Regierung Bestimmungen über die Errichtung von Transitlagern für Getreide und Holz in das Gesetz aufgenommen. Weit tiefer eingreifend waren die Veränderungen an dem Gesetz über die Besteuerung des Tabaks; der Zoll von ausländischem Tabak wurde von 120 auf 85, die Steuer von einheimischem von 80 auf 45 herabgesetzt, daneben die nur successive Einführung der letzteren beschlossen, so daß sie erst vom Jahre 1882 an zu voller Erhebung gelangen soll; die als Vorbereitung des Monopols gefürchtete Licenzsteuer, ebenso die Nachsteuer sind ganz beseitigt. Wenn die Zustimmung des Reichstags zu der neuen Zoll- und Steuergesetzgebung nur durch eine anders zusammengesetzte Majorität zu erlangen war, als diejenige, welche bis dahin die Gesetzgebung des Reichs getragen hatte, so ist doch, wie aus dem Angeführten erhellt, der Einfluß dieser Majorität gegenüber der Regierung innerhalb des Kreises von Anschauungen und Bestrebungen, in welchen sie sich zusammengefunden hatten, nicht kleiner als bei früheren mit einer anderen Majorität zu vereinbarenden Gesetzen gewesen.

Die Stellung der einzelnen Partheien und selbst der Regierung zu den vollzogenen Aenderungen ist übrigens von zwei verschiedenen, zwar vielfach zusammenfallenden, aber doch nicht durchaus sich deckenden Gesichtspunkten zu betrachten, insofern es sich nämlich um die Ausbildung eines reicher entwickelten, ertragsfähigeren Systems indirecter Steuern zur Erleichterung der directen und zugleich um den Uebergang von dem s. g. Freihandels- zu dem s. g. Schutzzollsystem handelt. Die Regierung, jedenfalls der Reichskanzler war von jeher ein entschiedener Vertheidiger der indirecten Steuern; schon die verschiedenen Vorlagen an das ephemere Zollparlament bezweckten eine freilich nur in ziemlich mäßigem Umfang erreichte Erhöhung der Zolleinnahmen, im Jahre 1869 bei Vertheidigung des Steuerbouquets entwickelte der Kanzler seine Theorie ausführlich und trug sie seither wiederholt mit allem Nachdruck bei verschiedenen Etatberathungen und Verhandlungen über neue Steuerprojecte vor, die freilich trotz dessen bekanntlich fast alle abgelehnt wurden. Der Grund lag allerdings nicht ausschließlich, nicht einmal hauptsächlich in einem unbedingten Widerwillen des Reichstags gegen indirecte Steuern, sondern mehr theils in der Ueberzeugung, daß neue bleibende Einnahmen des Reichs nicht nothwendig und jedenfalls nur unter Wahrung, womöglich Erweiterung der Budgetrechte zu bewilligen seien, theils in sachlichen Bedenken gegen die speciellen Vorschläge; so wurde z. B. die Erhöhung der Branntweinsteuer im Jahre 1869 aus Rücksicht auf die landwirthschaftlichen Interessen von allen Partheien nahezu einstimmig, ebenso die Stempelsteuer bei Inhaberpapieren und Lombarddarlehn auch von den konservativen Partheien abgelehnt, obgleich dieselben im Allgemeinen den indirecten Steuern immer geneigt waren. Gleichwohl wird man es als Thatsache hinstellen können, daß in liberalen Kreisen lange Zeit die vorherrschende Meinung die directen Steuern als die rationelleren und gerechteren betrachtete. Der Fortschritt hat von jeher und auch bei den vorjährigen Verhandlungen diese Ansicht mit aller Schärfe vertreten; bei den Nationalliberalen wurde sie je länger je mehr in den Hintergrund gedrängt; während v. Bennigsen im Jahre 1869 erklärte, er sei mehr als andere Mitglieder der Parthei für rationelle indirecte Steuern und damit eine gewisse wenn auch nicht rein persönliche Sonderstellung andeutete, konnte Wehrenpfennig im Jahr 1877 es als unrichtig zurückweisen, wenn man bei der nationalliberalen Parthei eine Vorliebe für directe Steuern voraussetze, und im folgenden Jahr erkannte v. Stauffenberg bei den Verhandlungen über die damals abgelehnte Tabaksteuer ausdrücklich an, daß eine ausgiebige Entwickelung der indirecten Steuern namentlich für einen Bundesstaat sich empfehle. Die nationalliberale Parthei hatte der Erfahrung Rechnung getragen, welche die directen Steuern als auf einer füglich nicht mehr zu überschreitenden Höhe angelangt zeigte, während die Bedürfnisse des Reichs und der Einzelstaaten fortgesetzt neue Mittel in Anspruch nahmen, und sie erklärte sich dementsprechend schon bei den Etatberathungen der 1879er Session anstandslos bereit, einer erforderlichen Falles sogar beträchtlichen Vermehrung der indirecten Steuern zuzustimmen. Die Parthei hat aber darum ihr Ideal gerechter Steuervertheilung, welchem wenigstens grundsätzlich die directen Steuern näher kommen als die indirecten, nicht aufgegeben; die Sorge, durch zu starke Erhöhung der indirecten, namentlich der Consumtionssteuern könne der Unbemittelte zu Gunsten des in seinen directen Steuern entlasteten Wohlhabenden oder selbst Reichen unbillig gedrückt werden, veranlaßte die scharfe Polemik Lasker's gegen die Ausführungen des Reichskanzlers und führte praktisch dahin, daß die überwiegende Mehrzahl der Nationalliberalen gegen die einträglichsten Finanzzölle wie gegen den Petroleum- und selbst gegen den erhöhten, jedenfalls nicht ein unentbehrliches Lebensmittel betreffenden Kaffeezoll stimmte. Auch bei den wiederholten Verhandlungen über die Tabaksteuer zeigte sich die Verschiedenheit der Stellung, welche die einzelnen Partheien zu den indirecten Steuern einnehmen. Darüber freilich, daß der Tabak als ein eben so entbehrliches wie weit verbreitetes Genußmittel ein äußerst geeignetes Object der Besteuerung sei, konnte eine Meinungsverschiedenheit nie bestehen, und sobald und soweit das Bedürfniß nach Vermehrung der Einnahmen außer Frage stand, wurde von allen Seiten zugegeben, daß eine stärkere Belastung des Tabaks jedenfalls zu den zweckmäßigsten Deckungsmitteln gehöre. Während aber die Conservativen und noch entschiedener die Reichsparthei schon zur Zeit des Norddeutschen Bundes und seither wiederholt für eine möglichst hohe Tabaksteuer eventuell das Tabakmonopol sich erklärten, haben die anderen Partheien das letztere, nachdem der Reichskanzler dasselbe bei den 1878er Verhandlungen als sein Ideal hingestellt hatte, nicht nur aus politischen, sondern auch aus volkswirthschaftlichen Gründen sehr bestimmt zurückgewiesen und bei der Tarifreform des Jahres 1879 die sehr starke Herabsetzung des Zolls bezw. der Steuer auf Tabak durchgesetzt, weil sie von einer allzu erheblichen und raschen Steigerung der Abgaben, von anderem abgesehen, auch eine Schädigung der Tabakindustrie und des Tabakbaues befürchteten. Dieselbe Anschauungsweise, allerdings in Verbindung mit dem weiteren Motiv, die so oft und so lange nicht ohne Nachtheile für die Interessentenkreise verhandelte Frage endlich einmal zur Ruhe kommen zu lassen, veranlaßte bei dem jüngsten Reichstag die Annahme des Buhl'schen Antrags, welcher die Erwartung ausspricht, es werde einstweilen bei den im Jahre 1879 vereinbarten Gesetzen verbleiben.

Weit augenfälliger als die Aenderung, welche in der Schätzung des indirecten Steuersystems im Lauf der Jahre im Reichstag sich vollzogen hat, ist die Aenderung, welche in dem Uebergang von dem Freihandels- zu dem Schutzzollsystem gelegen ist. Das erste war früher nicht radikal durchgeführt, das zweite ist jetzt in minder scharfer Gestalt als in manchen andern Staaten zur Geltung gekommen, und insofern läßt sich darüber streiten, ob eine prinzipielle Umkehr stattgefunden habe oder nicht; unbestreitbar wird aber sein, daß die natürliche Consequenz des früheren Systems, sei es in rascherem sei es in langsamerem Tempo zu immer weiter gehender Begünstigung des Freihandels hindrängte, während in dem jetzigen System, wenn auch nicht eine logische Nöthigung zu weiteren Schutzzöllen, doch eine starke Aufforderung für die Interessenten noch weiteren Schutz zu verlangen, gelegen und mindestens die frühere prinzipielle Neigung zu dem Ideal des Freihandels aufgegeben ist. Dieser sehr entschiedene Wechsel der Anschauungen hat sich eben so sehr auf Seiten der Regierung wie des Reichstags vollzogen. Er wäre bei der ersten ohne den Rücktritt des Präsidenten des Reichskanzleramts und der früheren preußischen Minister der Finanzen und des Handels nicht möglich gewesen, und der Reichskanzler gab von sich selbst zu, daß er das frühere System lange Zeit wenigstens gewähren ließ, ehe er persönlich die Bekämpfung und Umgestaltung desselben unternahm. Im Reichstag hatte die freihändlerische Richtung, nachdem sie schon in den Zollparlamenten die überlegene gewesen, bei den Verhandlungen über den Zolltarif von 1873, damals von der Regierung unterstützt, den Höhepunkt ihrer Macht erreicht; noch über die Regierungsvorschläge hinaus wurde durch Compromiß mehr der Interessentengruppen als der politischen Partheien der Zoll für Roheisen sofort, der für verarbeitetes Eisen (mit Ausnahme der feinen Eisenwaaren) vom 1. Januar 1877 an beseitigt; selbst die Vertheidiger von Schutzmaaßregeln bekämpften damals die Freihandelstheorie an sich nicht, erkannten dieselbe vielmehr ausdrücklich oder stillschweigend an, indem sie ihre Vorschläge selbst als Ausnahmen characterisirten, welche besonders gerechtfertigt werden müßten. Auch in den 1874 und 1877 gewählten Reichstagen bildeten die Anhänger des Freihandels noch die Mehrheit; es gehörten dazu der Fortschritt fast ausnahmslos und die große Mehrzahl der Nationalliberalen und der Conservativen, während die Reichspartei und das Zentrum ganz überwiegend auf der entgegengesetzten Seite standen und sie mit wachsendem Nachdruck vertraten. Während der Session 1875/76 wurde über eine Petition um Hinausschiebung des Termins für Aufhebung der Eisenzölle mit großer Mehrheit zur Tagesordnung übergegangen; auch von Kardorff war damals gegen den Aufschub, obgleich er bereits die Freihandeltheorie angriff. Kaum ein halbes Jahr später während der Herbstsession des Jahres 1876 stimmten für einen von dem Zentrum eingebrachten Antrag des gleichen Inhalts dieses und die Reichspartei ziemlich geschlossen und fanden auch bei den Nationalliberalen und Conservativen einzelne Anhänger.

Im folgenden Jahre wurde gegenüber dem Regierungsvorschlag, eine s. g. Ausgleichsabgabe von Eisen mit Rücksicht auf die französischen acquits à caution einzuführen, der Antrag Löwe-Jaunez-Kardorff auf einfache Wiedereinführung eines Eisenzolls eingebracht und fand die gleiche Unterstützung, und der Abgeordnete Stumm sprach damals das prophetische Wort, wenn nicht mindestens die Regierungsvorlage angenommen werde, würden alle Industriellen Schutzzöllner werden. Wurden auch alle diese Anträge bekanntlich abgelehnt, so ist doch ein allmähliges Erstarken der schutzzöllnerischen Richtung nicht zu verkennen; besonders deutlich zeigte es sich namentlich darin, daß der Antrag Varnbüler's auf eine allgemeine Zollenquète mit unzweifelhaft schutzzöllnerischer Tendenz, der allerdings vor der Abstimmung zurückgezogen wurde, aus allen Partheien mit Ausnahme des Fortschritts nicht blos vereinzelte Unterschriften gefunden hatte, und nicht minder bedeutsam war es, daß schon bei den 1877er Verhandlungen von verschiedenen Seiten angedeutet wurde, die hauptsächlich von den Conservativen vertretenen agrarischen Interessen seien nicht schlechthin und untrennbar mit dem Freihandelssystem verwachsen, sondern könnten auch durch die Einfügung ausgleichender landwirthschaftlicher Zölle in ein System industrieller Schutzzölle gewahrt werden, der Weg, auf welchem in der That später eine Majorität für die Tarifreform allerdings erst in einem neu gewählten Reichstag gewonnen wurde. Die Auflösung und die Neuwahl des Reichstags im Sommer 1878 war zunächst und unmittelbar im Hinblick auf die über die sozialdemokratische Frage hervorgetretenen Meinungsverschiedenheiten erfolgt, aber auch die wirthschaftlichen Gegensätze des Freihandel- und des Schutzzollsystems spielten bei den Wahlen eine große Rolle, und wenn auch bei dieser Gelegenheit ein gewisser Regierungseinfluß zwar nicht direct, aber doch durch die Haltung der für regierungsfreundlich geltenden Presse für das letztere sich bemerkbar machte, so bleibt doch immer die Thatsache bestehen, daß durch Neuwahlen, bei welchen speziell die in Zukunft zu befolgende Handelspolitik eine große Rolle gespielt hatte, die früher so feste freihändlerische Majorität des Reichstags mindestens stark erschüttert wurde. Schon bei der ersten und zweiten Lesung der Tarifvorlagen und unabhängig von den politischen Gegensätzen der Partheien zeigte sich, wie das Vertrauen zu der Freihandelstheorie bedeutend in's Schwanken gekommen war. Zentrum und Reichspartheі, numerisch stärker als früher, traten in Uebereinstimmung mit ihrer bisherigen Haltung von vornherein entschieden für

Schutzzölle in Industrie und Landwirthschaft auf, mit ihnen die allerdings nicht große Anzahl von jeher schutzzöllnerisch gesinnter Nationalliberaler. Wichtiger war, daß ein anderer allerdings auch nicht großer Theil der Parthei, darunter aber sehr hervorragende Persönlichkeiten, in den Tariffragen eine mehr neutrale Stellung einnahm. So hat z. B., wie bereits erwähnt, v. Bennigsen für die zwei entscheidendsten Positionen, für die Eisen- und die Getreidezölle gesprochen und gestimmt; selbst ein erklärter Anhänger der Freihandelstheorie wie Oechelhäuser erklärte sich für die Eisen-, eventuell auch für andere industrielle Nothzölle, aber entschieden gegen Getreide- und Viehzölle, während umgekehrt v. Treitschke bei seiner Opposition gegen die ersten verblieb, auch die Getreidezölle zurückwies, im Uebrigen aber die Nothwendigkeit eines gewissen Schutzes für die Landwirthschaft anerkannte und sich deshalb namentlich für die Viehzölle aussprach. So hatten sich, da auch die Elsässer der schutzzöllnerischen Richtung angehörten, die Verhältnisse der Art gewandelt, daß, selbst wenn die Conservativen ihren früheren freihändlerischen Standpunkt festgehalten hätten, doch eine freihändlerische Majorität mindestens sehr zweifelhaft gewesen wäre. Dadurch aber, daß die Conservativen gegen Annahme landwirthschaftlicher Zölle zum Ausgleich gegen die in ihrer Einseitigkeit den agrarischen Interessen nachtheiligen Industriezölle für dieses kombinirte Schutzzollsystem sich entschieden, war der Sieg derselben zweifellos entschieden.

In so weit könnte man den Umschwung in der deutschen Tarifpolitik von dem Standpunkt der Jahre 1870 und 1873 zu dem des Jahres 1879 lediglich als eine Folge der Veränderungen betrachten, welche im Lauf der Jahre in den Anschauungen der Majorität der Bevölkerung und des Reichstags sich vollzogen haben. Daß auch dieses Moment mitwirkte, ist nicht zu läugnen; es als das einzig wirkende zu betrachten, wäre aber irrig; unzweifelhaft haben auch politische Motive eine sehr wichtige Rolle gespielt. Bei den Conservativen hat unverkennbar die Ueberzeugung, daß für das Reich wie für die Einzelstaaten namhafte neue Einnahmen flüssig gemacht werden müßten und daß sich dazu zunächst kein anderer Weg als der der Tarifreform biete, sehr wesentlich dazu beigetragen, sie für das neue System zu gewinnen. Einzelne Nationalliberale haben dieses Motiv ausdrücklich als dasjenige bezeichnet, welches sie ungeachtet verschiedenartiger Bedenken schließlich zur Zustimmung bewege. Das Zentrum war zwar seit Jahren für Schutzzölle; wenn es aber nicht blos diese, sondern auch und zwar in erheblich stärkerem Maaß, als es bei der ersten Lesung in Aussicht gestellt hatte, die reichen Finanzzölle des neuen Tarifs bewilligte, so hat es damit schwerlich ein rein sachliches Compromiß abschließen wollen, und die letztern genehmigt um die ersten zu erhalten; sondern die Absicht war doch wohl auf ein politisches Geschäft gerichtet. Wenn man der mehr als oppositionellen Haltung des Zentrums von 1867—1878 sich erinnert — noch in dem letzten Jahr konnte es sich nicht zur Uebertragung auch nur des Kartenstempels von den Einzelstaaten auf das Reich entschließen —; wenn man seiner heftigen Angriffe gegen das Sozialistengesetz in steter Verbindung mit dem Anerbieten kirchlicher Hilfe gegen das Verderben der Welt gedenkt; wenn man die leidenschaftlichen Ausfälle gegen den Liberalismus mit den theilweise acceptirten Handreichungen zu den Conservativen hinüber bei den Schlußverhandlungen über die Zollgesetze sich vergegenwärtigt: so wird man der Ueberzeugung sich nicht verschließen können, daß jedenfalls für das Zentrum noch anderes als nur der Zolltarif in Frage stand.

Wesen der politischen Partheien in Deutschland.

Der Rückblick auf die Thätigkeit des Reichstags hat gezeigt, daß derselbe einen ganz bestimmten, nichts weniger als unbedeutenden Einfluß auf die Verfassung, die Gesetzgebung, das Budget ausgeübt hat, daß ihm aber im Uebrigen die Regierung sehr frei und unabhängig gegenüber steht. Wir sind, das wird von Niemanden bezweifelt werden, in Deutschland sehr weit von dem sogenannten parlamentarischen Regierungssystem entfernt, und alle Versuche des Reichstags, seine Stellung gegenüber der Regierung durch Gewinnung sogenannter parlamentarischer Machtmittel zu seinen Gunsten im Sinn jenes Systems zu verändern, ja selbst alle Schritte, welche auch nur in dem vielleicht nicht einmal begründeten Verdacht standen, solche Versuche zu sein, sind bisher vollständig gescheitert. Das parlamentarische Regierungssystem nimmt, wenn es zu voller Ausbildung und Festigung gelangt ist, in gewissem Sinn den Character einer rechtlichen Institution an; in viel höherem Maaß ist aber dasjenige, wodurch es sich von andern Formen des Constitutionalismus unterscheidet, thatsächlicher Natur. Je entschiedener das Uebergewicht der Macht von der Krone auf das Parlament übergegangen ist, um so mehr ist das parlamentarische Regierungssystem verwirklicht; es handelt sich dabei so vorherrschend um thatsächliche Beziehungen, daß es denkbar wäre, die parlamentarische Regierungsweise in Deutschland einzubürgern, ohne einen Buchstaben der geschriebenen Verfassung zu ändern. Die Frage, ob wir dahin gelangen werden, liegt im Dunkel der Zukunft, die andere aber, ob wir politisch dahin streben sollen, gehört der Gegenwart an und ist, da sie die Richtung des politischen Handelns, die Wünsche, die Forderungen und Erwartungen der handelnden Personen bestimmt, von ganz entscheidender Bedeutung. Es ist deshalb von Interesse, sich Rechenschaft darüber zu geben, ob gegründete Aussicht dazu vorhanden ist, daß unsre Volksvertretung ihre Macht, welche naturgemäß wie jede Macht nach Bethätigung und Ausdehnung strebt, quantitativ und qualitativ so entwickele, daß verständiger Weise die parlamentarische Regierungsweise erwartet werden könne. Dieser Effect ist von sehr verschiedenartigen, theils fördernden theils hemmenden Verhältnissen bedingt, die ihrer Seits selbst in ihrer Wirksamkeit zu einem großen Theil wieder von zufälligen, jeder vorausgreifenden Schätzung sich entziehenden Bedingungen abhängen. Unter allen Umständen kommt aber als eines der entscheidendsten und am sichersten erkennbaren Momente die natürliche Beschaffenheit und die durch dieselbe nach Grad und Art bedingte Leistungsfähigkeit der Volksvertretung selbst in Betracht, und diese beruht wenn nicht ausschließlich doch hauptsächlich auf dem natürlichen Wesen der politischen Partheien, aus welchen das Parlament hervorgeht und zusammengesetzt ist. Nicht das s. g. Programm der einzelnen Partheien steht dabei in Frage, welches über ihre Ziele, nicht über ihre innere Natur entscheidet; es handelt sich vielmehr darum, aus ihrer Grundlage, aus dem Prinzip, aus welchem sie entsprungen sind und das sie zusammenhält, aus ihrer historischen Entwicklung zu erkennen, welche Functionen in unserm Staatsleben sie zu erfüllen geeignet sind. Darüber muß man im Klaren sein, wenn man nicht fortwährend Gefahr laufen will, bald zu viel bald zu wenig bald Verkehrtes zu fordern oder zu erwarten und die Ursachen des Erfolgs oder des Mißerfolgs an unrichtiger Stelle zu suchen. Nach diesem Gesichtspunkt soll im Folgenden eine Schilderung unsrer Partheien versucht werden.

Die Sozialdemokraten.

Die verschiedenen kleinen Gruppen des Reichstags in spezifischer Sonderstellung, wie Polen, Protestler, Autonomisten bieten für den Zweck, aus dem Wesen unserer Partheien Schlüsse in Betreff unserer politischen Entwickelung zu ziehen, kein Interesse, und auch die Sozialdemokraten könnten, wenn man ausschließlich nur ihre Stärke und ihre Leistungen im Reichstag in's Auge faßte, ein solches nicht beanspruchen; in anderen Beziehungen haben sie aber die öffentliche Aufmerksamkeit in so hohem Maaße auf sich gezogen, daß sie doch nicht ganz mit Stillschweigen zu übergehen sind. Die höchste Stimmenzahl, welche sie im Reichstag erreichten, betrug 12 im Jahre 1877, bei den nächstfolgenden Wahlen im Jahre 1878 sank sie unter den für die Parthei denkbar ungünstigsten Verhältnissen auf 9 und ist jüngst durch eine Nachwahl in Hamburg wieder auf 10 gestiegen. Diese Zahlen sind an sich klein; es ist aber schlimm, daß eine so extreme Parthei wie die Sozialdemokraten doch so viele Candidaten durchbringen konnte, und noch schlimmer stellt sich die Sache dar, wenn man berücksichtigt, daß der Prozentsatz der sozialdemokratischen Wähler viel stärker ist als der Prozentsatz der Sozialdemokraten unter den Gewählten; im Jahre 1877 haben über 9, im Jahre 1878 über 7% der Wähler für sozialdemokratische Candidaten gestimmt. Unter den sozialistischen Wählern befindet sich aber unverkennbar eine ganz unverhältnißmäßig große Anzahl solcher, die nur eine leere Demonstration machen und etwa ihren an sich sehr natürlichen Wunsch nach weniger Arbeit und mehr Lohn zu erkennen geben wollen, und wenn man einige Großstädte und die dichtesten Industriebezirke, namentlich das Königreich Sachsen in Abzug bringt, schmilzt im Uebrigen der Haufen der Sozialdemokraten sehr zusammen; der Prozentsatz derselben unter den Wählern wird dann wohl kaum halb so groß sein wie der angegebene. Wie stark oder schwach man aber den ernsthaften Anhang der Sozialdemokratie in der Gesammtbevölkerung schätze, jedenfalls ist ihre Vertretung im Reichstag numerisch so schwach, daß sie schon aus diesem Grund nicht als eine parlamentarische Parthei betrachtet werden kann, welche auf den Gang unserer politischen Entwicklung einzuwirken vermöchte.

Noch unerheblicher sind aber die parlamentarischen Leistungen der Parthei. Die Forderungen, welche sie im Reichstag für den Arbeiterstand erhob, wie der Normalarbeitstag, die Beschränkung oder das Verbot der Frauen- und Kinder- so wie der Sonntagsarbeit u. ä., man mag dieselben so, wie sie gestellt sind, für begründet und erfüllbar halten oder nicht, betreffen jedenfalls so eng begrenzte Spezialitäten, daß eine Parthei, welche nichts anderes auf ihre Fahne zu schreiben hat, in der politischen Entwicklung eines großen Volkes unmöglich eine Rolle spielen kann; überdies gehören diese, bis zu gewissem Grad von der Gesetzgebung bereits berücksichtigten Forderungen, wenn man von den äußersten Uebertreibungen in denselben absieht, nicht einmal ausschließlich der sozialdemokratischen Parthei an. Politisch steht dieselbe auf dem allgemeinen Boden des Radikalismus, welchen sie zwar einigermaaßen umgestaltet, aber nicht gerade verbessert dadurch, daß sie die Staatsgewalt nur da, wo sie dem individuellen Belieben des Arbeiters hinderlich werden könnte, auf das Minimum zu reduziren, sie dagegen auf das äußerste zu steigern sucht, wo sie mit ihrer Hilfe die Ansprüche der Arbeitnehmer gegenüber den Arbeitgebern glaubt durchsetzen zu können. Das eigentlich Characteristische der Sozialdemokratie liegt nicht in ihrem politischen, sondern in ihrem wirthschaftlichen Programm, in dem Bestreben, die durch Natur und Geschichte gegebene soziale Ordnung nach einem willkürlich ersonnenen s. g. System gemeinsamer Produktion und Consumtion umzugestalten. Dieses System wurde bei verschiedenen Anläßen auch im Reichstag dargelegt, die Parthei ist sich aber vollkommen klar bewußt, daß sie ihr Ziel nie durch ihre parlamentarische Thätigkeit erreichen kann, und sie benutzt die Rednertribüne des Reichstags nur, um auch von da aus Propaganda für ihre Ideen unter den außenstehenden Massen zu machen. Die Vorstellung, die Natur der Menschen ändern und dieselben allgemein zur Hingabe ihrer freien Persönlichkeit an eine beliebig organisirte Gemeinschaft, welche Arbeit und Genuß zu vertheilen hätte, bewegen zu können, ist eitel Phantasterei, wie es, nebenbei bemerkt, eine unbegreifliche Verblendung der Machtlosen ist, sich einzubilden, sie würden bei einer solchen Vertheilung nicht sehr zu kurz kommen. Es ist aber unnöthig, die Unhaltbarkeit des Ganzen der sozialdemokratischen Theorien oder die relative Wahrheit von Einzelnheiten in denselben weiter zu erörtern. Für die eigentliche und leibhaftige Parthei der Sozialdemokraten bilden die sophistischen oder utopischen Theorien des Sozialismus höchstens nur den relativ ziemlich gleichgiltigen Ausgangspunkt ihres Treibens, das eigentliche Wesen der Parthei liegt in etwas ganz anderem. Nicht die Hinneigung selbst zu der extremsten sozialistischen im Gegensatz zu andern Richtungen in der Wissenschaft der Nationalökonomie, sondern die praktische, auf Umsturz der bestehenden Gesellschaftsordnung gerichtete Agitation ist es, was die Parthei der Sozialdemokraten als Parthei kennzeichnet und zusammenhält. Man braucht nur an die Programme der verschiedenen Gruppen der Sozialdemokraten, deren Widerstreit und Ausgleichung sich zu erinnern, um sofort außer Zweifel zu sein, daß es dabei nicht um theoretische Gegensätze und deren Vermittelung in höherer Erkenntniß, sondern um die Herstellung einer möglichst machtvollen Organisation und vor allem um die Frage sich handelte, wem dieselbe zu Dienst stehen solle und werde; und wer sich der Mühe unterzogen hat, auch nur vorübergehend die sozialdemokratische Tagespresse, zumal die kleinere und lokale, zu verfolgen, der weiß, daß in derselben nicht einmal ein gutgläubiger Fanatismus für ein unmögliches Dogma die Feder führt, sondern daß direct die niedersten Regungen der menschlichen Seele, Neid und Genußsucht, in Bewegung gesetzt werden, um die bethörten Massen unzufrieden zu machen, gegen alle in ihren Augen besser Situirten aufzuhetzen und so den vermeintlich Glück bringenden Umsturz des Bestehenden vorzubereiten und schließlich herbeizuführen. Eine solche Parthei ist nicht befähigt und nicht berechtigt, in irgend einer staatsrechtlichen Form an der Leitung der Geschicke des Staats Theil zu nehmen; sie ist lediglich eine Feindin des Staats, eine Gefahr für denselben, gegen welche er sich mit den geeigneten Mitteln zu wehren hat. Die Sozialdemokratie ist eine Krankheit, die überwunden werden muß; sie bietet nur ein pathologisches Interesse und kommt bei der Weiterentwicklung unsres deutschen Staatswesens nur als Hemmniß, nicht als active Kraft in Betracht.

Das Zentrum oder die Ultramontanen.

Auch die Parthei des Zentrums, oder wie sie richtiger und characteristischer genannt wird, der Ultramontanen, steht unserm Staate fremd und feindlich gegenüber, darin den Sozialdemokraten vergleichbar. Der innere Gegensatz der beiden Partheien ist freilich der denkbar schärfste; dort das Autoritätsprinzip auf die aller äußerste Spitze getrieben, hier freche Verhöhnung jeder Autorität; dort eine tausendjährige, mit beispielloser Umsicht und Zähigkeit festgehaltene Herrschaft, hier der chimärische Versuch, alle bestehenden Ordnungen umzustürzen und aus dem Chaos einen Zustand zu schaffen, welcher, wenn er je verwirklicht werden könnte, das wunderlichste Gemisch von Sklaverei und Anarchie darstellen würde. Aber in dem einen Punkt stimmen beide Theile, so verschieden sie im Uebrigen zu beurtheilen und zu behandeln sein mögen, mit einander überein — und diese Uebereinstimmung hat sie auch schon mehr als einmal zu gemeinsamem Handeln bewogen — daß die ultramontane Parthei als solche nicht minder wie die sozialdemokratische unserm Staate feindlich gegenüber steht. Der Vorwurf richtet sich nicht gegen die Katholiken, auch nicht gegen diejenigen unter ihnen, welche in ultramontanem Sinne zu stimmen pflegen, selbst nicht gegen die einzelnen Mitglieder der parlamentarischen Parthei, ihre Führer und andere außerparlamentarische Partheihäupter; alle diese Einzelnen mögen ihr politisches System mit den Interessen des Reichs für vereinbar halten; die Parthei selbst als solche ist aber objectiv reichsfeindlich. Sie wird, wenn sie von dieser Aeußerung Notiz nehmen sollte, nicht verfehlen, dieselbe mit lauter Indignation als unrichtig zurückzuweisen, und da jeder billig Denkende zugeben muß, daß unendlich verschiedenartige Auffassungen über Wohl und Wehe des Staats möglich sind und daß darum eine bestimmte Auffassung nicht schon deshalb, weil sie mit andern kontrastirt, als staatsfeindlich verworfen werden darf, wird es den Vertheidigern des Ultramontanismus nicht schwer fallen, ihre Anhänger, vielleicht auch einen größeren oder kleineren Kreis vermeintlich Unpartheiischer von ihrer Reichsfreundlichkeit zu überzeugen. Die Thatsachen sprechen aber gegen sie.

Die ultramontane Parthei ist vor allem ihrer Grundlage nach nicht eine staatlich-politische, sondern eine kirchliche Parthei. Zwar hat sie auch dies gelegentlich in Abrede zu stellen gesucht, um freilich im Widerspruch damit bei andern Gelegenheiten wieder mit Emphase zu versichern, die Parthei werde, so lange sie nicht ihre Forderungen in dem Kulturkampf durchgesetzt habe, in ihrer Oppositionsstellung verharren. Beweisend ist schon die äußere Thatsache, daß ultramontane Abgeordnete überhaupt nur in Wahlkreisen mit stark überwiegender katholischer Bevölkerung gewählt werden. Unter mehreren hundert Wahlen, die im Lauf eines Jahrzehnts vollzogen wurden, wird wohl noch nicht ein halbes Dutzend von Ausnahmen von dieser Regel aufzufinden sein; die interessantesten darunter betreffen einige hannoversche Wahlbezirke, in welchen protestantische Welfen einige Male ultramontane Candidaten wählten, um später wieder zu ihrer reinen Farbe zurückzukehren. Solche Ausnahmen heben die Regel, daß ultramontane Wahlen nur den katholischen Wahlkreisen angehören und einen spezifisch kirchlichen Character haben, nicht auf und zeigen nur die Verwandtschaft zwischen Ultramontanen und Welfen, welche schwerlich in einem andern Punkt als in der gemeinsamen Gegnerschaft gegen das Reich gefunden werden kann. Die Einführung kirchlicher Partheien in das Staatsleben ist, zumal in einem paritätischen Lande, bedenklich; sie wäre aber immerhin erträglich und bis zu gewissem Grad erklärlich, wenn die kirchliche Parthei sich wenigstens darauf beschränkte, ihre besonderen kirchlichen Interessen zu vertreten und nur in den Dingen, die irgend einen vernünftiger Weise anzuerkennenden Zusammenhang mit Kirche und Religion darbieten, als Parthei zu agiren. Das Zentrum thut das gerade Gegentheil; es ist die vielleicht am besten disziplinirte Parthei, es stimmt stets geschlossen auch in absolut weltlichen Fragen, bei welchen eine katholische Beziehung herauszufinden auch für das schärfste Auge schlechterdings unmöglich ist, und forscht man nach dem Faden, welcher die einzelnen Voten und Aeußerungen des Zentrums verbindet, so findet man, daß lediglich die unbedingte, so weit wie irgend möglich getriebene Opposition die Parthei zusammenhält, deren einzelne Mitglieder rein politisch genommen so ziemlich alle Schattirungen von der äußersten Rechten bis zur äußersten Linken vertreten würden; und um das Bild noch characteristischer zu machen, stand die Parthei im vorigen Jahre in der Hoffnung, die Regierung für sich zu gewinnen, geschlossen für die Tarifreform einschließlich der noch kurz vorher von ihr sehr beanstandeten Erhöhung der Finanzzölle ein, um in diesem Jahre, nachdem sie sich in ihren Erwartungen getäuscht sah, wieder in die alte Oppositionsstellung zurück zu verfallen. Aus allen diesen offenkundigen Thatsachen ergiebt sich aber die Schlußfolgerung, daß die ultramontane Parthei von ihrem nicht staatlich-politischen, sondern spezifisch kirchlichen Standpunkt aus und in Verfolgung desselben sich für befugt hält, in allen Fragen, auch in solchen, welche mit der Kirche durchaus nicht zusammenhängen, mit Unterdrückung der in ihrer Mitte etwa auftauchenden rein politischen Meinungsverschiedenheiten unbedingte Opposition zu machen zu dem

Zweck, ihren kirchlichen Standpunkt durchzusetzen. Daß eine solche Parthei jedenfalls eine entschiedene Gegnerin der Regierung ist, leuchtet von selbst ein, und gegen dieses Prädikat wird sich auch wohl das Zentrum nicht allzu stark wehren; mehr vielleicht schon gegen die Bemerkung, daß es ein anomaler, zumal für ein paritätisches Land bedenklicher Zustand ist, wenn kirchlichen Fragen ein so entscheidendes Gewicht auch in allen rein politischen, absolut außerkirchlichen Dingen beigelegt wird. Aber die Opposition des Zentrums geht sehr viel weiter, sie trifft nicht nur die gegenwärtige Regierung, sondern mit innerer Nothwendigkeit nach dem ihr zu Grunde liegenden Prinzip auch jede künftige, sie ist nicht nur regierungs-, sondern in Wahrheit staatsfeindlich.

Das Alpha und Omega der Ultramontanen ist die absolute Souverainität der Kirche; sie soll nach ihren Anschauungen und ihrem Begehren auch insoweit sie als äußerliche Gemeinschaft in einem bestimmten Staat in die Erscheinung tritt, nicht der Rechtsordnung dieses Staates unterworfen, sondern innerhalb ihres, von ihr selbst zu bestimmenden Gebietes auch im rechtlichen Sinn vollkommen unabhängig, eben so souverain wie der Staat selbst sein. Dieses System, sofort seit der Restauration im Beginn des Jahrhunderts mit kühner Energie aufgegriffen, in Deutschland insbesondere durch die außerordentlich kluge Benutzung der verworrenen Freiheitsbegriffe der Jahre 1848 und 1849 und des nachfolgenden Reactionsbedürfnisses mächtig gefördert, trat von da an in den deutschen Einzelstaaten immer begehrlicher auf, sei es unter kecker Mißachtung bestehender Gesetze und Einrichtungen, sei es durch Einschläferung der Regierungsgewalt und Verführung derselben zu einer auf die Dauer unmöglichen Nachsicht gegen unerträgliche Anmaßungen. Die Diener der Kirche sollten von dem Staat bis zu dem Grad unabhängig sein, daß dieser durch seine Gesetze nicht einmal die Voraussetzungen bestimmen dürfe, unter welchen er in seinem Gebiet Jemanden zu dem einflußreichen öffentlichen Dienst eines Geistlichen zulassen wolle; die Disziplinargewalt über die Geistlichen sollte so ausschließlich der Kirche gehören, daß dem Staat nicht einmal das Recht verbliebe, einer Seits die Recht- und Gesetzmäßigkeit der von der Kirche gegen ihre Diener verhängten Strafen zu prüfen, anderer Seits den von der Kirche geduldeten, vielleicht sogar gebilligten Mißbrauch des geistlichen Amtes von sich aus und wäre es auch nur durch Untersagung der ferneren Ausübung des Amtes zu ahnden. Das System griff aber noch viel weiter um sich. Die Ehe sollte nicht etwa nur in ihrer sittlich-religiösen Beziehung, sondern auch soweit sie ein Rechtsverhältniß ist, der kirchlichen Jurisdiction und wo möglich dem kanonischen Recht unterstellt werden. Die s. g. milden Fonds sollten der Kirche gehören, sie vor allem zur Verwaltung der öffentlichen Wohlthätigkeit berufen sein; sie versuchte sich der ganzen Erziehung und Bildung des heranwachsenden Geschlechts zu bemächtigen, um sie in ihrem statt im nationalen Geiste zu leiten. Wie die innere Politik in ihrem Sinne geleitet, so sollte die äußere ihren Zwecken dienstbar gemacht werden. Die erste Forderung, welche die Ultramontanen an das kaum begründete Reich bei den Adreßverhandlungen des Jahres 1871 stellten, lief in ihrer Consequenz auf nichts anderes hinaus, als das Reich solle, ohne daß irgend ein deutsches Interesse verletzt war, für Wiederherstellung des Kirchenstaates eventuell in einen Krieg sich stürzen, und es fehlte nicht viel, daß während des russisch-türkischen Krieges die ultramontane Begeisterung für Glaubensfreiheit Deutschland zum Kampf für den Islam gegen das verhaßte schismatische Rußland aufgefordert hätte. Die Ultramontanen vertheidigen den Satz, daß der Papst der höchste Richter in allen Fragen des Glaubens und der Sitte sei, in weitester Ausdehnung, und alle jüngsten Erfahrungen des Tages wie alle ältesten der Geschichte zeigen übereinstimmend, daß es schlechthin keine Frage des inneren Staatslebens oder des äußeren Völkerverkehrs gibt, in welcher die Kirche nicht je nach Umständen, mit oder ohne Anspruch auf dogmatische Unfehlbarkeit, Parthei zu ergreifen für gut findet. Den Ultramontanen schwebt als höchstes Ziel ein dem mittelalterlichen ähnlicher Zustand vor, nur zu Gunsten der Kirche viel systematischer ausgebildet, als er in jener chaotisch durcheinander gährenden Welt in Wirklichkeit jemals vorhanden war. Es gab einst eine Zeit in Europa, in welcher die in altrömischem Staatsgeiste machtvoll organisirte Kirche in ihrer Entwicklung dem Staate weit voraus war. In jener Zeit, welche eine intensiv entwickelte Staatsgewalt nicht einmal in der Theorie kannte und noch viel weniger in der Praxis besaß, hat die Kirche in Unterstützung und Ergänzung der noch in einem schwierigen langwierigen Werdeprozeß begriffenen Staatsgewalt manche, namentlich ideale Aufgaben des Volkslebens auf sich genommen und dadurch auch außerhalb ihrer unmittelbaren Sphäre einer rohen und bildungslosen Zeit wesentliche Dienste geleistet. Die Kirche mag von ihrem Standpunkt aus bei der Auswahl der Materien, welche rechtlich zu ordnen sie unternahm, nach einem bestimmten Plane verfahren sein und sich zunächst demjenigen zugewendet haben, was mit ihren natürlichen Aufgaben in näherer oder entfernterer Beziehung zu stehen schien; aber auch der Zufall und der natürliche Drang jeder Herrschaft, jede zur Ausdehnung ihrer Macht sich darbietende Gelegenheit zu benutzen, spielten eine große Rolle, und die Geschichte lehrt und jeder Blick in die kanonischen Rechtssammlungen zeigt, daß es kaum irgend ein Verhältniß gibt, in welches die Kirche nicht gelegentlich rechtlich ordnend und entscheidend einzugreifen versuchte, daß sie aber, abgesehen von ihrer eigenen, allerdings sehr fein ausgebildeten Organisation kein einziges auch nur annähernd in erschöpfender Vollständigkeit zu reguliren vermochte. Die Satzungen und Einrichtungen, welche die Kirche einst für mannigfaltige, nicht spezifisch kirchliche Verhältnisse aufgestellt hat, sind durch die höhere geistige Einsicht und das feinere sittliche Empfinden der folgenden Jahrhunderte nicht nur materiell überholt, sie sind auch als bloße gesetzgeberische Aphorismen in einer Zeit unmöglich, welche zu dem Begriff und der Praxis einer einheitlichen, allumfassenden Staatsgewalt gelangt ist. Nicht blos das verkehrte, wenn auch mit dem kirchlichen Wesen eng verwachsene Bestreben, derartigen Einrichtungen eine ähnliche Unabänderlichkeit wie dem Dogma zu verleihen, hinderte die Kirche an einer zeitgemäßen Fortbildung ihrer Schöpfungen, es fehlte ihr dazu auch die innere Fähigkeit, wie sie nur in der staatlich organisirten Gesammtkraft des Volkes sich findet. Unter den zahllosen, auf das bunteste sich durchkreuzenden Herrschaftskreisen des Mittelalters konnte auch die Kirche einzelne Ausschnitte aus der Staatsgewalt an sich bringen, sie unter dem Titel wohlerworbener Rechte heute der äußerlich und innerlich unendlich überlegenen einheitlichen Staatsgewalt gegenüber behaupten oder gar ausdehnen zu wollen, führt unvermeidlich zum Kampf.

Mit der katholischen Kirche als Kirche wäre der Kampf sehr wohl zu vermeiden, wenn es auch schwierig sein und viel guten Willen von beiden Seiten erfordern mag, ihre Stellung im Staat, zumal im paritätischen, richtig und in einer beide Theile befriedigenden Weise zu bestimmen. Der Staat hat in seinem eigenen Interesse viel mehr Grund, das reine Kirchenthum, in welcher Gestalt und Form dasselbe auftreten mag, in seiner Entfaltung und Wirksamkeit zu unterstützen, als zu hemmen. Jedenfalls ist unser ganzes Staatswesen und unser gesammter Culturstand der Art, daß von Gefahr für die Gewissensfreiheit, von Bedrohung oder Bedrückung des rein kirchlich-religiösen Lebens ehrlicher Weise nicht die Rede sein kann, und der sicherste Weg für die katholische Kirche, in dieser Beziehung zu noch freieren, von dem Staat noch weniger kontrolirten Ordnungen zu gelangen, wäre der, wenn sie sich entschlösse, definitiv und unter Bürgschaften für den Staat auf die Rolle als ecclesia militans zu verzichten. Die Gefahr der Collision mit der katholischen Kirche liegt darin, daß in derselben das reine Kirchenthum und die hierarchische Herrschaft der kirchlichen Oberen, in höchster Instanz die päpstliche Theokratie, auf das engste mit einander verwachsen sind, so daß der freien Entfaltung des einen die andere nur allzuleicht auf dem Fuße nachfolgt, und wenn selbst nach einer Zeit so völligen Darniederliegens der letzteren, daß ein Historiker wie Ranke sie als eine definitiv vorübergegangene Phase unserer Geschichte glaubte betrachten zu dürfen, die römische Hierarchie auf's Neue die Welt umspannenden Kämpfe der letzten Jahrzehnte hervorzurufen vermochte, so kann man sich über ihre zähe Lebenskraft und ihre Gefährlichkeit für den Staat nicht täuschen. Die Collision des Staats mit ihr in immer sich erneuernden Kämpfen ist absolut unvermeidlich; es treten sich hier nicht blos zwei prinzipiell sich ausschließende Weltanschauungen, sondern zwei Systeme gegenüber, deren praktische Consequenzen nicht neben einander bestehen können. Die römische Theokratie kann und will sich nicht entschließen, auf ihre Eingriffe in die äußere Ordnung der Dinge zu verzichten, nicht nur, weil sie in ihrem Herrschersinn unbezwungen überhaupt nichts, was sie als ihr Recht betrachtet, aufgibt, sondern noch viel mehr, weil ihre ganze Herrschaft dadurch bedingt ist, daß die Grenze zwischen kirchlich-religiösen und weltlichen, rechtlichen oder politischen Pflichten den Gläubigen nicht zum klaren Bewußtsein gelange. Die römische Theokratie will aber vor allem herrschen, nicht in allen Einzelnheiten — die mag der weltliche Arm besorgen — aber im Großen und überall; daher beansprucht sie für sich, die außer und über allen Staaten stehe, in jedem einzelnen Staat volle Unabhängigkeit von, volle Souverainität neben demselben, und ist, weit entfernt, sich damit zu begnügen, daß ihr nicht theoretisch widersprochen werde, unausgesetzt praktisch bestrebt, in alle ihr zugänglichen Beziehungen der Außenwelt ohne Rücksicht auf den Staat und eventuell gegen denselben nach ihren Gesichtspunkten und zu ihrem Vortheil einzugreifen.

Dieses theokratische System, innerhalb der katholischen Kirche hauptsächlich durch die jesuitische Parthei vertreten, hat sich in Deutschland wie allerwärts die pseudopolitische Parthei der Ultramontanen als Werkzeug geschaffen und bedient sich derselben, die unter der Flagge des Staats marschiren, als streitbarer Mannschaft gegen den Staat. Nach ihrer Grundlage und ihrem objectiven Ziel ist die Parthei nicht einfach dem Staate hingegeben mit dem Bestreben, denselben, zwar selbstverständlich nach der ihr eigenthümlichen Auffassung, aber doch in seiner Art auf eine möglichst hohe Stufe der Vollkommenheit zu erheben, sondern der Parthei ist die Stellung einer andern, der kirchlichen Gewalt, die Hauptsache. So steht sie dem Staat an sich fremd gegenüber, bereit, auch seine Interessen fördern zu helfen, wenn er ihre Hauptforderung erfüllt und die für die Kirche beanspruchte Stellung gewährt, aber auch eben so bereit, ihn als Feind zu bekämpfen, wenn er dies nicht thut, gerade so wie die römische Kirche selbst dem Staat gegenübersteht Macht gegen Macht, bereit mit ihm sich zu verständigen, wenn sie ihre Forderungen erfüllt oder auch sich zum Nachgeben gezwungen sieht, oder mit ihm, sofern sie sich davon bessern Erfolg verspricht, mit ihren kirchlichen Mitteln Krieg zu führen. Die Geschichte des Reichstags liefert auf jeder Seite die Belege dafür, daß die Ultramontanen bisher wirklich Krieg gegen das Reich (nicht gegen eine bestimmte Regierung, sondern gegen das Reich) geführt haben und dabei in der Wahl der Waffen so wenig bedenklich waren, wie es bei einem derartigen Krieg nur immer möglich ist. Unsere Ultramontanen haben von der Berathung der Norddeutschen Bundesverfassung an bis zur Stunde so ziemlich alles negirt, was überhaupt negirt werden konnte, mit einziger Ausnahme der Tarifreform, die ihnen offenbar eine andere als eine Zollbrücke bauen sollte; sie haben im Negiren sogar die Fortschrittspartei übertroffen. Nachdem sie in Gemeinschaft mit dieser die äußersten, aber vergeblichen Anstrengungen gemacht, die großen Justizgesetze zum Fall zu bringen, blieb es dem Führer des Zentrums vorbehalten, das letzte, aber zur Ausführung aller andern unentbehrliche dieser Gesetze, die Rechtsanwaltsordnung, mit den übertriebensten Einwänden und unter dem Bekenntniß anzugreifen, es liege nichts an dem Scheitern desselben und damit der ganzen Justizreform. Unter den Militärgesetzen ist sogar das über den Landsturm, das politisch durchaus nichts irgend Verfängliches enthält, nur für den äußersten Nothstand des Landes einige Vorkehr trifft, auf den Widerspruch der Ultramontanen gestoßen. Sie haben wiederholt, auch wo es sich nicht um Fragen des Culturkampfes handelte, mit der Elsässischen Protestpartei sich zusammengefunden und fochten in Gemeinschaft mit ihr für Beseitigung der dem Reiche dem Reichslande gegenüber vorbehaltenen Rechte. Die Anhänger des Syllabus fanden es mit der in demselben ausgesprochenen Verurtheilung der Preß- und Gewissensfreiheit vereinbar, alle von der Reichsregierung vorgeschlagenen Beschränkungen der Preßfreiheit, selbst solche Vorschriften, die nur eine sicherere und strengere Bestrafung begangener Preßdelicte bezweckten, zu bekämpfen und bei allen Differenzen über die Grenzen zwischen der individuellen Freiheit und der Staatsgewalt für die möglichste Schrankenlosigkeit der ersten aufzutreten. Bei dem Gesetz über die Stellvertretung des Reichskanzlers verstand es der vielgewandte Führer des Zentrums gleichzeitig den letztern an Ehrerbietung vor der kaiserlichen Gewalt und die Minister der Einzelstaaten an Eifer für die particularistische Selbstherrlichkeit zu übertreffen, und mag auch bei ihm persönlich der Welfe mit dem Ultramontanen um den Vorrang streiten, so hat doch auch die Parthei im Ganzen wie bei den eben erwähnten, so von jeher bei allen Fragen den äußersten Particularismus vertreten bis herab zu dem Franckenstein'schen Antrag, der, wenn auch nicht den Erfolg, doch die Tendenz hatte, den Gedanken der Einheit des Reichs und seiner Hoheit über den Einzelstaaten recht empfindlich abzuschwächen. Ungleich schärfer noch und unverhüllter tritt der Character der ultramontanen Parthei in ihrer außerparlamentarischen Thätigkeit hervor, in ihrer Presse, namentlich der kleinen Presse der Hetzkapläne, in ihrem stillen aber unermüdlichen Wirken in allen ihr zugänglichen Kreisen. Die Ultramontanen haben Jahre lang allem Volk den Ungehorsam gegen die Gesetze des Staates als Tugend gepredigt, den Staat und seine Einrichtungen als verabscheuungswürdige Gewalt hingestellt, der erhitzten Phantasie der Massen alle bestehenden Zustände grau in grau ausgemalt. Wenn in unserm Vaterlande weite Kreise der Bevölkerung einer gewissen, nur allmählig wieder zurückweichenden Verwilderung verfielen, so trifft ein noch größerer Theil der Schuld als selbst die Sozialdemokraten die ultramontanen Wühler, welche nicht davor zurückschreckten, die religiösen Gefühle, eben diejenigen Triebe und Kräfte des Menschen, welche naturgemäß im erhaltenden Sinn pietätvoll zu Gunsten der Autorität wirken, zur Zerstörung der Autorität, zur Verlästerung und Verachtung von Gesetz und Ordnung zu mißbrauchen. Sie waren und sind es, die an jedem Erfolg, welchen ein gütiges Geschick seit anderthalb Dezennien uns geschenkt hat, mißgünstig nergeln und unser Volk nicht zum vollen und reinen Genuß all des ungeahnt Großen und Herrlichen gelangen lassen, das errungen ist; möchten sie doch selbst die unvergleichlichen Thaten unsres Volksheeres, an welchen jedes gesunde Volk als an den beredtesten Zeugen seiner physischen und moralischen Kraft mit inniger Freude sich erbaut, am liebsten aus der Erinnerung der Menschen vertilgen.

Die ultramontane Parthei ist in Deutschland numerisch sehr stark. Im Reichstag war sie bis zu den jüngsten Wahlen an Zahl die stärkste Parthei nach den Nationalliberalen, jetzt nach der nicht unerheblichen Schwächung der letzteren nimmt sie sogar den ersten Platz ein; sie bildet seit Jahren in sehr wenig schwankender Ziffer etwa ein Viertel des Reichstags. Ihre Vertretung in der Bevölkerung ist ungefähr gleich stark; schon im Jahre 1871, noch ehe sie vollständig mobil gemacht hatte, gewann sie sofort bei dem ersten Anlauf über 18 %, bei den seitherigen Wahlen 30, 26, 24 % aller abgegebenen Stimmen für ihre Candidaten, Ziffern, wie sie nur noch bei den Nationalliberalen in ähnlicher Höhe sich finden. Wenn die Zahl der ultramontanen Stimmen seit dem Jahr 1876 bis zu den letzten Wahlen, wie eben bemerkt, relativ und auch absolut von 1568000 auf 1388000 gesunken ist, so wird dies schwerlich eine wirkliche Abnahme der Parthei bedeuten; zum Theil beruht es darauf, daß die Ultramontanen Wahlkreise, welche ihnen früher von hannoverschen Welfen oder von der elsässischen Protestparthei gleichsam leihweise eingeräumt waren, diesen wieder überlassen mußten, zu einem noch größeren Theil bewirkte wohl das Gefühl absoluter Sicherheit des Erfolgs in ihren Wahlkreisen, daß die ultramontanen Stimmgeber sich etwas säumiger bei dem Wahlgeschäft erwiesen. Die Ultramontanen waren bisher in der Behauptung einmal gewonnener Sitze glücklicher als alle andern Partheien; wenn man von Tauschgeschäften der eben erwähnten Art absieht, sind es hauptsächlich nur einige Wahlkreise mit einer starken nichtkatholischen Minorität unter den Wählern, in welchen der Sieg hin und her schwankte. Die Parthei kann auch mit ziemlicher Sicherheit darauf rechnen, daß sie für geraume Zeiten von starken Einbußen verschont bleiben wird, denn sie ruht auf einer äußerst soliden Basis, auf dem religiösen Glauben, auf der Vorstellung der Betreffenden, es sei ihre kirchlich-religiöse Pflicht, die bestimmte (ultramontane) politische Richtung zu vertreten, und wer die Statistik der Wahlen aufmerksam prüft, wird die Vermuthung nicht unterdrücken können, daß die entschiedene Mehrheit der Katholiken von dieser Vorstellung beherrscht wird. So erfreulich dies vor ultramontanen Ohren klingen mag, so ist es doch nur eine neue Bestätigung der von den Ultramontanen stets geläugneten Thatsache, daß sie eine staatsfremde und folgeweise, sobald ihre außerstaatlichen Ziele mit denen des Staates in Collision gerathen, eine staatsfeindliche Parthei sind. Man braucht nicht einmal der förmlichen amtlichen Aktenstücke sich zu erinnern, mit welchen auf die Wahlen einzuwirken von Seiten oberer katholischer Kirchenbehörden ja auch schon versucht wurde, es ist offenkundig, daß die ultramontanen Wahlen durch den Pfarrer und den Kaplan gemacht werden, die nicht etwa durch ihr persönliches Ansehen Anhänger für ihre persönliche politische Ansicht gewinnen, sondern die häufig genug ganz direct und ausdrücklich, jedenfalls aber thatsächlich ihre amtliche Stellung und die Autorität der Kirche dafür einsetzen, um die Gläubigen zur Wahl des von der Kirche als solcher gewollten, ultramontanen Candidaten zu bestimmen. Die Art und Weise, wie die ultramontanen Wahlen betrieben werden und zu Stande kommen, zeigt ganz handgreiflich, daß die Parthei eine spezifisch kirchliche, also in letzter Instanz von dem Papst, d. h. einem fremden Souverain, abhängig ist. Nicht als ob die römische Curie in die deutschen Wahlhändel direct sich einmischte, möglicher Weise wäre es ihr sogar nicht selten sehr erwünscht, Candidaten wenigstens von anderer Methode, wenn auch nicht von anderer Richtung aus der Wahlurne hervorgehen zu sehen: aber die Mittel, mit denen die ultramontanen Wahlen gemacht werden, sind der römischen Curie entlehnt und können nur mit deren Willen gebraucht werden. Die Ultramontanen läugnen freilich diese Abhängigkeit, mögen auch derselben, da sie sich in freiwilliger Uebereinstimmung mit der Curie fühlen, häufig sich nicht bewußt sein; die Thatsache an sich ist unbestreitbar. Man nehme nur den allerdings ganz außerordentlich unwahrscheinlichen Fall an, der Papst erkläre feierlich, die ultramontane Parthei sei, weit entfernt eine Stütze der Kirche zu sein, ein Schaden für dieselbe, und es zieme dem Geistlichen nicht und sei ihm verboten, in die weltlichen Wahlhändel sich einzumischen, weil seine priesterliche Wirksamkeit darunter unvermeidlich Noth leiden müsse, und sofort wird sich jedem in Gedanken — denn das Ganze ist natürlich nur ein Phantasiebild — die Unmöglichkeit des Fortbestehens der ultramontanen Parthei darstellen.

Die schneidige Waffe des Ultramontanismus ist die Vermengung des reinen Kirchenthums mit der theokratischen Herrschaft Roms. Indem er für jenes zu kämpfen scheint, gewinnt er alle Anhänger desselben, welchen die andere Seite seines Wesens entgeht, und die in dem guten Glauben, ihre Religion zu vertheidigen, sich zu Kämpfern für eine theokratische Weltherrschaft mißbrauchen lassen, deren Endziele sie, wenn ihnen dieselben klar wären, großen Theils auf das entschiedenste zurückweisen würden. Das System versagt deshalb seinen Dienst, wenn sein Widerspruch mit großen und nicht zu verkennenden politischen Interessen und Pflichten klar zu Tag tritt. Die nationale Begeisterung des Jahres 1870 hat die Mehrzahl auch der Ultramontanen mit fortgerissen, und wo der Ultramontanismus ihr dennoch entgegen zu treten versuchte, erwies er sich als machtlos, und wenn je ein auswärtiger Feind oder ein heimischer Verräther auf offenen Abfall unserer Ultramontanen von ihrem Vaterlande rechnen sollte, wird er die gleiche Erfahrung machen. Aber abgesehen von solchem Aeußersten ist die Masse der Ultramontanen so in dem Geiste des Systems erzogen, daß sie um der Kirche willen zu den Zwecken der römischen Theokratie sich gebrauchen und derselben die ganze Macht ihres religiösen Empfindens dienstbar machen läßt. Eine Aenderung in diesem Verhältniß ist nur von einer Wandelung in den Anschauungen der jetzt ultramontan gesinnten Katholiken zu erwarten; der Ultramontanismus, trunken von den zahlreichen einzelnen Erfolgen, welche seit einem halben Jahrhundert zu erringen er glücklich genug war, glaubt diese Wandelung für immer hintanhalten zu können; wir andern sind überzeugt, daß sie eintreten wird, da ein System sich nicht auf die Dauer aufrecht erhalten läßt, das theoretisch mit der ganzen Bildung der Zeit, praktisch mit unserm ganzen Staatswesen in absolutem Widerspruch steht. Aber die entscheidenden Fortschritte sind nach der Natur der Sache nur sehr allmälig zu erzielen, nicht nach Jahrzehnten, sondern nur nach Generationen zu schätzen. Dauert es sehr lange, bis überhaupt bestimmte Resultate einer höheren Bildung in die breiten Schichten der untern Volksmassen eindringen, so gilt dies in ganz besonders hohem Grad von der geistigen Läuterung und Hebung der religiösen Begriffe; wir Lebenden haben aber zu unserer Verwunderung und zu unserem Schrecken erfahren müssen, wie die Regierung der katholischen Kirche das directe Gegentheil befördert und in traurigem Gegensatz zu der Bildungsfreudigkeit des deutschen Clerus vor einem Jahrhundert sich nicht scheut, die derbsten und rohesten Erscheinungsformen des religiösen Empfindens absichtlich und planmäßig zu begünstigen, um darin ein bequemes Mittel zur Beherrschung der Massen zu haben. Der Fortgang der Bildung vollzieht sich trotz dessen, der Früchte werden sich aber erst unsere Kinder und Kindeskinder zu erfreuen haben.

Sind wesentliche Erfolge gegenüber der ultramontanen Parthei wenigstens innerhalb der Zeiträume, welche für praktische Politik allein in Betracht kommen, nicht zu erwarten, so könnten diejenigen Recht zu behalten scheinen, welche es für einen Fehler halten, daß man überhaupt auf einen Kampf sich einließ, von welchem man greifbare Resultate für die Gegenwart sich nicht versprechen kann, der aber von allen Gehässigkeiten und Schädlichkeiten kirchlich-religiöser Streitigkeiten begleitet ist. Die schweren Nachtheile des Culturkampfs wird kein Verständiger läugnen; aber er ist uns aufgenöthigt worden, wir mußten ihn aufnehmen, nicht um Eroberungen zu machen, sondern um uns gegen drohendes Verderben zu schützen und für unsere Nachkommen die Bedingungen einer gesunden Fortentwicklung zu erhalten. Analoge Kämpfe, wie sie uns auferlegt sind, durchziehen die halbe Welt. Die römische Curie hatte lange vor der Gründung des Reichs in einer Reihe deutscher Einzelstaaten, wo sie für ihre Zwecke irgend günstigen Boden zu finden glaubte, durch absichtliche kecke Verletzung bestehender Gesetze ihrer Seits den Kampf begonnen und jammerte dann laut über erlittene Vergewaltigung, als man sich gegen ihre Anmaßungen zu schützen suchte. Preußen hatte mit unglaublicher Nachsicht die äußersten Uebergriffe der kirchlichen Gewalt geduldet und erntete zum Dank dafür am Rhein im Jahr 1866 die Gebete der Ultramontanen für den Landesfeind und ihre Trauer über den Siegesflug der preußischen Fahnen. Schon in der ersten Session des Reichstag im Frühjahr 1871 enthüllte das Zentrum als geschlossene Parthei seine außerdeutschen ultramontanen Zwecke, obgleich das Reich nach seiner Verfassung mit den kirchlichen Beziehungen nichts zu thun hat, und obgleich die führende Macht im Reich, Preußen, an seiner für die Kirche mehr als günstigen Stellung nicht das mindeste geändert hatte. Doch es ist überflüssig, die Priorität einzelner Angriffshandlungen der Ultramontanen nachzuweisen, man muß die Geschichte des ganzen Jahrhunderts verläugnen, wenn man für unsere Zeit den durchaus aggressiven Character der ultramontanen Parthei in Abrede stellen will, welche sofort nach der wohlwollenden Restauration des Papstthums wesentlich durch akatholische Mächte ihre Waffen zu schmieden begann, um dieselben in ihren eigenen Ländern zu bekriegen. Lange sah man ihren Eroberungen ruhig zu, anfangs sogar mit einer gewissen Befriedigung und ohne Ahnung der dem Staat drohenden Gefahren, später minder sorglos, aber dennoch, um des Friedens willen, activer Gegenwehr sich enthaltend. Man konnte, um noch für eine kurze Spanne Zeit diesen elenden Scheinfrieden zu bewahren, die völlig außerstaatliche und schließlich staatswidrige Stellung des Clerus noch länger dulden; die Folgen hatten sich im Rheinland im Jahre 1866 gezeigt, noch schlimmer in Bayern, wo bei dem Ausbruch des französischen Kriegs die Ultramontanen mit Verletzung des Schutz- und Trutzbündnisses Neutralität gegenüber dem alten Erbfeind Deutschlands verlangten, und in Polen, wo sie die national-polnischen Agitationen gegen das Deutschthum beförderten. Aber was konnte es helfen, wie der Vogel Strauß den Kopf vor diesen Gefahren zu verstecken? Das Uebel mußte dann immer weiter um sich greifen. Man konnte die Jesuiten gewähren lassen, die aufregenden Sinn betäubenden Missionen dulden, ruhig zusehen, wie durch alberne Wundergeschichten die Massen in wahnwitzigem Aberglauben förmlich geschult und zum Fanatismus erzogen wurden; aber durch solches Geschehenlassen konnten die Zustände doch offenbar nur noch verschlimmert werden. Man konnte der Kirche die Jugendbildung überlassen, aber am Ende dieses Weges lag ein unheilbarer Riß durch unser deutsches Volk, nicht blos zwischen Katholiken und Protestanten, sondern auch unter den Katholiken selbst, von welchen Millionen von unserer klassischen deutschen Bildung durchdrungen sind und nicht mehr in die Arme des Thomas von Aquino zurückgeführt werden können. Es ist unbegreiflich, wie gerade kühl verständige Naturen aus Schrecken über die Häßlichkeiten, welche der Culturkampf begreiflich wie jeder Krieg an die Oberfläche getrieben hat, die absolute Unvermeidlichkeit dieses Kampfes verkennen konnten. Er mußte kommen; feiges Zurückweichen konnte dem Staat nichts helfen; mit längerem Zögern hätte er nur noch mehr verloren, um schließlich doch, nur unter ungünstigeren Bedingungen, den Kampf mit dem unerbittlich nachdrängenden Gegner aufnehmen zu müssen.

In dem Kampf können und werden Pausen in Betreff der einzelnen Streitfragen eintreten, wie so eben in Preußen eine solche durch die Novelle zu den Maigesetzen herbeizuführen versucht wurde.

Die Vortheile, welche das in heißen Kämpfen sehr wesentlich modifizirte Gesetz nach seinem jetzigen Inhalt allerdings nur noch für das kirchliche Leben und nicht mehr den theokratischen Herrschaftsgelüsten gewährt, scheinen zur Zeit von der Curie zurückgewiesen zu werden. Man spielt damit in Rom ein gewagtes Spiel. Die weitaus größte Conzession, die überhaupt gemacht werden konnte, lag darin, daß man auf directe Verhandlungen mit der römischen Curie sich einließ; erweisen sich dieselben als nutzlos, so könnte man grundsätzlich von jeder Wiederholung abstehen und es lediglich den einheimischen Bischöfen und sonstigen kirchlichen Organen, deren Unterordnung unter die inländischen Gesetze ohne Rücksicht auf kirchliche Gebote oder Verbote völlig unanfechtbar ist, überlassen, sich die Genehmigung oder die Erlaubniß des Papstes zu erwirken, welche sie für nöthig halten, um in ihrem kirchlichen Amt den vom Staat dem äußeren Leben der Kirche auferlegten Bedingungen nachkommen zu können. Wie immer aber der gegenwärtige Culturkampf in Preußen und folgeweise wohl für das ganze Reich beigelegt werden mag, sei es durch ein Compromiß, welches ohne volle Wahrung der Ehre und der Autorität des Staates hoffentlich für alle Zeiten unmöglich sein wird, sei es durch einfache Unterwerfung der Curie unter das Gesetz des als unbeugsam erkannten Staates, jedenfalls darf man keine zu weit gehenden Hoffnungen an eine solche Wendung knüpfen. Der große und unzweifelhafte Gewinn läge in der Wiederherstellung der normalen Thätigkeit der Kirche, politisch bliebe alles so ziemlich beim Alten. Möglicher Weise sähe die ultramontane Parthei sich veranlaßt, zeitweise in etwas milderen Formen aufzutreten, in ihrem Wesen wäre sie aber unverändert, und daß sie, wenn sie nicht mehr anklagend und jammernd auf (von der Kirche selbst verschuldete) Störungen in dem ordentlichen Verlauf des kirchlichen Lebens hinweisen kann, um andere gleich wirksame Agitationsmittel nicht verlegen ist, hat sie häufig genug bewiesen und beweist sie täglich in Süddeutschland, namentlich in Bayern, wo die verschiedenen kirchlichen Organe nie die geringste Störung in ihren Functionen erlitten haben und dennoch die ultramontane Agitation in schönster Blüthe steht. Mit der katholischen Kirche als solcher ist ein modus vivendi möglich, mit der ultramontanen Parthei aber nicht. Der schlaue Odysseus an der Spitze des Zentrums täuschte sich, wenn er glaubte, um den Preis der bei der Tarifreform geleisteten, vielleicht auch noch weiterer Dienste seiner Parthei die Stellung einer grundsätzlich berücksichtigten Regierungsparthei verschaffen zu können. Es ist ja möglich, auch dem Zentrum mit oder ohne Gegenleistung einmal Conzessionen zu machen, ein dauerndes Abkommen mit demselben nach der Formel: do ut des, facio ut facias wird sich aber immer als unausführbar erweisen. Denn es verfolgt außerstaatliche Zwecke, in letzter Instanz in Abhängigkeit von einem auswärtigen Souverain, welcher unsern Staat mit einem Theil von dessen eigenen Kräften, der fälschlicher Weise unter dem Titel einer staatlich-politischen Parthei auftretenden ultramontanen Parthei bekämpft. Ein Bündniß mit den Ultramontanen wäre kaum etwas anderes als ein Bündniß mit dem Ausland, dessen Dienste, sie mögen noch so groß sein, viel zu theuer bezahlt werden, wenn man ihm dafür Einmischung in das innere Staatsleben gestattet. Der beste, der einzig wirklich werthvolle Dienst, welchen die ultramontane Parthei dem Staat leisten könnte, wäre ihre Auflösung. Wer aber darauf, daß es vor nicht gar langer Zeit einmal eine Periode gab, während welcher in Deutschland eine organisirte ultramontane Parthei nicht vorhanden war, die frohe Hoffnung gründen wollte, es werde vielleicht bald wieder so sein, der würde sich doch wahrscheinlich sehr täuschen. Die römische Theokratie wird, so lieb ihr ihre eigene Erhaltung ist, das ihr so werthvolle, so geradezu unentbehrliche Werkzeug nicht verfallen lassen. Ob aber in der katholischen Kirche die Tendenzen theokratischer Weltbeherrschung jemals aussterben oder auch nur entschieden und definitiv hinter das reine Kirchenthum zurücktreten werden, ist mehr als zweifelhaft; jedenfalls steht eine derartige Wendung der Dinge zur Zeit ganz außer Frage. So verschieden die Methode Leo XIII. von der seines Vorgängers sein mag, das Ziel ist das gleiche, mag er es nicht ändern wollen oder nicht ändern können, oder mag es zugleich am Wollen und am Können fehlen.

Die ultramontane Parthei muß als eine gegebene Thatsache hingenommen werden, welche zur Zeit schwerlich irgend wie beseitigt werden kann. Sie ist und bleibt, so lange sie besteht, ein leider sehr starker, wesentlich negativ und hindernd wirkender Factor in unserm neuen deutschen Reich, für welches aus keinem anderen Verhältniß weder im Innern noch nach Außen größere Schwierigkeiten erwachsen als aus dem Wiederaufleben des Ultramontanismus.

Die Nationalliberalen.

Die Nationalliberalen werden von ihren Gegnern vorzugsweise gern als Doctrinäre bezeichnet, nicht nur um damit eine Schwäche hervorzuheben, sondern um damit eine Art von Verdammungsurtheil auszusprechen, mit welchem ein für allemal der Stab gebrochen werden soll über die praktisch-politische Brauchbarkeit und Gleichberechtigung der Parthei. Wie es so häufig geschieht, haben auch hier die scharfen Augen der Gegner einen Punkt herausgefunden, welcher, in dem Bewußtsein der Partheigenossen selbst mehr zurücktretend, in der That bis zu gewissem Grad begründet ist und eine relative Schwäche der Parthei sein oder werden kann, aber entfernt nicht die hindernde Bedeutung besitzt, welche misgünstig gestimmte Gegner ihm beilegen wollen. Die liberale Parthei beruht in der That nicht auf irgend einer Interessengemeinschaft, der Liberalismus ist vielmehr zu einem sehr großen, wohl zum größten Theil die Frucht theoretischen Nachdenkens über den Staat, seine Aufgaben und Mittel, seine Ziele und Grenzen, und in vielen Beziehungen nichts anderes als der Ausdruck der jeweils darüber herrschenden Ansichten. So characteristisch aber dieser Zug sein mag, so ist doch damit das Wesen der nationalliberalen Parthei weitaus nicht erschöpfend bezeichnet, sie verliert durch ihre theoretisch-idealen Neigungen, die sie nicht zu verläugnen und deren sie sich nicht zu schämen braucht, so wenig die Eigenschaft und die Brauchbarkeit einer Parthei, welche im praktisch-politischen Leben mitthun kann, wie umgekehrt eine bloße Interessentengruppe schon dadurch, daß sie gemeinsame Interessen vertheidigt, zur Bedeutung einer politischen Parthei sich erhebt. Unbestreitbar hat es die Politik nicht mit der Welt der Ideen, sondern mit der Wirklichkeit zu thun; aber auch diese kann nur durch den Gedanken gebildet und beherrscht werden, und es ist deshalb eben so banausisch, nur die derben Forderungen der lautesten Privatinteressen in der Politik als berechtigt anzuerkennen und zum Wort kommen zu lassen, wie es phantastisch ist sie einer Idee zu lieb zu ignoriren und ihre Geltendmachung als unwürdig zu verpönen. Die bloße Interessengemeinschaft reicht in der Regel nicht hin, um auf sie allein eine lebenskräftige politische Parthei zu gründen; die Arbeiterpartheien, wo und wie sie versucht wurden, haben es noch nirgens zu politischer

Bedeutung gebracht; die Schutzzöllner und die Vertreter agrarischer Interessen, durch deren Zusammenwirken im vorigen Jahr die Tarifreform zu Stande kam, gehören nach wie vor allen verschiedenen Partheien an und verfolgen ungeachtet des unter ihnen bestehenden einen Einigungspunktes ganz verschiedenartige politische Ziele. Die Erscheinung erklärt sich einfach aus der Natur der Sache. Der moderne Staat dient so unendlich vielen Bedürfnissen, er verfogt gleichzeitig eine solche Fülle der verschiedenartigsten Zwecke, daß es unmöglich ist, von einem einzelnen, wenn auch noch so machtvollen und weit verbreiteten Interesse aus, das sich an seinem Orte geltend machen mag, Stellung zu dem unendlich komplizirten Ganzen der Staatsaufgaben zu nehmen. Aus einer bloßen Gruppe gleichgestellter Interessenten kann eine politische Parthei herauswachsen, um so leichter je umfassender das von ihr vertretene Interesse ist, je inniger es mit dem Wesen des gegebenen Staates zusammenhängt, je mehr es als Repräsentant der Totalität der in diesem Staate lebenden Interessen sich darstellt. Am häufigsten sind aus der natürlichen Interessengemeinschaft der Grundbesitzer, der adligen sowohl wie der bäuerlichen, politische Partheien von meist sehr zäher Lebenskraft und nicht selten von sehr großer Bedeutung hervorgegangen. Es fehlt aber doch sehr viel, daß ohne Weiteres jede Gruppe von Agrariern die Bedeutung einer politischen Parthei in Anspruch nehmen könnte; um sie dazu zu erheben, muß noch etwas hinzukommen, eine bestimmte historische Tradition in Bezug auf den Staat, welche die Verbundenen über den Standpunkt der nackten Vertretung ihrer Privatinteressen und zu einer gemeinsamen allgemeinen, wenn auch durch ihren Interessenstandpunkt mehr oder weniger beeinflußten Staatsanschauung erhebt.

Auf eben diesem Weg historischer Tradition sind die Liberalen eine wirkliche, lebendige politische Parthei geworden, indem durch die stete Anwendung der zunächst theoretischen Ideale auf alle sich darbietenden Aufgaben des Staatslebens weite und einflußreiche Kreise der Bevölkerung als Anhänger und Vertheidiger des von ihnen als lebensfähig und ihren Interessen entsprechend anerkannten Programms gewonnen wurden. Die liberale Parthei in Deutschland ist allerdings etwas Eigenthümliches, in ihrem Wesen sehr bestimmt und characteristisch namentlich von den politischen Partheien in England, dem Heimath- und Musterland alles constitutionellen parlamentarischen Lebens, verschieden; sie ist aber doch keineswegs ein Unikum, die meisten europäischen Continentalstaaten bieten analoge Erscheinungen, und jedenfalls vertritt die Parthei einen auch im realen Staatsleben schlechthin unentbehrlichen Standpunkt, den Gedanken des Staates an sich, das Ideal des Staates, wie es nicht etwa in einer bessern, der menschlichen Unvollkommenheit entrückten, sondern in dieser konkreten gegebenen Welt sein sollte und könnte. Freilich nimmt jede Parthei dieses Bestreben für sich in Anspruch und unsre deutschen Ultramontanen sind ohne Zweifel der Ueberzeugung, der von römischer Theokratie durchsetzte deutsche Staat sei der, soweit es für Menschen möglich ist, vollkommene Staat; auch soll durchaus nicht behauptet werden, daß nur die Liberalen die Aufgaben des Staates gedankenmäßig und ideell auffassen, während die andern Partheien in den Banden gedankenleerer Empyrie oder eigennütziger Interessen befangen seien. Immerhin bleibt es characteristisch für die liberale Parthei, daß die reine Staatsidee für sie in ungleich stärkerem Maaß als für alle andern Partheien Ausgangspunkt und Ziel ihrer Bestrebungen ist. Die für das Staatsleben nothwendigen Leistungen könnten unter den Partheien auch in anderer Weise vertheilt sein; sie könnten alle dem ihnen annähernd gleichmäßig vorschwebenden Staatsideal den ungefähr gleichen Einfluß auf ihre Anschauungen und ihr Handeln einräumen und ihren Gegensatz in wesentlich praktischen oder in Spezialfragen finden. Bei uns in Deutschland sind nun aber einmal die Rollen historisch anders vertheilt; es hat sich bei uns um die reine Staatsidee als solche und zu ihrer Vertretung eine besondere Parthei, die liberale, gesammelt, und diejenigen ihrer Gegner, welche nicht müde werden, derselben ihren allerdings wesentlich theoretischen Ausgangspunkt zum Vorwurf zu machen und daraus ihre Unbrauchbarkeit und Nichtberechtigung als praktische politische Parthei glauben deduziren zu können, verrathen ein sehr geringes Verständniß für eine sehr handgreifliche Realität der Geschichte, von deren leibhaftiger Wirklichkeit sie schon darum überzeugt sein müßten, weil sie ihnen häufig genug hindernd im Wege steht.

Als nach dem Sturz der Napoleonischen Herrschaft Deutschland und seine einzelnen Staaten sich für sich selbst einzurichten hatten, war nach dem unwiederherstellbaren Zusammenbruch des alt Ueberlieferten ein Neubau auf vielfach neuen Grundlagen absolut nothwendig. Alte politische Stände oder Partheien von noch fortdauernder entsprechender Leistungsfähigkeit waren nicht vorhanden; die Ueberbleibsel von solchen, welche sich in die neue Zeit herübergerettet hatten, waren vorherrschend einer möglichst weit gehenden Restauration des unhaltbar gewordenen Alten geneigt und, so aussichtslos ihre Sache sein mochte, doch zunächst in einem gewissen politischen Besitz und von bedeutendem Einfluß im Staatsleben. So ist es erklärlich, daß ihnen gegenüber zunächst diejenigen in eine Gruppe sich zusammenfanden, welche durch natürliche Theilnahme zu den Fragen des öffentlichen Lebens hingezogen von den gleichen Ideen über das Wesen des Staats, seine Aufgaben und Mittel ausgingen und, ohne von einem bestimmten praktischen Interesse getrieben zu sein, durch die Vertretung ihrer an sich theoretischen Ueberzeugungen doch zugleich für das weit aus größte Interesse ihrer aller, für den modernen Verfassungsstaat, kämpften. Absolut neu war übrigens der Standpunkt, auf welchen die Parthei sich stellte, nicht. Schon im vorigen Jahrhundert hatte die monarchische Gewalt von sich aus das unmöglich gewordene Ständewesen in erträglichere Schranken zurückzuweisen und an die Stelle einer unübersehbaren Menge sich durchkreuzender s. g. wohlerworbener Einzelrechte für das öffentliche Leben die einheitliche allen Staatsgenossen gegenüber gleichmäßig berechtigte und verpflichtete Staatsgewalt zu setzen gesucht. Waren auch diese Bestrebungen ganz und gar von einem praktischen Bedürfniß ausgegangen, so war durch dieselben doch immer ein neuer Gedanke von höchster Fruchtbarkeit in das Staatsleben geworfen, welcher dann unter der Glühhitze der französischen Revolution in alle äußersten Consequenzen verfolgt worden war. Die Idee der einheitlichen, absoluten Staatsgewalt mit der ganzen unermeßlichen ihr innewohnenden Machtfülle hatte sich, und zwar nicht nur in Frankreich, verwirklicht und war aus dem Bewußtsein der Menschen nicht mehr zu tilgen. Die entsetzlichen Verwüstungen, welche die Revolution in ihrem Gefolge gehabt hatte, mochten zum Maßhalten in Beseitigung des Alten, zur Vorsicht bei seiner Umgestaltung mahnen, die unter dem Titel der Volkssouverainität verübten Exzesse legten es nahe, neben den Rechten des Staatsbürgers auch seine Pflicht des Gehorsams gegen Gesetz und Obrigkeit nachdrücklich zu betonen: aber der alte patriarchalische Staat war doch durch die Thatsachen und in den Gedanken der Menschen weit überholt, und die moderne, an sich als schrankenlos gedachte Staatsgewalt konnte ihre volle Entfaltung und zugleich die unentbehrlichen Garantien gegen Misbrauch nur in der activen Theilnahme des Volks an ihrer Ausübung finden. Indem diejenigen, welche aus der alten Zeit irgend eine politische

Stellung sich erhalten hatten, in ihrer Mehrzahl das Bedürfniß der Neuzeit nicht verstanden und, statt ihm zu dienen, es bekämpften, erzog sich dasselbe nothgedrungen seine Vertheidiger aus andern Elementen, welche ohne staatliche Praxis und Tradition wesentlich nur auf ihre theoretische Einsicht sich stützten. Dieser Ausgangspunkt hat der liberalen Parthei dauernd einen in vielen Beziehungen eigenthümlichen Character aufgeprägt, er hinderte sie aber so wenig, als politische Parthei in unser Staatsleben praktisch einzugreifen, daß sie sogar auf das innere Wesen der ihr gegenüber stehenden Partheien zurückzuwirken vermochte und diese ebenfalls zur Vertretung eines wesentlich prinzipiellen, aber dem liberalen entgegengesetzten Standpunktes nöthigte. Der Liberalismus ist seit bald einem Jahrhundert in dem Maaß die treibende und Ton angebende Kraft in unserem politischen Leben, daß in Folge seines Auftretens unser gesammtes Partheiwesen weniger auf praktischen als auf prinzipiellen Gegensätzen sich aufgebaut hat. Der theoretisirende Character der liberalen Parthei, eine natürliche Folge ihres Ursprungs, wurde bis in die Mitte des Jahrhunderts durch die äußeren Verhältnisse eher begünstigt als zurückgedrängt. Eigentlich active politische Partheien gab es, da Preußen nach kurzem Schwanken für die Beibehaltung der unbeschränkten Monarchie sich entschieden hatte, nur in den deutschen Mittel- oder Kleinstaaten, und gestattete hier der Mangel eines wirklichen und großen Staatslebens das bloße Ergehen in Doctrinen, für welche Niemand eine ernste Verantwortung zu tragen hatte, so war dort selbstverständlich der völlige Ausschluß der Partheien vom handelnden Leben den theoretisirenden Neigungen noch günstiger. Die liberale Parthei hat Jahrzehnte lang mit voller Freude und aufrichtiger Hingebung ein sehr allgemeines Staatsideal, eine Abstraction aus der durch das französische Medium betrachteten englischen Staatsverfassung verehrt und für ihre theoretischen politischen Ueberzeugungen, wie für Glaubensartikel, mit leidenschaftlichem Eifer Propaganda gemacht. Die Parthei hat aber nicht nur längst in mühevoller und erfolreicher politischer Arbeit die Kinderschuhe abgelegt, sie war nie die dogmatische Sekte, zu welcher ihre Gegner sie stempeln möchten; überall, wohin wir blicken, in der Geschichte des letzten halben Jahrhunderts, treten uns die Beweise ihrer sehr eingreifenden praktischen Wirksamkeit entgegen. Die constitutionelle Verfassung erscheint uns so selbstverständlich, so sehr im Interesse des Staats und des Königthums selbst gelegen, daß wir darüber fast vergessen, daß das jetzt von allen Partheien gleich hoch gehaltene Gut doch ganz wesentlich den Anstrengungen nur einer Parthei, der liberalen, zu verdanken ist. Wer die verschollenen Reden früherer liberaler Kammermitglieder für Preßfreiheit heute geschmacklos finden möchte, der erinnere sich nur der mehr als geschmacklosen Unwürdigkeit der Zensur. Wenn heute das gerichtliche Verfahren und das Strafrecht freier, verständlicher, menschlicher sind, als vor 50 Jahren, wenn die Allmacht der Polizeigewalt gebrochen und dem Aermsten ausreichende Garantie gegeben ist, daß er nur nach Recht und Gesetz behandelt werden darf, so sind es wieder die Liberalen, deren Anstrengungen in erster Linie diese Fortschritte zu danken sind. Sie und ihre Grundsätze haben uns die Befreiung von Grund und Boden, die Befreiung der Person von hundert Fesseln gebracht, welche sie in ihrer Bewegung und der Verwerthung ihrer Kräfte hemmten. Fürwahr eine angeblich doctrinäre Parthei, welche sich solcher praktischen Erfolge zu rühmen hat, kann den Vorwurf des unpraktischen Idealismus getrost zurückweisen, und es begreift sich, daß sie, die von der theoretischen Erkenntniß des Staates ihren Ausgangspunkt nimmt, doch in den weitesten Kreisen der Bevölkerung, deren Verständniß dahin zu folgen nicht vermag, Anhänger und Glauben gefunden hat. In der That waren die Liberalen im Reichstag von jeher die stärkste Parthei; einmal, in der Periode 1874—77 bildeten sogar die verschiedenen Gruppen der Liberalen, die wenigstens in ihrem Ursprung einander nahe verwandt sind, so häufig und so weit sie praktisch auseinander gehen mögen, zusammen die absolute Majorität; die Nationalliberalen für sich allein waren immer wenigstens die relativ stärkste Parthei des Reichstags mit Ausnahme des zuletzt (1878) gewählten, in welchem sie sich in diese Ehre mit den Ultramontanen zu theilen haben; sie haben nebst diesen bei allen Wahlen die höchsten Prozentsätze aller abgegebenen Stimmen für ihre Candidaten erreicht; sie sind, wenn auch in einzelnen altpreußischen Provinzen schwach vertreten, dennoch viel gleichmäßiger wie irgend eine andere Parthei in allen deutschen Staaten und Landschaften verbreitet.

Der ursprünglich sehr theoretische und idealistische Zug des Liberalismus hat doch denselben zu seinem Vortheil und zum Glück für unsere politische Entwicklung nie zu dogmatischer Verhärtung geführt. So groß Jahre und Jahrzehnte hindurch die Autorität der Lehren war, welche das Welcker'sche Staatslexikon seinen liberalen Lesern vortrug, die Parthei hat sich doch niemals auf ein fest abgeschlossenes Programm verpflichtet. Wir hatten wohl „Gothaer“ und „Erbkaiserliche“, aber niemals eine nennenswerthe Parthei, welche sich darauf steifte, die Frankfurter Reichsverfassung, diese ganze Verfassung und nichts als diese Verfassung zu verlangen, wie sich anderwärts wohl Partheien unter ähnlichen Stichworten sammelten und lange Zeiten hindurch behaupteten. Wie weit ab von jener Verfassung und von allen liberalen konstitutionellen Systemen die Verfassung des Norddeutschen Bundes, später die Reichsverfassung lag, die Nationalliberalen, und wesentlich von diesen ist hier immer die Rede, haben kein Bedenken getragen, dieselbe, thunlichst in ihrem Sinne verbessert, zu acceptiren. Insoweit der Liberalismus eine Doctrin ist, vertritt er nicht ein ein für allemal fest abgeschlossenes System, sondern die jeweils herrschenden theoretischen Ansichten über den Staat und staatliche Dinge, nicht in dem Sinn, daß er der haltlosen s. g. öffentlichen Meinung folgte und sein Staatsideal den flüchtigen Regungen des Tags entliehe, sondern die liberale Doctrin, wenn sie einmal so heißen soll, ist der Inbegriff der theoretisch als richtig geltenden Grundsätze vom Staat und seinem Leben, welche, zunächst von Einzelnen oder Wenigen durch selbständige wissenschaftliche Forschung gefunden, nicht nur immer weitere Kreise für sich gewannen, sondern auch von diesen in ihrer Art theoretisch und praktisch fortgebildet wurden, bis sie schließlich nicht nur eine communis doctorum opinio, sondern in Wahrheit Inhalt und Ausdruck der nationalen politischen Durchschnittsbildung geworden sind. Der Liberalismus ist die politische Denk- und Empfindungsweise des gebildeten Mittelstandes, welcher seine Stellung zum Staat nicht von besonderen Interessen oder historischen Ueberlieferungen aus, sondern von seinem allerdings tausendfach abgestuften Wissen und Denken über den Staat nimmt und sich für berechtigt und verpflichtet hält, in Gemäßheit desselben in die Staatspraxis einzugreifen. Die politische Parthei der Liberalen ist freilich nicht schlechthin identisch mit dem s. g. Mittelstand; viele Einzelne aus demselben zählen zu andern Partheien, wie umgekehrt die liberale Parthei von jeher auch bei dem Adel nicht wenige, zum Theil sehr hervorragende Anhänger gewonnen und auf der andern Seite tief in die bäuerlichen Kreise hinein Verbreitung gefunden hat. Der entscheidende Kern der liberalen Parthei, aus welchem sie ihre unzerstörbare Kraft zieht, ist aber der gebildete Mittelstand, im Grund nur ein anderer Ausdruck dafür, daß der Liberalismus die nationale politische Durchschnittsbildung darstellt.

Auf die liberale Staatsanschauung hat, entsprechend ihrer stark theoretischen Natur, die allgemeine, nationale Bildung einen sehr starken Einfluß ausgeübt. Diese ist ihrer Seits bürgerlich, allgemein menschlich, humanistisch. Sie ist nicht aus einem einzelnen Stande oder einer bevorzugten Klasse hervorgegangen oder durch sie patronisirt und dadurch bewußt oder unbewußt von deren Vorstellungen und Interessen beeinflußt worden; sie ist die Schöpfung von Männern aus den verschiedensten Gesellschaftskreisen, die absichtlich und mit sehr durchschlagendem Erfolg von allen Besonderheiten dieser Kreise absahen und dem Ideal reiner Menschlichkeit bis zu dem Grade anhingen, daß sie unter dem Eindruck der allerdings meist sehr kläglichen staatlichen Zustände ihrer Zeit sogar die eminente Bedeutung des nationalen Elementes für die Bildung theoretisch nicht zu würdigen wußten, so sehr sie selbst in ihrer Art vollendete Repräsentanten unsres Volksthums gewesen sein mögen. Unsre moderne nationale Bildung ist in ihren Grundlagen und in ihren höchsten Blüthen spezifisch humanistisch und ideal, wie ihr gefeiertes Vorbild, die griechische Cultur; sie setzt die höchste Aufgabe in die Herausbildung der schönen, freien menschlichen Persönlichkeit, und unter dem seit der griechischen Zeit nicht wieder dagewesenen Einfluß unsrer Dichterheroen auf das gesammte Denken und Empfinden unsrer Nation ist der Gedankengehalt unsrer klassischen Literaturperiode mit einer solchen Energie in unser Volksleben eingedrungen, daß er dauernd eine eben so breite als starke Herrschaft übt. Der Liberalismus ist nun freilich nicht der ausschließliche Erbe dieser geistigen Schätze, aber er hat dieselben, wie er überhaupt wesentlich theoretisch sich aufbaute, am liebsten und entschiedensten auch politisch zu verwerthen gesucht. Ohne L e s s i n g und S c h i l l e r, so fern sie allen uns heute bewegenden politischen Fragen stehen mögen, bestände der heutige Liberalismus nicht, und er wird in seinen besten und edelsten Gedanken nicht verschwinden, so lange sie in unserm Volke fortleben, d. h. so lange dieses selbst lebt.

Seitdem der Liberalismus es auf sich genommen hat, eine politische Rolle zu spielen, ist er theoretisch und praktisch in ununterbrochener Fortbildung begriffen. Der entscheidende Schritt in erster Beziehung lag darin, daß er der fundamentalen Verschiedenheit der intellektuellen und der praktisch moralischen Welt sich bewußt wurde.

Mit naiver Kühnheit hatte er den Schritt aus der einen in die andere gethan; eine Umkehr auf diesem Weg giebt es nicht, wir müssen ihn weiter verfolgen selbst auf die Gefahr hin, zu Grunde zu gehen, wenn unsre moralische Kraft sich schwächer erweisen sollte als unsre geistige Erkenntniß. Nicht in der Verläugnung oder auch nur Ignorirung der letzteren für unser Staatsleben, sondern in ihrer richtigen Verwerthung für dasselbe, die freilich identisch ist mit gewissen Einschränkungen, liegt das Heil unsrer Zukunft. Die liberale Parthei hat mehr als alle andern dazu beigetragen, unser Staatsleben aus dem Zustand bewußtlosen Vegetirens, in welchen es während der letzten zwei Jahrhunderte versunken war, herauszureißen. Sie konnte dabei nicht an gegebene Thatsachen anknüpfen, sondern mußte als Hebel wesentlich nur die freie Einsicht in das Wesen des Staats benutzen, sie ist sich aber der Gefahren, welche auf diesem Weg liegen, und ihrer Verantwortlichkeit, denselben dennoch betreten zu haben, klar bewußt. Sie hat, wenigstens in ihren gemäßigten Richtungen, erkannt, daß nicht alles, was in der intellektuellen Welt unschädlich, vielleicht sogar ein Moment des Fortschritts ist, ohne Weiteres auch in dem praktischen Leben ertragen werden kann; sie hat gelernt, daß die Autorität, so leicht ihr Gewicht für den Denker sein mag, für das staatliche Zusammenleben die allergrößte Bedeutung hat, daß der Satz, die Freiheit selbst sei die beste Correctur des Mißbrauchs der Freiheit, praktisch doch sehr erheblichen Beschränkungen unterliegt. In seinem Denken selbst, in dem materiellen Gehalt seiner Anschauungen ist der Liberalismus um ein erhebliches weniger rationalistisch geworden, als er es unter dem Einfluß der zur Zeit seiner ersten Entwicklung noch stark vorherrschenden allgemeinen Geistesrichtung ursprünglich war. Vorübergehend konnte es fast scheinen, als werde er, der sich rühmt, in dem reinen Gedanken des Staats den Ausgangs- und Zielpunkt aller seiner Bestrebungen zu haben, theoretisch von seinen konservativen Gegnern überholt werden, welche früher als er die historische Natur von Staat und Recht anerkannten und gegenüber dem einseitigen Rationalismus zur Geltung brachten. Auch die Liberalen haben sich längst mit dieser Erkenntniß ausgesöhnt und sind bereit, dem historisch Ueberlieferten gebührend Rechnung zu tragen, nur darin von den Conservativen sich unterscheidend, daß sie schärfer als diese auch die Gegenwart als ein und zwar als das politisch entscheidende Moment der Geschichte betonen und dem zweiten Factor, welcher neben der geschichtlichen Ueberlieferung die Entwicklung alles Staats- und Rechtslebens bestimmt, der Einsicht und dem freien Willen der jetzt lebenden und handelnden Generation ein größeres Gewicht als jene beilegen. Als eine interessante Frucht dieser geistigen Wandlung darf es wohl betrachtet werden, wenn die Liberalen die noch vorhandenen Reste unseres älteren Ständewesens heute erheblich anders als vor einem halben Jahrhundert beurtheilen. Hatte auch bei uns die französische Gleichmacherei nur vorübergehend und nur auf sehr radikale Köpfe einen Reiz ausgeübt, so standen doch die Liberalen lange Zeit dem Adel, überhaupt allem Ständewesen mißtrauisch und abwehrend gegenüber. Die allgemeine Bildung, auf der sie fußten, ließ nur den Menschen, ihr politisches System nur den Staatsbürger als solchen gelten, und die Anfechtungen, welchen sie vielfach und häufig genug aus rein egoistischen Motiven bei den Bevorrechteten begegneten, konnten sie diesen nicht geneigter machen. Die eindringlichere Beschäftigung mit den staatlichen Aufgaben ließ aber den hohen Werth einer politisch leistungsfähigen Aristokratie für das gesammte Staatsleben je länger je mehr erkennen, und wird auch, wie die Dinge nun einmal liegen, diese theoretische Erkenntniß in liberalen Kreisen höchstens eine platonische Liebe für den Adel, als einen politisch führenden Stand, zu begründen vermögen, so wirkt sie doch immer so viel, daß die Theilnahme der politisch wirklich noch leistungsfähigen Elemente des Adels an unserm Staatsleben von allen Seiten als wünschenswerth und als ein Gewinn für dieses betrachtet wird, ohne daß man ihnen zumuthet, die Möglichkeit zu solcher Thätigkeit mit dem Opfer ihrer überlieferten Standesansichten zu erkaufen. Bekannt ist die warme Theilnahme, welche in unsern Tagen auch von liberaler Seite einer zweckmäßigen Ordnung der bäuerlichen Verhältnisse entgegengebracht wird, und handelt es sich dabei auch nicht unmittelbar um politische Zwecke, so liegt doch immer in jenem Verhalten der Liberalen eine offene Versöhnung mit dem ständischen Prinzip, dessen Werth für bestimmte Sphären sie bis zu dem Grade anerkennen, daß sie neue Rechtsinstitutionen darauf zu bauen bereit sind. Auch die weitere Ausdehnung und Befestigung der Selbstverwaltung in Gemeinden und größeren korporativen Verbänden, welcher die Liberalen nicht minder geneigt sind als die Conservativen, wirkt zwar nicht nach der Absicht, aber doch mit Wissen der ersten thatsächlich vielfach zu Gunsten der noch in einem gewissen Besitzstand erhaltenen Reste der alten Stände, und jedenfalls zeigt der Liberalismus in der freudigen

Pflege derartiger Institutionen, daß er weit über den dürren Rationalismus früherer Tage hinausgekommen ist.

Den größten und bedeutsamsten Fortschritt hat er aber in seiner Auffassung der Staatsgewalt und ihres Verhältnisses zu der individuellen Freiheit der Einzelnen gemacht. Der inhaltsleere rationalistische Begriff des bloßen Rechtsstaates war freilich von einer in das praktische Leben eingreifenden politischen Parthei bei ihrem Handeln ernstlich niemals einzuhalten, und andererseits war die deutsche Theorie nie zu dem staatswidrigen Standpunkt herabgesunken, den Staat als eine Art nothwendigen Uebels zu betrachten. Aber der Liberalismus war doch während langer Zeiten in einer entschiedenen Vorliebe für die individuelle Freiheit befangen, welche ihn bei den unvermeidlichen Collisionen zwischen ihr und der Staatsgewalt im Zweifel für sie und gegen jene Parthei ergreifen ließ. Am Ende des vorigen und im Anfang dieses Jahrhunderts war unsre allgemeine geistige Bildung unserer politischen Entwicklung weit vorangeeilt; jene fand ihr Ideal in der freien menschlichen Persönlichkeit, und dieses Ideal war der Nation mit der feurigsten Beredsamkeit eingeprägt, die Bedeutung und Würde des Staates dagegen waren in Deutschland außerhalb der Grenzen des alten Preußens wenig bekannt, und ihre theoretische Verkündigung konnte keine Gläubigen finden gegenüber einer Wirklichkeit, die staatlich nur Nichtigkeiten, wenn nicht schlimmeres, aufzuweisen hatte. Derselbe mächtige Zug zur Freiheit der Persönlichkeit, welcher rein geistig unsre allgemeine Bildung beherrscht, feierte mit dem Sieg der französischen Revolution auch politisch die höchsten Triumpfe, und nachdem die Stürme der Revolution vorübergebraust waren, wurde die volle persönliche Freiheit der Staatsbürger als die vermeintliche schuldhafte Urheberin der überstandenen Schrecken so beargwohnt und einzuschränken gesucht, in gedankenloser Reaction wurde für den schnödesten Eigennutz, für bequeme Trägheit, zu Gunsten unsinniger Beschränkungen so oft die Staatsautorität eingesetzt oder gar das Wesen der Staatsgewalt selbst in der Erhaltung unmöglicher Zustände gesucht und gefunden, daß man sich nicht wundern kann, wenn in den Augen der Vorkämpfer für das Neue der Werth der persönlichen Freiheit immer höher stieg und die Staatsgewalt für sie ein Gegenstand eher des Mißtrauens und der Abneigung als der Liebe wurde. Das hat sich jetzt vollständig geändert. Der liberalen Auschauungsweise gilt heute der Staat als die umfassendste und deshalb oberste menschliche Gemeinschaft, welche sich allen menschlichen Zwecken dienstbar macht, und welche für den Einzelnen nicht etwa nur die äußere Bedingung für die Entfaltung seiner Menschlichkeit, ein bloßes Mittel für einen Zweck ist, sondern in welcher der Einzelne erst die überhaupt mögliche höchste Vollendung seines Wesens finden kann, die eben nicht in der Vereinzelung und absoluten Ungebundenheit, sondern nur im Staat und in der durch den Begriff desselben von selbst gegebenen Beschränkung zu erreichen ist. Der heutige Liberalismus ist darüber außer Zweifel, daß bei aller Anerkennung des Werthes und des Rechts jeder individuellen Bildung doch die Volkserziehung im Großen zu den höchsten Aufgaben des Staates gehört, nur ihm möglich ist und in positivem nationalem Sinne geleitet werden muß. So abgeneigt er der patriarchalischen Bevormundung der Einzelnen ist in Gebieten, welche sie für sich allein zu beherrschen vermögen, so wenig trägt er Bedenken, für alle geistigen, sittlichen, materiellen Aufgaben des Lebens, welche ihre Kräfte übersteigen, die Staatsgewalt in Anspruch zu nehmen, und dem Einzelnen Beschränkungen aufzuerlegen, nicht nur um das formale Recht, sondern auch um das Wohlergehen der andern und des Ganzen zu schützen. Das frühere so unerquickliche Markten der Liberalen um die Wehrkraft des Staates, die freilich in den deutschen Kleinstaaten die Ehrenstellung einer nationalen nicht in Anspruch nehmen konnte, hat aufgehört; mögen auch zwischen ihnen und andern Partheien und selbst in ihren eigenen Reihen die Ansichten über das Nothwendige und Zweckmäßige vielfach auseinander gehen, so bekennen sie sich doch alle unbedingt zu dem Grundsatz, daß dem Reich seine Wehrkraft nicht verkümmert werden darf, und sie fühlen so warm wie irgend eine andere Parthei, daß die Hingabe der ganzen Persönlichkeit an den vaterländischen Waffendienst nicht als ein leidiges Opfer, sondern als die höchste Ehre des Mannes zu betrachten ist. Wenn der Liberalismus auch heute noch für seine alte Fahne, welche ihn zur Vertheidigung der individuellen Freiheit verpflichtet, gelegentlich mit größerer Wärme als für die Ansprüche des Staates eintritt, so sucht er doch auch diesen gerecht zu werden und betrachtet nicht mehr die möglichst unbeschränkte Freiheit der Einzelnen an sich als höchstes Ziel, sondern bemüht sich um eine Organisation des Staates, bei welcher derselbe unbeschadet seiner Kraft und ohne Nachtheil für seine Aufgaben seinen Angehörigen die größtmögliche Summe persönlicher Freiheit zu gewähren vermöge.

Bestand die theoretische Fortbildung des Liberalismus wesentlich darin, daß er von bloßen Abstractionen zu geistigem Verständniß der Staatswirklichkeit sich zu erheben bestrebt war, so kam ihm für diesen Entwicklungsgang die Berührung mit dem praktischen Leben sehr zu statten. Die liberale Parthei mag, darin der ultramontanen vergleichbar, ursprünglich mehr durch die propagandist verbreiteten Ideen ihrer geistigen Häupter und Führer, als durch den spontanen Trieb der Massen zusammengebracht worden sein, sie folgt aber nicht, darin den Ultramontanen völlig entgegengesetzt, ihren Führern auf Treu und Glauben, wie durch und an ein Dogma gebunden, sondern sie ist von einem selbständigen Geiste belebt, welcher eine Einwirkung auch von unten nach oben mit sich bringt. Die Ideen des Liberalismus, ursprünglich von Einzelnen wissenschaftlich gefunden und erfaßt, verlieren bei ihrer Verbreitung in weitere und immer weitere Kreise nicht nur selbstverständlich an geistiger Schärfe, sondern sie werden auch durch die derber realistischen Anschauungen und Bedürfnisse des praktischen Lebens inhaltlich modifizirt, und die Häupter und Führer der Parthei nehmen diese Modifikationen in ihr System auf eben so sehr aus dem äußeren Grund, um die Parthei zusammenzuhalten, als weil sie durch die aus dem Leben gewonnenen Erfahrungen sich innerlich überzeugen lassen. Schon der Umstand, daß die Parthei lange nicht mehr mit der Vorliebe wie vor einem halben Jahrhundeet reine Theoretiker, geradezu hervorragende Lehrer der Staatswissenschaften, der Jurisprudenz, der Geschichte an ihrer Spitze sieht, sondern ihre Führer lieber unter Praktikern sucht, ist characteristisch. Aber auch sachlich ist der wachsende Einfluß des Lebens auf den Inhalt des Partheiprogramms nicht zu verkennen, namentlich z. B. in wirthschaftlichen Fragen tritt derselbe sehr deutlich hervor. Wenn die Liberalen heut einem umfassenden System indirekter Steuern im Ganzen geneigter gegenüber stehen, als vor 10—12 Jahren, so hat dabei unzweifelhaft der Druck von unten aus der Masse der Parthei stark mitgewirkt, und in den Fragen der gewerblichen Organisation im weitesten Sinn dieses Wortes üben die unabweislichen Forderungen des Lebens fortwährend einen mildernden Einfluß auf die Reinheit der Grundsätze aus. In rein politischer Beziehung haben Trieb und Wille der liberalen Gesammtparthei wesentlich dazu beigetragen, die prinzipiellen Bedenken zu überwinden, welche ihre parlamentarischen Vertreter gegen Zulassung des in dem Sozialistengesetz enthaltenen Ausnahmsrechtes oder früher gegen die gesetzliche

Feststellung der Stärke des Reichsheeres auf längere Zeit gehegt hatten. Zu diesen und ähnlichen Resultaten haben sicher das Ruhebedürfniß nach den beispiellosen Erlebnissen des letzten Jahrzehnts und vielleicht in noch höherem Grad das unbedingte Vertrauen wesentlich beigetragen, welches die große Mehrheit des deutschen Volkes im liberalen sowohl wie im konservativen Lager dem Reichskanzler entgegenbringt; eben so gewiß ist aber, daß der Prinzipienstreit als solcher für die außerparlamentarische Gesammtheit der liberalen Parthei sehr viel von dem Reiz verloren hat, welcher ihn früher in ihren Augen umgab. Befriedigt durch das Errungene, durch die Erfahrung belehrt, wie schwer jeder reale Fortschritt im Staatsleben fällt, und im Bewußtsein der Pflicht, die gewonnenen, unermeßlich werthvollen Güter nicht durch unnöthigen Streit zu gefährden, übt sie ihren Einfluß in der Richtung aus, daß auch der parlamentarische Kampf zwar den prinzipiellen Partheistandpunkt nicht Preis gebe, aber doch auf das praktisch Mögliche und Nothwendige sich beschränke. Die Fortschrittspartei ist auch heute noch dem Cultus des reinen Prinzips ergeben, ihre unermüdlichen Versuche, neue Anhänger für diesen Standpunkt zu gewinnen, hatten aber bisher sehr geringe Erfolge.

Sehr interessant und bedeutungsvoll für die Entwicklung des Liberalismus sind seine Beziehungen zu dem Beamtenthum, welche zwischen naher Befreundung und scharfem Gegensatz hin- und herschwankend jedenfalls bei seiner Betrachtung nicht außer Acht gelassen werden dürfen. Bekanntlich werden bei uns in Deutschland alle wesentlichen Geschäfte der Staatsverwaltung nicht durch die Staatsbürger selbst oder durch einen einzelnen zur Erledigung derselben vorzugsweise herangezogenen politischen Stand, sondern durch Personen geführt, welche den verschiedensten Gesellschaftskreisen entstammend die Besorgung der Staatsgeschäfte als ihre eigentliche Lebensaufgabe betrachten und dieselbe auch in dem Sinn zu ihrem Beruf machen, daß sie für ihren Dienst, welchem sie ihre ganze Kraft widmen, auch eine ihren Lebensunterhalt sichernde Vergütung vom Staat erwarten und erhalten. Unsre deutschen Berufsbeamten haben, nachdem seit dem Elend des dreißigjährigen Kriegs alle bis dahin lebendigen politischen Kräfte in unheilbares Siechthum verfallen waren, als Gehilfen und Organe des Königthums in Wahrheit unsern heutigen Staat geschaffen, und sie sind es, welche ihn auch jetzt noch, so viel reicherer und lebenskräftigerer Organe als vor einem Jahrhundert er sich zu erfreuen hat, im Wesentlichen durch ihre Arbeit im Gang erhalten. Dieses Berufsbeamtenthum verdankt seiner Geschichte, mag dieselbe immerhin durch manchen recht häßlichen Flecken unfähiger Schwäche oder gewissenlosen Streberthums entstellt werden, doch ein sicheres und stolzes Standesgefühl und hat sich durch seine Leistungen eine einflußreiche und machtvolle Stellung in unsern Staaten begründet, welche durch die Einführung der constitutionellen Verfassung einigermaaßen abgeschwächt, aber keineswegs beseitigt wurde. Waren die Beamten früher, obgleich sie die öffentliche Gewalt nie Kraft eignen Rechts, sondern immer nur auftragsweise auszuüben hatten, doch die eigentlich regierende Klasse, so ist jetzt ein großer Theil der Herrschaft auf die Träger der constitutionellen Gewalten übergegangen, und das constitutionelle System ist an sich dem Beamtenthum ungünstig, denn es verlangt freie politische Action des Staatsbürgers, gerade diese aber ist für den Beamten nur in sehr beschränkter Weise möglich. Anderer Seits ist ein Ersatz für das Beamtenthum nicht vorhanden und kann auch durch Ausdehnung der Selbstverwaltung, abgesehen davon daß die wichtigsten Aemter derselben in die Hand von politisch allerdings unabhängigeren Berufsbeamten gelegt zu werden pflegen, nur in sehr beschränkter Weise gefunden werden. Auch heute noch wird der weit überwiegende Theil aller Staatsgeschäfte mit relativer Selbständigkeit innerhalb der geordneten Zuständigkeitskreise von unsern Beamten berufsmäßig besorgt und damit von ihnen der sehr bedeutende Einfluß auf unser Staatsleben ausgeübt, welcher immer und untrennbar mit der Arbeit verbunden ist. Die Wirksamkeit unserer Beamten, denen wir eine einsichtige, unbestechliche, pflichttreue Staatsverwaltung verdanken, wie sie vollkommener schwerlich jemals bestanden hat, ist für unser gesammtes Staatsleben von so entscheidender Bedeutung, daß ein durch eigne oder fremde Schuld veranlaßtes Sinken des Beamtenthums in seiner geistigen Leistungsfähigkeit oder in seiner moralischen Würde unsern staatlichen Verhältnissen eine durch keinerlei politische Institutionen auszugleichende Schädigung bereiten würde. Ja das Beamtenthum spielt in unsern Staaten eine so hervorragende Rolle, daß wir selbst die eigentlichen Leiter und Lenker der Staatsgeschäfte vorzugsweise aus seiner Mitte zu entlehnen genöthigt sind und, obgleich der Stand als solcher zu freier politischer Action nicht geeignet ist, doch auch die eigentlich politische Thätigkeit nicht weniger seiner Angehörigen nicht entbehren können.

Unsere Beamten bereiten sich zur Besorgung der Staatsgeschäfte, welche sie sich zur Lebensaufgabe machen, förmlich und systematisch vor, bringen also in ihr Amt die Ideen mit, welche zu der entsprechenden Zeit über den Staat, über das, was er ist und sein soll, über seine Aufgaben, Mittel und Grenzen in der Theorie die herrschenden sind. In ihrer dienstlichen Thätigkeit täglich auf ganz konkrete Aufgaben der harten Wirklichkeit hingewiesen, kommen sie freilich gar bald in die Lage, ihre theoretischen Vorstellungen mannigfach modifiziren zu müssen; viele von ihnen versauern unter der Last des ewigen Einerlei und verzichten darauf, andere Gedanken oder Absichten zu haben, als die Maschine in dem überlieferten Gang zu erhalten; alle, und die energischsten Köpfe am meisten, lassen gern den fördernden Einfluß der Erfahrung auf sich zu, dennoch bleibt es für die Durchschnittsanschauungen des Standes von größter Bedeutung, daß seine Angehörigen ursprünglich nicht vom Standpunkt einzelner praktischer Interessen aus dem Staatsgetriebe näher traten, sondern von der geistigen, idealen Auffassung des Staatsganzen ihren Ausgangspunkt nahmen. Auch in seiner Amtsführung selbst wird der Beamte fortwährend und unwillkürlich darauf hingewiesen, sich als Repräsentanten der Staatsidee an sich in irgend einer ihrer Anwendungen zu betrachten, denn er hat keine andere Gewalt und ordentlicher Weise kein anderes Interesse, als die amtlichen. Mögen da oder dort zu einzelnen und dann allerdings meist zu den einflußreichsten Aemtern, vorzugsweise nur Angehörige der aristokratischen Kreise berufen werden und mögen diese ihren überlieferten Standesansichten bewußt oder unbewußt einen gewissen Einfluß auf ihre Amtsführung gestatten, es sind das Ausnahmen, welche den Durchschnittscharacter der Amtirung nur wenig zu modifiziren vermögen. Es gehört zu den besten Vorzügen unserer deutschen Staatseinrichtungen, daß die Staatsverwaltung nach der ganzen Art der Organisation des öffentlichen Dienstes nur von der Idee und den Interessen des Staates, nicht von den Sonderinteressen einer herrschenden Klasse ausgehen kann.

Nach allem dem sollte man erwarten, die Beziehungen des Liberalismus zu dem Beamtenthum könnten nur freundlicher Art sein; beide gehen ursprünglich von ziemlich identischen Ausgangspunkten aus, und wird auch dieses durch die ihm obliegende hart realistische Arbeit rascher und vollständiger als jener einer spezifisch ideellen Betrachtung der Dinge entwöhnt, so vertritt es doch, darin dem Liberalismus wieder ganz nahe rückend, in seinem Realismus den Gedanken des Staats an sich und ohne Bezug auf besondere Interessen, und die Verbindung zwischen beiden wird dadurch noch erleichtert, daß die wichtigsten Aemter der Selbstverwaltung thatsächlich in der Regel an Männer übertragen werden, welche nach Bildungsgang und Lebensstellung den Berufsbeamten sehr nahe stehen, politisch aber von der Regierung unabhängig und deshalb zur Theilnahme am Partheileben geeigneter sind, als die eigentlichen Staatsbeamten. Wenn dessen ungeachtet die liberale Parthei nicht selten in ziemlich schroffen Gegensatz zu dem Beamtenthum gerieth, so fehlt es, auch abgesehen von wirklichen Verfehlungen auf der einen oder der andern Seite, nicht an genügenden Erklärungsgründen. Das Beamtenthum ist der natürliche Vertreter der Staatsgewalt und kommt als solcher nicht nur mit der Vorliebe des Liberalismus für die individuelle Freiheit leicht in Collision, sondern es neigt auch bei der Frage der Vertheilung der öffentlichen Gewalt zwischen Regierung und Volksvertretung naturgemäß mehr auf die Seite der ersten. Die zeitweise vorhanden gewesene Abneigung eines großen Theils der Beamtenschaft gegen den Constitutionalismus ist wohl verschwunden, eine gewisse Eifersucht zwischen den Vertretern der amtlichen und der parlamentarischen Macht, welche bei uns neben einander bestehen, ohne daß die eine die andere sich entschieden unterzuordnen vermöchte, liegt aber in der Natur der Dinge. Vielleicht hätten die Conservativen, deren Vorfahren vor Jahrhunderten die Ausübung der öffentlichen Gewalt aus ihrer Hand in die der Beamten übergehen sahen, mehr Ursache, einer solchen Regung nachzugeben, als die Liberalen, welche umgekehrt durch ihre parlamentarischen Bestrebungen die Macht des Beamtenthums erheblich beschränkt haben und in demselben jetzt eine in manchen Beziehungen ihnen verwandte Kraft anzuerkennen hätten. Die Liberalen sind aber die lebhafteren Vertreter des konstitutionellen Wesens und gerathen dadurch häufiger in Gegensatz mit dem Beamtenthum und entgehen dabei nicht immer der Gefahr, die große Bedeutung desselben für unser Staatsleben zu unterschätzen. Unter normalen Verhältnissen stehen sich aber die liberale Parthei und das Beamtenthum, so viele Differenzpunkte zwischen ihnen vorhanden sein mögen, relativ nahe. Es ist für die Liberalen ein großer Vortheil, daß die in Wahrheit noch immer regierende Klasse den Staat und dessen Aufgaben vielfach in einem ihnen verwandten Sinn auffaßt. Der Parthei ist dadurch die Erreichung vieler ihrer Ziele, in so weit sie zugleich Regierungsziele waren, außerordentlich erleichtert worden, und nicht minder groß ist der Gewinn, welchen sie aus ihren auf jener Verwandtschaft beruhenden persönlichen Beziehungen zu dem Beamtenthum gezogen hat. So ziemlich überall in Deutschland ist sie unter wesentlicher Mitwirkung von Beamten begründet worden und zählt noch jetzt in ihrer Mitte und selbst unter ihren Führern nicht wenige Beamte, welchen sie sichere Einsicht in alle Einzelnheiten des Staatslebens und seine Bedürfnisse verdankt, sowie dieselben dem zu liberalen Grundsätzen sich bekennenden Sachverständigen sich darstellen. Die mangelhafte Kenntniß der Staatspraxis, eine mit dem Ausgangspunkt der liberalen Parthei unvermeidlich gegebene Schwäche, kann durch die Theilnahme an dem praktischen Staatsleben im Parlament nach einer Seite hin verbessert werden; die Einseitigkeit der parlamentarischen Erfahrungen in zeitweiser Uebung der Regierungsgewalt zu ergänzen, ist aber der Parthei als solcher nicht möglich, um so wichtiger ist es für sie, daß sie äußerlich und innerlich zu dem Beamtenthum in Beziehungen steht, welche ihr dessen Erfahrungen für ihre Zwecke zugänglich machen.

Die Fähigkeit und die Geneigtheit, neben der theoretischen Ueberzeugung auch das praktische Bedürfniß und die thatsächlichen Zustände zu berücksichtigen, war selbstverständlich von jeher auch unter den Liberalen vertreten, und in diesem Sinne gab es unter denselben, so lange sie in Deutschland als politische Parthei existiren, von jeher auch Nationalliberale, lange bevor dieser Namen oder das jetzt der Parthei angehörende Programm bekannt war. Was aber lange Zeit mehr Sache des Temperaments oder der persönlichen Auffassungsweise oder Einsicht der Einzelnen war, ist allmälig namentlich seit dem Franfurter Parlament unterscheidendes Merkmal einer bestimmten Partheigruppe innerhalb des Liberalismus geworden. Man wird das Wesen der nationalliberalen Parthei dahin characterisiren können, daß sie ganz im Geist und nach der Art des Liberalismus überhaupt von theoretischen, in letzter Instanz durch wissenschaftliche Forschung gefundenen und festgestellten Ueberzeugungen über den Staat ausgeht, daß sie dabei aber in richtiger Würdigung der absolut praktischen realen Natur ihrer Aufgaben grundsätzlich bestrebt ist, auf die gegebenen Verhältnisse einschließlich der abweichenden Meinungen anderer durch Masse oder Gewicht im Staat bedeutender Factoren die gebührende Rücksicht zu nehmen. Das die Parthei formirende und sie treibende Element ist die ihr innewohnende, gemeinsame theoretische Ueberzeugung; diese ist aber nicht nur fortwährend jeder Berichtigung durch die Erfahrung zugänglich, sondern sie soll selbst mit solcher

Berichtigung nicht um ihrer selbst willen verwirklicht werden, sondern nur insofern und in soweit sie als eine, ohne Schädigung anderer Interessen erreichbare Verbesserung der thatsächlich gegebenen Verhältnisse sich darstellt. Die in den Partheistandpunkt selbst aufgenommene, mit demselben untrennbar verwachsene Berücksichtigung jeder Realität erhebt die Nationalliberalen erst von einer theoretischen Sekte zu einer wirklichen brauchbaren politischen Parthei; darin liegt ihr unterscheidendes Merkmal von der Fortschittspartei, während die Mehrzahl der Liberalen, die im Reichstag keiner der beiden Fractionen angehören, in der entscheidenden Beziehung auf dem Standpunkt der Nationalliberalen steht. Es braucht übrigens kaum hervorgehoben zu werden, daß das Band, welches die letzteren untereinander zusammenhält und gegen andere Parheien abschließt, seiner Natur nach sehr dehnbar ist, indem es eine Combination zweier an sich auseinander strebender Gesichtspunkte enthält. Daraus erklärt es sich, daß die Haltung der Parthei verhältnißmäßig starken Schwankungen ausgesetzt ist, je nach dem unter wechselnden Verhältnissen bald die eine bald die andre Seite des in ihrem Wesen gelegenen doppelseitigen Prinzips stärker hervortritt, so wie, daß sie in ihrem Innern vielleicht stärkere Differenzen als die meisten andern Partheien zu überwinden hat, wenn ihre einzelnen Mitglieder jene beiden verschiedenen Seiten verschieden stark vertreten. Diese Verschiedenheit der Auffassung hat jetzt sogar mehrere Mitglieder, welche übrigens weniger durch ihre Zahl als durch ihre persönliche Bedeutung in's Gewicht fallen, veranlaßt, sich förmlich von der Parthei loszusagen, wie dies der wohl zu derselben Gruppe zu rechnende Abgeordnete Lasker schon vor einem Jahre gethan hatte. Die Erklärung, mit welcher die Sezessionisten ihren Schritt begleitet haben, ist zu unbestimmt, als daß daraus die künftige Stellung derselben mit Sicherheit zu erkennen wäre; nur so viel scheint außer Zweifel, daß sie ihre theoretischen Ueberzeugungen zunächst in der Handelspolitik oder allgemeiner in wirthschaftlichen Fragen, aber auch in rein politischer Beziehung zur Vertheidigung eines „wahrhaft constitutionellen Systems" reiner und rücksichtsloser zu vertreten beabsichtigen, als es bisher von der Gesammtparthei geschehen ist. Die darin gelegene Gefahr, die Sezessionisten auf den Standpunkt der Fortschrittsparthei hinübergedrängt zu sehen, läßt sich nicht verkennen; entspricht es doch bereits vollständig diesem Standpunkt, wenn diejenigen, welche bisher nicht im Stande waren, im Reichstag oder auch nur innerhalb der eignen Parthei die Mehrheit für ihre Ansicht zu gewinnen, daraus Anlaß nehmen, dieselbe nur um so schärfer zuzuspitzen. Die Folgen der Sezession für die nationalliberale Parthei bestehen zunächst in einer Schwächung derselben, welche um so empfindlicher ist, als die Lage der Parthei ohnehin schon im Vergleich mit den vorangegangenen Legislaturperioden sich merklich verschlimmert hatte. Weit bedenklicher sind die Aussichten für die nächsten Wahlen, bei welchen die Sezessionisten kaum werden umhin können, mit voller prinzipieller Schärfe die theoretischen Ueberzeugungen hervorzukehren und zur Geltung zu bringen, welche nicht getheilt oder nicht rücksichtslos genug vertreten zu haben, sie ihren früheren, nunmehr von ihnen zu bekämpfenden Genossen zum Vorwurf machen. Bei dieser Gelegenheit wird es sich entscheiden, ob die Parthei in ihrem Grundwesen, welches in dem grundsätzlichen Bestreben der Vermittelung zwischen dem theoretischen Ideal und der Wirklichkeit besteht, sich zu behaupten vermag, oder ob diejenigen Recht behalten, welche sie als eine auf die Dauer nicht haltbare künstliche Schöpfung betrachten. Die Gefahr ist um so größer, als wenigstens in einem Punkte der Gegensatz der Meinungen zugleich ein Gegensatz der Interessen ist; die freihändlerischen Neigungen der norddeutschen Küstenländer und die schutzzöllnerischen Tendenzen der Industriebezirke und jetzt auch eines großen Theils der landwirthschaftlichen Bevölkerung sind nichts weniger als ausschließlich theoretischer Natur. Zwischen diesen einander widerstreitenden Interessen muß und wird ein entsprechender Ausgleich gefunden werden; einstweilen könnten und sollten aber die Vertreter der Freihandelsinteressen unter dem jetzt angenommenen mäßigen Schutzzollsystem eben so gut mit ihren über die Handelspolitik anders denkenden nationalliberalen Partheigenossen politisch zusammengehen, wie diese durch die früher herrschende freihändlerische Richtung sich nicht von dem Zusammengehen mit ihnen hatten abhalten lassen. Im Uebrigen wird das Programm der nationalliberalen Parthei, mit welchem sie bisher so glänzende Erfolge erzielte, auch in der Zukunft als haltbar und als nothwendig sich erweisen. Die Gegensätze, welche in ihr leben, sind nicht ein Krankheitssymptom, Keime einer unvermeidlichen Auflösung, sondern sie gehören zum Wesen der Parthei, deren Aufgabe es ist, sie zu vermitteln; jene Gegensätze schließen sich wechselseitig nicht aus, sondern ergänzen sich, und die in schwerer Arbeit gewonnene Erkenntniß, daß jede praktische politische Wirksamkeit durch gleichzeitige Berücksichtigung der Wirklichkeit neben dem Ideal bedingt ist, wird für die überwiegende Mehrheit der Liberalen sicher nicht verloren sein. Schon das Bewußtsein, daß unsere nationale Entwicklung kaum durch irgend etwas anderes schlimmer geschädigt werden könnte, als wenn die nationalliberale Parthei ihre bisherige besonnene Mitarbeit versagte, genügt, um dieselbe, welche durch einen sehr starken nationalen Zug zuerst ihr eigenthümliches Gepräge erhalten hat und fortwährend in ihrer ungetheilten Gesammtheit beherrscht wird, an der erprobten Richtung festzuhalten.

Es ist characteristisch und ehrenvoll für die Parthei, daß sie wesentlich durch ihren nationalen Zug zuerst zur grundsätzlichen Beschränkung ihres ursprünglich rücksichtsloseren theoretischen Programms gelangt ist. Auch dieser Zug mit seinen Wirkungen reicht weit über die Geburtsstunde der heutigen nationalliberalen Parthei zurück; er ist bis in das Frankfurter Parlament zurück zu verfolgen, in welchem überhaupt die Scheidung der deutschen Liberalen in bestimmt und scharf geschiedenen Gruppen zuerst sich vollzog, und in welchem die Väter der heutigen Nationalliberalen um ihres großen nationalen Zieles willen von den Forderungen der liberalen Theorie so viel aufzugeben riethen, als nöthig sei, um die praktische Hauptsache zu erreichen. Sie sind dennoch nicht zu ihrem Ziel gelangt; jedenfalls trifft aber die Schuld des Mißerfolgs, wenn sie auch an derselben mitzutragen haben, nicht sie allein, und sie vielleicht am wenigsten unter allen Partheien; dagegen kommt ihnen, wie eine spätere Zeit unbefangener als die Gegenwart dankbar anerkennen wird, unbestreitbar das Verdienst zu, mehr als irgend eine andere Parthei für die politische Erziehung der Nation geleistet zu haben. Dieselbe Gruppe der Liberalen war es sodann, welche aus der Entmuthigung der fünfziger Jahre heraus zuerst wieder für den großen nationalen Gedanken in die Schranken trat und unter schwerem Ringen mit mannigfaltigen abweichenden Ansichten selbst in ihrer eigenen Mitte schon vor den Jahren 1866 und 1870 immer weitere Kreise für die Ueberzeugung gewann, daß nur unter der Führung des mächtigsten rein deutschen Staates, Preußens, das erstrebte Ziel zu erreichen sei. Dann versagte aber die Parthei allerdings in dem entscheidenden Moment, obgleich die Politik Bismarck's gegenüber dem Frankfurter Fürstentag und seine wunderbaren Erfolge in Schleswig-Holstein bereits seine Ziele und die eminente Kraft ahnen ließen, mit welcher er dieselben zu verfolgen verstand und entschlossen war. In ganz Süddeutschland waren im Jahr 1866 die Liberalen, einschließlich der als Kleindeutsche bezeichneten streng nationalen Gruppe, in unbegreiflicher Verblendung gegen die nicht nur ihre nationalen, sondern auch ihre liberalen Tendenzen bedrohenden Gefahren, mit völlig vereinzelten Ausnahmen in das österreichisch-bundestägliche Lager übergegangen, und selbst in Preußen erfuhr die Regierung bei dem berechtigtsten Kampfe, für den je das Schwerdt gezogen wurde, bis zuletzt nur Hemmung von der liberalen Parthei, bis die unmittelbare Bedrohung des Vaterlandes den altbewährten Heroismus der preußischen Bevölkerung wachrief und unter der Glorie des böhmischen Feldzugs und den alles kühnste Hoffen weit übertreffenden politischen Erfolgen desselben die zur Versöhnung gebotene Hand des eisernen Kanzlers nicht mehr zurückgewiesen werden konnte und seine Einladung zu gemeinsamer Arbeit dankbar angenommen werden mußte. Die Tugenden und Schwächen der nationalen und liberalen Parthei können nicht in schärferem Lichte hervortreten, als es damals der Fall war. Es ist uubestreitbar ihr Verdienst, daß sie am entschiedensten unter allen Partheien und von lange her die engere und festere Zusammenfassung der deutschen Einzelstaaten zu einem politischen Ganzen als ein absolut zu befriedigendes nationales Bedürfniß erkannt und vertreten hatte. Der nationale Gedanke in Deutschland ist die mit klarem Bewußtsein groß gezogene Frucht unserer gesammten nationalen Cultur und konnte, wie die Dinge lagen, kaum auf einem anderen minder theoretischen Wege gewonnen werden, und es ist deshalb sehr begreiflich, daß er die lebhafteste und freudigste Vertretung bei derjenigen Parthei fand, welche weniger durch gegebene, reale politische Interessen als durch gemeinsame ideale politische Ueberzeugungen zusammengehalten war und bis zur Stunde ist. Gewiß gab es auch unter den preußischen Conservativen Männer, welche die Unhaltbarkeit der Lage ihres für einen Mittelstaat viel zu mächtigen, für einen Großstaat zu machtlosen Vaterlandes erkennend, die Erweiterung preußischer Herrschaft in Deutschland durch politische Angliederung einer größeren oder kleineren Anzahl von Mittel- und Kleinstaaten an Preußen in irgend einer Form als nothwendig erkannten und erstrebten, und denkt man sich dieses Bestreben auf das ganze jetzige Deutschland mit Erfolg ausgedehnt, so hätte es auf dem Weg strenger Realpolitik national zu demselben Ziele geführt, das jetzt unter Mitwirkung anderer Kräfte glücklich erreicht ist. Aber abgesehen davon, daß in den Kreisen der preußischen Conservativen doch auch ein mit jenem Streben nicht wohl vereinbarer Geist spröder Absonderung gegen alles Fremdartige stark vertreten war, lag in dem ganzen Standpunkt mit fast unabweisbarer Nöthigung die Beschränkung auf das militärisch-politische Nothwendige; ihm erschien Süddeutschland naturgemäß im Lichte einer Schwierigkeit. Die tiefe Sehnsucht unseres Volkes nach nationaler politischer Einigung, so gewiß sie von Anhängern aller Partheien getheilt wurde, fand ihren reinen und vollen Ausdruck, soweit die Partheien als solche in Betracht kommen, doch nur bei der nationalen und liberalen Parthei. So schwer für die Entscheidung Bayerns im Jahre 1870 der hochherzige Entschluß seines Königs in die Wagschale fiel, doch würden dort und in ganz Süddeutschland ohne die erzieherische Wirksamkeit des Liberalismus die Dinge wahrscheinlich einen sehr viel minder günstigen Verlauf genommen haben. Der politische Idealismus der liberalen Parthei hat die geistig-sittliche Atmosphäre geschaffen, in welcher weit über die denkbar fernsten Grenzen Großpreußens hinaus die Realität unseres nationalen Staates, durch das wiedergewonnene Reichsland auch militärisch gesichert, herangereift ist. Dicht neben dem Verdienst, die Errungenschaften unserer Tage wesentlich vorbereitet zu haben, tritt aber in den Entscheidungstagen des Jahres 1866 auch die Schattenseite des deutschen Liberalismus, seine Unsicherheit und Schwäche im politischen Handeln im Gegensatz zu der Idealität seiner Ziele und dem Reichthum seiner theoretischen Erkenntniß in bedenklicher Weise hervor. Die staatsmännische Größe Bismarck's hat sich vielleicht nie glänzender bewährt als dadurch, daß er sofort nach den entscheidenden Erfolgen des Jahres 1866, unbeirrt durch die langwierige und erbitterte Fehde, in welche er bis dahin mit den Liberalen verwickelt war, den gemäßigten und zum Ausgleich bereiten Elementen unter denselben die Hand reichte und gewissermaaßen die Pathenstelle bei der heutigen nationalliberalen Parthei übernahm. Es ist ein äußerst seltener Fall, daß eine politische Parthei, in einem historischen Wendepunkt durch die Thatsachen widerlegt und äußerlich besiegt, sofort von dem Sieger als einflußreicher Mitarbeiter zugelassen wird; die nationalliberale Parthei hat dieses seltene Glück, wenn nicht der Großmuth, dann der überlegenen, jeder Befangenheit spottenden politischen Einsicht des Reichskanzlers zu verdanken, welcher sofort erkannte, daß er bei dem von ihm zu gründenden Neubau ihrer wesentlichen Mitarbeit nicht entrathen könne. Er selbst hat bei den bewegten politischen Diskussionen, welche im vorigen Jahre die Tarifreform begleiteten, mit gewohnter Offenheit es ausgesprochen, daß er, so sehr er von der Nothwendigkeit des constitutionellen Systems überzeugt sei, doch nicht diesem zu lieb, sondern nur darum seiner Zeit um Indemnität nachgesucht habe, weil dies der geeignetste Weg zu seinem großen Ziele, der Einigung Deutschlands und der Stärkung des geeinigten Deutschlands gewesen. Ein kompetenteres Zeugniß für die vollkommene politische Berechtigung und Unentbehrlichkeit der nationalliberalen Parthei ist nicht möglich als dasjenige, welches ihr großer Gegner und Freund ihr durch die Thatsache ausstellte, daß er unmittelbar, nachdem sie den schwersten Fehler begangen, freiwillig und ohne äußere Nöthigung Versöhnung und Verbindung mit ihr suchte.

Die nationalliberale Parthei hat es verstanden, der ihr zugefallenen großen Aufgabe gerecht zu werden. Mit der Gründung des Norddeutschen Bundes bezw. des Deutschen Reichs war zunächst nur eine, namentlich für das innere Staatsleben ziemlich inhaltsleere Form gegeben, deren rasche und entschlossene Ausfüllung mit einem materiellen Inhalt eine Wohlthat, ja bis zu gewissem Grade eine Nothwendigkeit für die Erstarkung und innere Befestigung der neuen Schöpfung war. Diese Aufgabe konnte nur mit Hilfe einer Parthei gelöst werden, welche an der Neugestaltung des Staates aus der freien Initiative der Gegenwart heraus Freude und zugleich die Selbstbescheidung hat, der spröden Wirklichkeit genügend Rechnung zu tragen. Alle großen, organisatorischen Gesetze sind ja allerdings von der Regierung ausgegangen und schließlich auch von den Conservativen, wenn gleich zum Theil nicht ohne ein gewisses inneres Widerstreben, angenommen worden. Die Regierung konnte aber nicht mit der Energie vorgehen, wie es nothwendig war und wirklich geschah, wenn sie nicht eine starke Parthei hinter sich hatte, welche ihren Schaffenseifer aufrichtig theilte, eventuell, wo er zu ermüden drohte, auch anspornte und dabei doch besonnen genug war, die dargebotene Erndte lieber zusammen mit den ihr etwa anklebenden Unvollkommenheiten einzuheimsen, als sie dem Prinzip zu lieb verderben zu lassen. Selbst derjenige, welcher an der Gesetzgebung des Deutschen Reichs mancherlei auszusetzen hat, sollte doch anerkennen, daß ohne die nationalliberale Parthei unzweifelhaft dieselbe überhaupt nicht entfernt so weit entwickelt sein würde, als sie es ist, und daß gegenüber dem unendlich werthvollen stärkenden und einigenden Moment, welches in dem Vorhandensein dieser rasch sich entwickelnden Gesetzgebung gelegen ist, die etwaigen Mängel derselben sehr wenig in's Gewicht fallen.

Im Einzelnen hat die nationalliberale Parthei durchaus ihren Character bewährt; so natürlich es ihr war bei allen ihr entgegentretenden Aufgaben zunächst zu fragen, wie sie nach der reinen Idee unsres Staates zu lösen wären, so war sie doch immer bereit, das so gewonnene Resultat nach den gegebenen realen Verhältnissen zu modifiziren und schlimmsten Falles selbst einzelnes ihr Widerstrebendes hinzunehmen, wenn sonst ein nach ihrer Ansicht werthvolleres Gutes nicht zu erreichen war. So sind die sehr bedeutsamen Verbesserungen der Verfassung, namentlich die Verantwortlichkeit des Kanzlers und die Einführung eines förmlichen Budgets, in erster Linie den Bemühungen der Nationalliberalen zu verdanken, welche dagegen von der Nothwendigkeit, in dem neu gegründeten Bundesstaat die Beiträge der Einzelstaaten für das Heer absolut sicher zu stellen, sich überzeugen ließen, und welche das Zustandekommen der deutschen Verfassung um den Preis der Diätenlosigkeit der Abgeordneten, obgleich sie Bewilligung von Diäten gewünscht hatten, doch nicht für zu theuer erkauft hielten. Die systematische Unfertigkeit der Verfassung ist von ihnen alle Zeit lebhaft empfunden worden, sie sind aber doch in Anerkennung der Schwierigkeiten, welche der nun einmal nicht zu entbehrende Bundesrath jeder ernsthaften Ministerialorganisation entgegenstellt, immer davon abgestanden, einen wirklichen Druck in jener Richtung zu üben. Sie haben manchen Kampf gekämpft für die Erweiterung des Steuerbewilligungsrechts mehr noch des preußischen Landtags als des Reichstags, sie haben aber über dem Prinzipienstreit nicht versäumt, den einzigen in der Materie wirklich gemachten Fortschritt anzubahnen, daß über Behandlung der Ueberschüsse, welche für Preußen aus den Mehreinnahmen des Reichs erwartet werden, zum Voraus Bestimmung getroffen wurde, um freilich schließlich die ganze Steuerreform zu verwerfen formell wegen des Frankenstein'schen Antrags, materiell wohl eben so sehr theils aus Mißmuth über die befürchtete grundsätzliche Wandlung in der Politik des Reichskanzlers, theils aus Abneigung gegen das Sachliche der neuen Steuern. Die Nationalliberalen haben bei allen Gelegenheiten als aufrichtige und treue Anhänger und Pfleger der Reichszentralgewalt sich bewährt, ganz ungerechtfertigt ist aber der vielfach gegen sie erhobene Vorwurf des Unitarismus, nicht einmal der einer übertriebenen zentralistischen Richtung ist begründet. Bei der Annahme der Verfassung des Norddeutschen Bundes hatte die Parthei ausgesprochen, bei eventuellem

Zutritt der süddeutschen Staaten werde gegenüber der dadurch bewirkten thatsächlichen Stärkung der partikularistischen Elemente eine Stärkung auch der Zentralgewalt nothwendig werden; bei Erweiterung des Bundes zum Reich stand sie aber nicht nur von jedem dahin gerichteten Versuch ab, sondern nahm auch die über das bisher eingehaltene Maaß weit hinausgehenden Reservatrechte Bayerns hin. Alle Reservatrechte sind von ihr mit mustergiltiger Vertragstreue geachtet worden, noch jüngst hat das Hamburger Reservatrecht des Freihafens durch Beanstandung der Verlegung der Zollgrenze auf der Elbe sogar eine über die Grenzen des bestehenden Rechts hinausgehende Auslegung und Vertheidigung auf nationalliberaler Seite gefunden. Ueberhaupt ist die Parthei in ihrer Praxis in der Vertheidigung konstitutioneller und s. g. Freiheitsrechte nicht selten eifriger gewesen als in der der Einheit. Bei dem Gesetz über die Stellvertretung des Reichskanzlers war sie im Interesse des parlamentarischen Einflusses mit den Ultramontanen, welche für den Partikularismus kämpften, dafür, die Spezialstellvertreter in möglichst engen Schranken zu halten; bei dem Versuch, die Rechte des Reichs in Betreff des Eisenbahnwesens zu erweitern, ist sie, weit entfernt von dem Eifer des Unitariers für eine derartige Zentralisation, durchaus nicht geneigt, die constitutionellen Bedenken und die eventuell unerwünschten Rückwirkungen des Systems auf die wirthschaftlichen Verhältnisse zu übersehen. Sie suchte in ihrer Gegnerschaft gegen die Todesstrafe den Ausschluß derselben da, wo sie bereits gesetzlich abgeschafft war, gegen das neue gemeine Recht aufrecht zu erhalten, die Beibehaltung der Ausnahmskompetenz der Schwurgerichte in Preßsachen, da wo eine solche bestand, ist ihr in Abweichung von der allgemeinen deutschen Gerichtsverfassung gelungen. Fühlte sich heute der Liberalismus in seinen wesentlichen Grundsätzen und Ueberzeugungen durch das Reich bedroht und glaubte dagegen Schutz und Vertretung derselben bei den Einzelstaaten zu finden, so würde wahrscheinlich die alt verklungene Sage von der „Libertät der Stände", tief in die Reihen der Nationalliberalen herein gläubige Hörer finden; schon der jedenfalls nicht zurückzuweisende Zweifel, ob auch einer solchen Eventualität gegenüber die Parthei strict und unentwegt den nationalen Theil ihres Programms als die Hauptsache festhalten würde, genügt aber, um zu zeigen, wie unhaltbar der gegen sie gerichtete Vorwurf des Unitarismus ist.

Zu den characteristischsten Zügen der nationalliberalen Parthei gehört die Stellung, welche sie zu dem s. g. Culturkampf eingenommen hat. Sie stand in demselben bisher vollständig und unbedingt auf Seiten der Regierung, und wenn jüngst der preußische Theil der Nationalliberalen mit der preußischen Regierung über die weitere Behandlung der Angelegenheit in schwer auszugleichenden Widerspruch gerieth, so lag der Grund nicht darin, daß die Parthei zurückweichen wollte, sondern darin, daß sie fürchtete, die Regierung werde den bisher eingehaltenen Standpunkt aufgeben. In der That entspricht der Inhalt des gemeinen deutschen Kirchenrechts durchaus den Anforderungen, welche von dem Standpunkt der nationalliberalen Parthei aus in dieser Beziehung zu stellen sind; sie will eine möglichst genaue und gewissenhafte Grenzscheidung zwischen Staat und Kirche, so daß die letztere in ihrem kirchlich-religiösen Leben sich frei bewegen könne, in ihrem äußeren Sein aber der rechtlichen Autorität des Staats unterworfen sei. Die letzte Forderung ist durch die Natur des modernen Staates mit so unabweisbarer Nothwendigkeit gegeben, daß alle überhaupt staatsfreundlichen Partheien an derselben festhalten müssen. Characteristisch für die Nationalliberalen ist es aber, daß sie mit der Grenzscheidung bis zu dem Grad Ernst machen wollen, daß die Kirche auch für den Fall, wenn einmal das zeitige Kirchenregiment mit der zeitigen Staatsregierung vollständig Hand in Hand ginge, doch auf das wirklich kirchlich-religiöse Gebiet beschränkt und jeder politischen Macht entkleidet bliebe. Die Forderung dieser wirklichen und wahrhaftigen Grenzscheidung und aller irgend möglichen und wirksamen Cautelen zu ihrer Aufrechterhaltung bringt die Parthei in einen sehr entschiedenen Gegensatz zu den meisten andern Partheien. Der Radikalismus, welcher in seiner Unterschätzung der Bedeutung der Kirchen dieselben wie gewöhnliche Vereine glaubt behandeln zu können, betrachtet die Schutzwehren, welche die Nationalliberalen zu errichten bemüht sind, als ängstliche Polizeimaßregeln, ohne zu erkennen, daß sie, weit entfernt, die persönliche Freiheit zu beeinträchtigen, zum Schutz derselben unentbehrlich sind. Eine gewisse konservative Richtung sieht in den Schranken gegen Uebergriffe der kirchlichen Gewalt ein beklagenswerthes Hinderniß, dieselbe, wenn einmal ein Ausgleich mit ihr gelungen wäre, zu politischen Zwecken zu verwerthen, und tadelt als Mißachtung der Kirche Maaßregeln, welche nicht das kirchliche Leben hemmen, sondern nur die Ausbeutung desselben zu politischen Zwecken verhindern sollen. Den Ultramontanen, für welche Kirche und hierarchische Herrschaft untrennbar zusammengehören, erscheint die Parthei, welche die Kirche auf ihren natürlichen Inhalt zurückgeführt wissen will und grundsätzlich und unerbittlich jede hierarchische Herrschaft bekämpft, selbstverständlich schon deshalb als die schlimmste Feindin der Kirche, und so wenig dieser Vorwurf zutrifft, so richtig ist es, daß die Nationalliberalen die eigentlichsten und die gefährlichsten Gegner des Ultramontanismus sind, indem sie prinzipiell die Grundlage desselben angreifen. Die nationalliberale Parthei selbst aber kann die Grundsätze, von welchen sie bei dem Culturkampf sich leiten läßt, nach ihrem ganzen Wesen niemals aufgeben, im Gegentheil, dieselben bilden vielleicht die stärkste und zukunftsicherste Position ihres gesammten Programms. Der Widerstreit zwischen den Interessen der Staatsgewalt und denen der individuellen Freiheit ist nicht selten ein Hinderniß für die energische staatliche Action der Parthei; hier fällt dieser Widerstreit ganz weg; die Staatsgewalt kann den Sieg über hierarchische Anmaßungen nur mit Hilfe der persönlichen Gewissensfreiheit der Einzelnen gewinnen, die geborenen Vertheidiger der letztern — und das sind die Liberalen — sind deshalb in diesem Kampf zugleich die zuverlässigsten und stärksten Stützen der Staatsgewalt.

Sehr bedeutend und characteristisch sind die Leistungen der Nationalliberalen auf dem Gebiet der regulären Gesetzgebung. Es wird kaum irgend ein erhebliches Gesetz vorhanden sein, das nicht durch die einsichtige und fleißige Arbeit der Parthei an Correctheit gewonnen hätte, namentlich war sie überall und unermüdlich thätig für eine möglichst sichere und genaue Umgrenzung der Regierungsgewalt in dem doppelten Interesse der politischen und der persönlichen Freiheit. Ihren Bemühungen ist es gelungen, weit gehende Garantien für die parlamentarische Redefreiheit herzustellen, und sie ließ auch nicht aus Furcht vor Mißbrauch zu einer Verkümmerung derselben sich bestimmen. Sie war immer eine entschiedene Vertheidigerin der Preßfreiheit, und wenn sie auch zu ernstlicher Repression wirklichen durch die Presse begangenen Unrechts stets bereit war, so lehnte sie doch entschieden alle Versuche ab, durch vage, der sicheren Umgrenzung entbehrende Strafbestimmungen die freie Meinungsäußerung dem Belieben der Behörden, und wären es auch Gerichte, Preis zu geben. Die Parthei hat sich in sehr erfolgreicher Weise dafür bemüht, alle obrigkeitlichen Befugnisse möglichst genau zu bestimmen, nicht nur durch Beseitigung jeder willkürlichen Polizeigewalt, sondern in allen staatlichen Organisationen; selbst für die Militärgewalt, welche ihrer

Natur nach eine absolute ist und ohne Gefährdung der ihr anvertrauten Interessen von ihrer vollen Schärfe nichts verlieren darf, war sie feste gesetzliche Schranken aufzurichten mit Erfolg bemüht. Die absolute Unabhängigkeit der Gerichte mit Ausschluß jedes irgend denkbaren Einflusses der Regierung auf die Zusammensetzung des urtheilenden Gerichts im konkreten Fall, die sehr vollständigen Garantien für den Angeklagten im Strafverfahren und vieles anderes ähnliches sind Dinge, welche die nationalliberale Parthei mit größtem Nachdruck vertrat und für deren Erreichung ihre Thätigkeit sehr wesentlich mitwirkte. Ob sie mit allen ihren sei es angenommenen, sei es abgelehnten Anträgen in den verschiedenen Materien immer das Richtige getroffen, ist hier nicht zu erörtern; es kommt nur darauf an, die Tendenz der Parthei zu kennzeichnen, welche überall auf Herstellung festen und sicheren Rechts und möglichste Beschränkung jeder diskretionären Gewalt im Staatsleben gerichtet ist und, wenn sie auch die Bedürfnisse des Staatsganzen willig anerkennt, doch mit noch größerer Wärme zur Vertheidigung der individuellen Freiheit und des abstracten Rechts hinneigt.

Ihrem Grundsatz, der persönlichen Freiheit jeden mit dem Wohl des Ganzen irgend verträglichen Spielraum zu gestatten, ist die Parthei selbstverständlich auch auf dem wirthschaftlichen Gebiet, welches den Individuen gehört und nur von ihnen mit Erfolg bebaut werden kann, treu geblieben. Sie konnte hier ihrem reformatorischen, befreienden Trieb ungehindert nachgeben; die Regierung ging, wenn auch etwas zurückhaltender, mit ihr den gleichen Weg, und in der That konnte, nachdem die alten Schranken des wirthschaftlichen Lebens je länger je mehr von selbst zerfallen waren und in dem letzten Jahrzehnt vor der Gründung des Norddeutschen Bundes eine Reihe deutscher Einzelstaaten die letzten Trümmer derselben auch formell beseitigt hatte, die gemeinsame Ordnung des wirthschaftlichen Lebens in dem neuen Reich nur auf dem Boden der Freiheit erfolgen. Es ist aber ein vollständiges Verkennen des Wesens der nationalliberalen Parthei, wenn ihr von konservativen Gegnern vorgeworfen wird, sie habe bei ihrer Wirthschaftspolitik die einseitige Bevorzugung einzelner bestimmter Interessen, insbesondere des Großkapitals oder allgemeiner des beweglichen Besitzes im Auge gehabt. Die heutige Kapitalwirthschaft und die Großindustrie sind wie der Liberalismus Kinder der Neuzeit, für beide ist die volle individuelle Freiheit Lebensbedingung, und wie der Liberalismus in den Kreisen des gebildeten und besitzenden Mittelstandes die zahlreichsten Anhänger findet, so mag er auch für dessen Interessen das leichteste Verständniß haben. Er ist aber doch sehr weit davon entfernt, sich mit diesen Interessen zu identifiziren. Die Liberalen gehörten zu den wärmsten Vorkämpfern für die Befreiung von Grund und Boden, sie wenden jetzt ihre aufrichtige Theilnahme nicht minder einer zweckmäßigen Ordnung der bäuerlichen Besitzverhältnisse, wie irgend einer Aufgabe der Gewerbegesetzgebung zu, sie haben wiederholt bei den Berathungen über die Zucker- und die Branntweinsteuer ihre Rücksichtnahme auf die Bedürfnisse auch des Großgrundbesitzes bewiesen. Der größere Theil der Parthei bekennt sich zu den Grundsätzen des Freihandels, welcher ja nach der Ansicht ihrer Gegner mit den Interessen der Industrie in Widerspruch stehen soll. Der Kathedersozialismus, welcher seine Hauptaufgabe in der Zurückdrängung des Uebergewichts des Kapitals über die kapitallose Arbeitskraft findet, ist zu einem guten Theil auf dem Boden des politischen Liberalismus erwachsen, und wenn dieser auch nicht geneigt ist, alle Ergebnisse jener Schule sich anzueignen, so ist er doch eben so weit davon entfernt, alle Resultate derselben zurückzuweisen. Die Liberalen haben in ihrer Wirthschaftspolitik ihren theoretisirenden Charakter so wenig verläugnet, daß umgekehrt eher die Frage aufgeworfen werden könnte, ob sie nicht, wie ihnen ebenfalls von konservativer Seite freilich im Widerspruch mit dem Vorwurf einseitiger Interessenvertretung entgegengehalten wird, ihren Theorien zu viel Vertrauen geschenkt und zu großen Werth beigelegt haben. Wie immer man aber über die einzelnen, viel umstrittenen Fragen unsrer Wirthschaftspolitik urtheile, jedenfalls muß man anerkennen, daß bei denselben die nationalliberale Parthei prinzipiell immer ihren allgemeinen Standpunkt gewahrt hat, ihre idealen theoretischen Ueberzeugungen den Bedürfnissen des realen Lebens unterzuordnen; es genügt in dieser Beziehung daran zu erinnern, daß sie in ihrer großen Mehrzahl kein Bedenken trug, der Novelle zur Gewerbeordnung über die Verhältnisse der Arbeiter und Lehrlinge, den Gesetzen über Beschränkung des Withschaftsbetriebs, gegen den Wucher, gegen die Fälschung von Nahrungsmitteln u. a. beizustimmen. Bedenklicher für die Parthei als der in der That nicht begründete Vorwurf, in wirthschaftlichen Fragen einem abstracten Doctrinarismus zu huldigen, ist die von einem Theil ihrer bisherigen Mitglieder erfaßte entgegengesetzte Ansicht, sie stehe nicht fest genug zu ihren theoretischen Ueberzeugungen. In diesem Punkte liegt der Grund der

Sezession. So unbestimmt die bisherigen Erklärungen der Sezessionisten lauten mögen und so sehr zu ihrem Schritt auch eine allgemeine politische Mißstimmung beigetragen haben mag, diese selbst ist zumeist durch die geschehenen und noch weiter befürchteten Aenderungen in der bisherigen Wirthschaftspolitik veranlaßt und die Aufrechterhaltung oder Wiederherstellung derselben in ihrer ungetrübten Reinheit wird eines der wesentlichsten Ziele der Sezessionisten sein. Die Bewegung ist zunächst auf den neuen Zolltarif zurückzuführen, durch welchen die stricten Anhänger des Freihandels in ihren praktischen Interessen und noch mehr in ihren theoretischen Ueberzeugungen so empfindlich sich verletzt fühlten, daß sie dadurch zu einer gewissen oppositionellen Stellung gegen die Regierung, speziell gegen den Reichskanzler sich bestimmen ließen. Der Grund der Mißstimmung dürfte aber allgemeinerer Natur sein und weiter zurückreichen. Eine gewisse Verschiedenheit in der Auffassung der wirthschaftlichen Fragen überhaupt bestand von jeher innerhalb der nationalliberalen Parthei. Einem Theil derselben und darunter sehr hervorragenden Partheigenossen ist jedes Eingreifen des Staats in wirthschaftliche Fragen ein Gegenstand des äußersten Mißtrauens, sie betrachten das vollkommen freie Ringen der Individualkräfte, denen möglichst keine andern Schranken als die durch das Privatrecht gebotenen, aufzuerlegen seien, als den normalen, die besten Erfolge versprechenden Zustand. Diese Richtung hat in der Parthei zeitweise eines überwiegenden Einflusses sich zu erfreuen gehabt, und die vorgeschrittensten Anhänger derselben sind jetzt in der Sorge, diesen Einfluß nicht behaupten zu können, zur Sezession geschritten. Die Parthei als solche ist aber jener Richtung, so großen Einfluß sie ihr gewährte, doch niemals unbedingt gefolgt. Sie hat immer anerkannt, daß auch das wirthschaftliche Leben innerhalb der staatlichen Gemeinschaft nicht dem laissez aller laissez faire überantwortet werden dürfe, sondern nach allen Seiten, nicht bloß der privatrechtlichen, der ordnenden und schützenden Gewalt des Staates unterworfen sei, und sie ist deshalb bereit, für Maaßregeln gegen Ausbeutung der Einen durch die Andern und für die Erhaltung von Zucht und Sitte auch in dem gewerblichen Leben mitzuwirken und verhält sich auch gegen den „Schutz der nationalen Arbeit" nicht pure ablehnend, während sie freilich gegen das patriarchalische Zuviel, welchem man auf konservativer Seite nicht abgeneigt wäre, und namentlich dagegen sich stemmt, daß nicht unter jenem vieldeutigen Stichwort die Sonderinteressen einer einzelnen Klasse auf Kosten des Ganzen begünstigt werden. Die Parthei als solche hat trotz der Sezession keinen Grund, diesen gemäßigten und vermittelnden Standpunkt zu verlassen und sich auf das theoretische Programm des Freihandels oder irgend einer andern volkswirthschaftlichen Schule zu verpflichten.

Die Sezessionisten haben vollkommen Recht, wenn sie erklären, die natiolliberale Parthei könne, ohne sich selbst aufzugeben, nie auf die Forderung verzichten, daß das wirthschaftliche Leben der Nation grundsätzlich auf dem Boden der individuellen Freiheit zu ordnen sei, und sie haben nicht minder Recht, wenn sie beifügen, die Parthei müsse unter allen Umständen an der unbedingten rechtlichen Unterordnung der Kirche unter den Staat festhalten. So wenig aber in der Novelle zu den Maigesetzen, wie dieselbe aus dem preußischen Abgeornetenhaus unter Zustimmung eines Theils der Nationalliberalen hervorgegangen ist, dieser Grundsatz Preis gegeben wird, eben so wenig hat diese Parthei bei Behandlung der wirthschaftlichen Fragen im Reichstag ihren prinzipiellen Standpunkt jemals verläugnet; sie hat z. B. gegen die v. Seydewitz'sche Resolution über Innungen, auch in der abgeschwächten Gestalt, welche sie durch die Reichspartei erhalten hatte, geschlossen gestimmt und keinen Zweifel gelassen, daß sie jedem Versuch einer auch nur indirecten Wiederherstellung des Zunftzwangs unbedingt entgegentreten werde. Wenn die Parthei aber neben ihren theoretischen Ueberzeugungen stets zugleich auch auf die Thatsachen und die praktischen Bedürfnisse Rücksicht zu nehmen bestrebt war, so ist sie damit nur ihrem allgemeinen Standpunkt treu geblieben, welcher sie verpflichtet, zwischen dem theoretischen Ideal und der Wirklichkeit zu vermitteln.

Die Fortschrittsparthei.

Das Wesen der Fortschrittsparthei besteht in einseitiger Uebertreibung des Liberalismus. Hat dieser überhaupt seinen Ausgangspunkt von der theoretischen Erkenntniß des Staates genommen, so ist die Fortschrittsparthei einfach bei diesem Ausgangspunkt stehen geblieben und behandelt ihre Lehrsätze ohne oder unter möglichst geringer Berücksichtigung der gegebenen thatsächlichen Verhältnisse ohne Weiteres als praktische politische Forderungen. Unter ihren politischen Lehr- und Glaubenssätzen spielt eine Art Cultus der individuellen Freiheit eine sehr hervorragende Rolle, und die oppositionelle Stellung, in welche die Liberalen Deutschlands lange Zeit verwiesen, und welche für sie zeitweise mit recht bittern Ingredienzien gemischt war, hat bei keinem andern Theile derselben so tiefe Nachwirkungen wie bei ihr hinterlassen. Das eigentlich Characteristische der Fortschrittsparthei liegt aber in dem ersten der hier hervorgehobenen Punkte, in ihrer sehr einseitigen Vorliebe für ihr theoretisch konstruirtes Staatsideal. Mag in demselben immerhin der persönlichen Freiheit der Einzelnen gegenüber der Staatsgewalt ein zu weiter Spielraum eingeräumt sein, so kann doch nur unbillige Voreingenommenheit behaupten, daß in demselben der Ernst, die Würde und die Erhabenheit des Staates überhaupt verkannt werde. Gerade das wenigstens theoretische Anerkenntniß der hohen Bedeutung, welche der Staat selbst für die volle Entwicklung des Individuums hat, unterscheidet die Fortschrittsparthei sehr zu ihrem Vortheil von der Volksparthei oder den reinen Demokraten, oder wie sonst die wunderlichen Leute sich nennen mögen, welche außer ihrem Preußenhaß, der zu einem guten Theil identisch mit dem Haß gegen eine feste Staatsordnung ist, schwerlich einen klaren politischen Gedanken im Kopf haben, und denen die Gründung einer Anzahl von Winkelrepubliken und eines den Eigenwillen jeder einzelnen hochachtungsvoll verehrenden Bundes unter denselben als dunkles Ideal vorzuschweben scheint. Der Character der Fortschrittsparthei ist wesentlich durch die altpreußischen Mitglieder bestimmt und schon dadurch gegen derartige Verirrungen geschützt, welchen derjenige nicht so leicht unterliegt, der von jeher einem Großstaat angehört und den Segen desselben empfunden hat. Ja die eigentlichen Unitarier, wenn einmal die Frage des Einheitsstaates, die einstweilen hauptsächlich von den Gegnern des Reichs von Zeit zu Zeit als Schreckgespenst an die Wand gemalt wird, in leibhaftigem Ernst auf die Tagesordnung kommen sollte, würden nicht am wenigsten zahlreich unter der Fortschrittsparthei zu finden sein, die einem starken Staat in ihrem Sinn durchaus nicht abgeneigt ist, deren theoretischen Neigungen das einfachere Verhältniß entspräche, und die sich schmeicheln möchte, ihre Theorien immer noch eher in einem Einheitsstaat, als in dem jetzigen, nach seiner ganzen Anlage für kühne Experimente äußerst ungeeigneten Bundesstaat in's Werk setzen zu können. Auch die zum Theil sehr herben Oppositionserinnerungen, namentlich aus der s. g. Conflik tszeit, können nicht als das eigentlich Bestimmende für die Haltung der Parthei betrachtet werden, schon deshalb nicht, weil sie unmittelbar doch nur die preußischen Mitglieder berühren, die bei allem Gewicht, das sie in der Parthei haben, doch immerhin ihre speziellen Reminiscenzen nicht direkt zu einem Bestimmungsgrund der Parthei machen können. Mögen jene Erinnerungen, und wäre es auch nur durch die triviale Erwägung, daß, was einmal geschehen ist, auch zum zweitenmal geschehen kann, zur spezifisch oppositionellen Haltung der Fortschrittsparthei mitwirken, diese ist auch abgesehen von allen derartigen Nebengründen durch das Wesen der Parthei von selbst gegeben; indem dieselbe ihre Aufgabe darin findet, rücksichtslos ihre theoretischen Ueberzeugungen zu vertreten und nichts anderes gelten zu lassen, muß sie unvermeidlich fortgesetzt in einen gewissen Widerspruch mit dem realen Leben und dessen Forderungen und in Opposition gegen diejenigen gerathen, welche, wie jede Regierung, dieser Realität unter allen Umständen, wollend oder nicht wollend, Rechnung tragen müssen.

Die Fortschrittsparthei ist eine theoretische Sekte in viel höherem Maaß, als es je die ursprüngliche ungetrennte liberale Parthei war; sie ist hinter der Entwicklung, welche der Liberalismus durch die Nationalliberalen erfahren hat, zurückgeblieben, indem sie hartnäckig den Unterschied zwischen der Theorie und der Wirklichkeit ignorirte. Sie hat es materiell versäumt, ihre Auffassung vom Staat unausgesetzt auch nach der Seite zu prüfen, ob dieselbe nicht nur gedankenmäßig richtig, sondern auch mit der gemeinen Wirklichkeit der Dinge verträglich sei, und ist so zu gar manchen Resultaten gelangt, welche, wenn man auch ihre Richtigkeit im System anerkennen wollte, doch im praktischen Leben unhaltbar sind. Ihre absolute Verehrung der persönlichen Freiheit bringt sie in den prinzipiell schärfsten Gegensatz zu der Sozialdemokratie, macht sie aber auch im Vertrauen auf die vermeintlich alles heilende Kraft dieser Freiheit blind gegen alle Mißbräuche und zu ziemlich reinen Manchestermännern. Sie will gewiß scharfe Ahndung aller Verbrechen, sie ist aber viel erfindungsreicher, um dem Schuldigen durchzuhelfen, als um ihn zur Strafe zu bringen. Sie will das Reich stark und mächtig in Waffen, aber daneben die Möglichkeit, die Heeresorganisation jeden Tag in Frage zu stellen, und einen Schutz der Individualrechte, neben welchem die militärische

Disziplin schwerlich bestehen kann. Sie bekämpft die Uebergriffe der Kirche, kann sich aber „um der Freiheit" willen zu wirksamer Unterdrückung derselben nicht entschließen und glaubt in vollständiger Verkennung der organisirten Macht der Kirche mit der inhaltsleeren Zauberformel: Trennung von Staat und Kirche, alle Schwierigkeiten überwinden zu können.

So vielfach und einschneidend aber die materiellen Gegensätze zwischen Fortschrittspartei und Nationalliberalen sein mögen, so liegt doch nicht in ihnen die nicht zu überbrückende Kluft, welche beide Parteien scheidet. Auch der Fortschritt hat sich in seinen Anschauungen nie dogmatisch verhärtet, er erkennt mit den Liberalen die historische Natur von Staat und Recht an, und wenn er auch für ihre Entwickelung das Moment der freien menschlichen Einwirkung im Gegensatz zu dem unbewußten Schaffen der Geschichte noch stärker als jene accentuirt und bei allen Collisionen zwischen individueller Freiheit und Staatsgewalt die letztere sehr gern nur theoretisch abfindet, alle praktischen Gaben dagegen der ersten zuwendet: so ist doch in diesen Beziehungen auch innerhalb der nationalliberalen Parthei ein rechter und ein linker Flügel sehr bestimmt zu unterscheiden, und eine Berührung zwischen dem letztern und dem Fortschritt, wenn der eine etwas zurückhält, der andere etwas weiter vorangeht, ist so wenig ausgeschlossen, daß sie schon mehr als einmal sich verwirklicht hat. Die grundsätzliche Scheidung beider Partheien liegt in der Methode der Fortschrittsparthei, welche jede Rücksichtnahme auf thatsächliche Hindernisse, zu denen auch die entgegenstehenden Ansichten anderer gehören, als Schwäche verpönt und den politischen Kampf wie eine wissenschaftliche Disputation oder eine literarische Fehde behandelt. Sie besteht im Parlament auf ihrem Prinzip wie der Forscher auf der von ihm gefundenen Wahrheit, befriedigt, wenn sie dialektisch siegt oder gesiegt zu haben glaubt und unbekümmert um die Folgen ihres Verhaltens. Zur Illustration mögen nur zwei Beispiele dienen, die Ablehnung der Verfassung und die der Justizgesetze. Hätte das negative Votum der Parthei hingereicht, diese Gesetzgebungswerke wirklich scheitern zu machen, so hätte sie damit dem deutschen Volke gegenüber eine kaum zu sühnende Schuld auf sich geladen; denn sie besaß entfernt nicht die Mittel, um an die Stelle des Abgelehnten, nicht etwa ein Besseres, sondern überhaupt irgend etwas zu setzen. Durch das Scheitern der Verfassung wäre die politische Constituirung unseres Volkes, die seit Generationen ersehnt und Dank den herrlichsten Thaten unter der Gunst des Augenblicks möglich geworden war, in das Ungewisse zurückgeworfen, durch die Ablehnung der Justizgesetze wäre das junge Reich der bedeutsamsten Institution für seine innere Festigung beraubt worden, und doch kann und wird die Fortschrittspartei nicht leugnen, daß unsre Verfassung und unsre Justizgesetze, so viel sie gegen dieselben einzuwenden haben mag, doch einen ganz unermeßlichen Fortschritt gegenüber dem früher Gewesenen darstellen und den nationalen Bedürfnissen jedenfalls eine sehr annehmbare Befriedigung gewähren. Das Bekennerthum der Fortschrittspartei führt praktisch nothwendig zu unfruchtbarer Negation. Der Forscher ist in seinem Recht und erfüllt seine Pflicht, wenn er unzugänglich für alle außerhalb seines Erkennens gelegenen Motive und unbekümmert um die Zustimmung oder den Widerspruch der Welt die Wahrheit verkündigt, so wie er sie erkannt hat. Der praktische Politiker soll aber das unter gegebenen Verhältnissen Zweckmäßige verwirklichen, und wenn er das wenigstens relativ Gute verhindert, weil es seiner Meinung nach nicht das absolut Beste ist, trifft ihn die Verantwortung, wenn nichts oder gar das positiv Schlimme geschieht. Die Fortschrittspartei verkennt diese höchst einfache Wahrheit und ist dadurch ganz im Gegensatz zu ihrem viel versprechenden Namen hinter der allgemeinen politischen Bildung unsres Volkes zurückgeblieben, welches in der Politik nicht mehr mit schönen Grundsätzen zufrieden ist, sondern zweckmäßige Handlungen verlangt. Wie kühn auch die Antworten sein mögen, welche sie für alle einzelnen politischen Fragen von der Höhe ihrer Prinzipien aus ersinnt, in Wahrheit ist sie doch eine reactionäre Parthei im eigentlichsten Sinn dieses Wortes, indem sie dahin arbeitet, uns um den wesentlichsten Fortschritt in unserm politischen Leben, um die Erkenntniß zu bringen, daß die Politik nicht Theorie, sondern praktisches Handeln ist mit all den Beschränkungen und Verzichten auf Ideale, welche mit dem Uebertritt aus dem Reich des Gedankens in das der Wirklichkeit unvermeidlich verbunden sind.

Die Doctrin der Fortschrittspartei — denn sie, aber auch nur sie trifft der mit Unrecht auch gegen die andern Liberalen erhobene Vorwurf, in unfruchtbarem Doctrinarismus befangen zu sein — ist übrigens durchaus reichsfreundlich. Man braucht z. B. nur die Reichstagsverhandlungen über die Reichslande zu lesen, um sofort zu erkennen, wie vortheilhaft in dieser Beziehung die Fortschrittspartei von den Ultramontanen sich unterscheidet, und um sich von der aufrichtigen Freude jener an der Größe und der Macht des Vaterlandes zu überzeugen. Selbst bei den Verhandlungen über die Militäreinrichtungen, gegen welche doch die Parthei sehr viel einzuwenden hat, klingt hie und da wie ein Bedauern durch, bei dem Gesetz über die Stellvertretung des Reichskanzlers ist das Bedauern ziemlich direkt ausgesprochen, daß die Parthei durch ihre nun einmal für unverletzlich gehaltenen Grundsätze sich gehindert sehe, den für das Gedeihen des Reichs als nothwendig und nützlich erkannten Institutionen zuzustimmen, während die Ultramontanen dafür kein Herz verrathen, nur in öden Klagen über den Militarismus und in Jammer über den bedrohten Partikularismus sich ergehen. Mehr aber als gute Wünsche für das Reich ist freilich auch bei der Fortschrittsparthei kaum zu finden. Durch ihre Prinzipien hielt sie sich genöthigt, die Grund legende Verfassung abzulehnen und so ziemlich alles zu bekämpfen, was seither zum Ausbau des Reichs unternommen wurde. Seit einigen Jahren tritt sie als directe Gegnerin des Reichskanzlers auf, der in ihren Augen der Stein des Anstoßes ist, und hält sich vielleicht durch den Gedanken, durch Negiren aller seiner Vorschläge etwas zu seinem Sturze beitragen zu können, noch mehr als früher zu unbedingter Opposition berechtigt. In ihrem rücksichtslosen Eifer trägt die Parthei kein Bedenken, mit den Ultramontanen Hand in Hand zu gehen, obgleich sie von denselben in ihren Endzielen mindestens eben so sehr wie von der Reichsregierung oder speziell dem Reichskanzler und jedenfalls sehr viel schärfer abweicht, als von den Nationalliberalen, gegen welche sie nicht selten mit einer gewissen Vorliebe ihre schärfsten Waffen zu wenden pflegt. Sie legt unter allen Partheien das größte Gewicht auf eine entschiedene Berücksichtigung der in der Volksvertretung sich manifestirenden politischen Anschauungen durch die Regierung und würde wohl unter allen die geringsten Bedenken gegen eine einfache Anwendung des s. g. parlamentarischen Systems und der Majoritätsregierung haben; ein um so schwererer Vorwurf ist es deshalb gerade für sie, daß sie mit der äußersten Unbefangenheit Coalitionen mit Partheien eingeht und selbst sucht, zu denen sie nach deren ganzem Wesen in absolutem Gegensatz steht. Durch derartige Verbindungen kann einzelnes verhindert, aber nichts Positives geschaffen werden. Kann die deutsche Fortschrittsparthei nach ihrer allgemeinen Auffassungsweise nicht anders, als den prinzipiellen Standpunkt bei allen Fragen vertreten, so brauchte sie darum doch nicht zu verkennen, daß das nationalliberale Programm inhaltlich ihren eigenen Forderungen nahe verwandt ist, und daß jeder Schritt zur Verwirklichung des ersten ein Entgegenkommen gegen ihre eigenen Wünsche enthält. Statt dessen liebt sie es, die vorhandenen Partheigegensätze ohne praktischen Grund und Zweck zu schärfen, und indem sie zur Zerklüftung unsrer ohnehin schon zu zahlreichen Partheien beiträgt und dann wieder unter den geschiedenen die widernatürlichsten Coalitionenen befördert, hindert sie die normale Entwicklung des von ihr selbst so hoch gehaltenen constitutionellen Systems, welche vor allem Conzentrirung der Partheien um wenige große Gegensätze statt Zerspaltung derselben in eigenwilliger Verfolgung theoretischer Liebhabereien erheischt.

So wenig fruchtbar die Fortschrittsparthei bisher sich erwiesen haben mag, als bedenklich für das Reich oder gar als gefährlich kann sie nicht betrachtet werden. Sie ist zur Zeit unter den Gruppen im Reichstag, die überhaupt als wirkliche Partheien bezeichnet werden können, die schwächste; stark war sie nie; sie hat das halbe Hundert nie erreicht, und der Prozentsatz der abgegebenen Stimmen, der auf ihre Candidaten fiel, war immer ein sehr geringer, verhältnißmäßig viel kleiner als die Zahl der schließlich im Reichtag gewonnenen Sitze. Darauf, daß die Parthei bei den letzten Wahlen (1877 und 1878) starke Einbußen erlitt, wird ein größeres Gewicht nicht gelegt werden können, da diese Wahlen unter dem Einfluß einer dem Liberalismus überhaupt nicht günstigen Strömung, die sich gelegentlich auch wieder einmal wenden wird, erfolgten; schlimmer für sie ist die Loslösung eines verhältnißmäßig nicht unbedeutenden Bruchtheils ihrer Mitglieder von der Parthei wegen Mißbilligung der Haltung derselben. Dazu kommt, daß die Parthei außerhalb Preußens nur ziemlich sporadisch vertreten, und daß der Anhang, den sie in nichtpreußischen Wahlkreisen gefunden hat, zum Theil etwas zweifelhafter Natur ist und den partikularistisch-demokratischen Tendenzen der Volksparthei innerlich vielleicht näher steht als dem Fortschritt. Man könnte auf alle diese Umstände die Vermuthung stützen, die Parthei werde allmählig ganz verschwinden; sie ist aus spezifisch preußischen, nicht mehr bestehenden Verhältnissen herausgewachsen und sie ist ihrem inneren Wesen nach veraltet und von der politischen Bildung unseres Volkes im Allgemeinen überholt. Gleichwohl ist ein völliges Verschwinden der Parthei nicht wahrscheinlich; nachdem sie die beispiellosen Resultate der letzten anderthalb Jahrzehnte überdauert hat, ist nicht abzusehen, wodurch ihre Anhänger jetzt zu einer realeren Auffassung der Dinge bekehrt werden sollten. Im Gegentheil, die Fortschrittspartei steht insofern auf einem sehr sichern Boden, als sie mit ihren mehr einseitigen und unvollständigen, als an sich unrichtigen Ansichten mit den festgewurzelten Vorstellungen sehr weiter Kreise zusammentrifft. Die gedankenmäßige Erfassung des Staates und seiner Aufgaben, der Drang, den Staat unabhängig von dem Gegebenen und Ueberlieferten frei nach der Einsicht und dem Willen der Gegenwart zu gestalten, hat sich in der neuesten Geschichte Europa's überall, so auch bei uns, als Macht bewährt. Doctrinäre Sekten, welche ähnlich wie die Fortschrittspartei, diese Anschauungsweise vertraten, haben vielfach eine gewisse Anziehungskraft auf die Massen ausgeübt und in aufgeregten Zeiten, wenn die Anschauungen und die Interessen weiter Kreise mit Recht oder mit Unrecht sich verletzt fühlten, wiederholt sehr bedeutend in die Geschicke der Staaten eingegriffen. Natürlich ist es einem von den Thatsachen abstrahirenden System am leichtesten, Abhilfe für alle Gebrechen in Aussicht zu stellen, und Eifer und Geschick zu propagandistischer Agitation liegt in der Natur aller Sekten. Aehnliche Bewegungen, bei welchen den Fortschritt das Schicksal aller seiner Vorgänger, sehr bald durch radikalere Forderungen überholt zu werden, rasch genug ereilen würde, sind bei uns zur Zeit vielleicht nicht zu befürchten; sie finden keinen günstigen Boden in einem kraftvoll sich entwickelnden Staat, dessen Angehörigen die gewaltigsten Ereignisse wie die tägliche Erfahrung die Erkenntniß nahe legen, wie schwer und hart die reale politische Arbeit ist, daß aber auch nur durch sie reelle Früchte gezeitigt werden. Trotz dessen beruht die Fortschrittspartei auf einem in unseren Tagen mächtigen Prinzip und sie könnte bei einer unglücklichen Misleitung unserer inneren Politik rasch wieder zu großer Bedeutung gelangen. Für jetzt hat sie eine solche nicht, muß aber mit ihrem halb sektenartigen Character und in ihrer wesentlich negativen Haltung ungeachtet ihres nicht zu bezweifelnden warmen Interesses für das Reich doch leider eher zu den hindernden als zu den fördernden Kräften in demselben gerechnet werden.

Die Deutschconservativen.

Die Deutschconservativen bilden in verschiedenen Beziehungen einen sehr vollständigen Gegensatz gegen die Liberalen. Zunächst beruht die Parthei auf einer ganz andern Basis, als jene; sie ist in erster Linie nicht Vertreterin bestimmter theoretischer Ueberzeugungen über den Staat, sondern Repräsentantin eines bestimmten Standes, der preußischen Ritterschaft. So wenig der ganze Mittelstand und nur dieser liberal ist, so wenig decken sich die preußische Ritterschaft und die conservative Parthei; aber den bestimmenden Mittelpunkt derselben bilden doch die Genossen des Standes, die umgekehrt in ihrer großen Mehrzahl zu den Conservativen gehören, und aus deren Anhängern die Masse der Parthei besteht. Wie stark in der parlamentarischen Fraction der Conservativen die preußische Ritterschaft vertreten ist, zeigt jeder Blick in ein Mitgliederverzeichniß des Reichstags und seiner Partheien; nicht minder wird aber die Thatsache, daß diese Ritterschaft den eigentlichen Halt der Parthei bildet, durch die Ergebnisse aller bisherigen Wahlen bewiesen. Nur wo jene stark und einflußreich ist, konnte diese festen Fuß fassen. Ihre sichere Heimath hat die Parthei in den altpreußischen Provinzen, Ost- und Westpreußen, Pommern und Brandenburg, schon erheblich schwächer ist sie in Schlesien, preußisch Sachsen und Westphalen vertreten; in der Rheinprovinz hat sie nur einmal, im Jahre 1871, zwei Reichstagssitze unter 30 gewonnen, eben so in Hessen-Nassau; in Schleswig-Holstein hat sie bei den beiden letzten Wahlen nur je einen Candidaten, in Hannover nie einen durchgebracht. Außerhalb Preußens hatte die Parthei bisher nur äußerst geringe Erfolge; im Königreich Sachsen siegte sie bei den beiden letzten Wahlen (1877 und 1878) in je 4 Wahlkreisen, in den beiden Mecklenburg zum erstenmal bei den 1878er Wahlen in je einem Kreis, in Reuß ä. L. in den Jahren 1871 und 1878, während dort in den Jahren 1874 und 1877 das eine Mal ein Nationalliberaler, das andere Mal ein Sozialdemokrat gewählt wurde, endlich hat die Parthei in Baden im Jahr 1877 in einem, im Jahr 1878 in zwei Wahlkreisen den Sieg davon getragen, bei einer kürzlich vorgenommenen Ergänzungswahl aber einen derselben wieder verloren; übrigens sind diese beiden Siege, wie jeder der Verhältnisse Kundige weiß, für die Conservativen bloße Scheinsiege; sie beruhen auf dem Zusammenwirken zweier kirchlicher Partheien, der protestantischen Orthodoxen und der Ultramontanen, die beide in den betreffenden Kreisen durchaus nicht politisch conservativ gesinnt sind, und dabei ist das Uebergewicht der Ultramontanen so stark, daß ohne dieselben der conservative Candidat wahrscheinlich nicht einmal zur Stichwahl gekommen wäre. Diese Thatsachen, welche einen überraschend geringen Erfolg der Deutschconservativen außerhalb ihrer ursprünglichen Heimath bekunden und die allgemein conservative Richtung schwächer erscheinen lassen, als sie unzweifelhaft ist, zeigen auf das sprechendeste, wie sehr die Parthei Vertreterin eines zwar rechtlich erschütterten, thatsächlich aber immer noch sehr starken, fest geschlossenen Standes, seiner Interessen und Anschauungen ist. Das Hauptinteresse des Standes gilt dem Grundbesitz, speziell dem Großgrundbesitz von übrigens relativ mäßigem Umfang, ein Umstand, welcher für die Stellung des Standes wie der Parthei von nicht zu unterschätzender Bedeutung ist. Die in gewissen Punkten vorhandenen gegensätzlichen Interessen des ritterlichen Groß- und des bäuerlichen und kleinen Grundbesitzes treten innerhalb der durch das Reich beherrschten Sphäre nicht stark hervor, immer sind sie da und verhindern, daß der Stand und die Parthei als die natürlichen Vertreter der Gesammtheit aller agrarischer Interessen erscheinen. Anderer Seits sind die preußische Ritterschaft und die Deutschconservativen weit davon entfernt, nur die agrarischen Interessen sei es in allen, sei es in bestimmten einzelnen Richtungen vertreten zu wollen, sie haben auch ihre sehr festen und weit reichenden traditionellen Standesansichten über den Staat und seine Aufgaben, durch welche sie eigentlich erst zu einer wirklichen politischen Parthei erhoben werden, und welche auf ihr Verhalten einen mindestens gleich gewichtigen Einfluß wie ihre gemeinsamen Interessen ausüben. Die staatlichen Leistungen der preußischen Ritterschaft werden natürlich je nach dem Partheistandpunkt sehr verschieden beurtheilt, jedenfalls sollte man sich aber hüten, sie zu unterschätzen, wenn auch andere Aristokratien eine politisch bedeutendere Rolle gespielt haben. Es ist bekannt, daß der preußische Staat nicht durch, sondern großen Theils gegen die Ritterschaft durch den Staatssinn der Hohenzollern geschaffen wurde, und jene hat mehr als einmal durch kurzsichtige Befangenheit in ererbten Vorurtheilen das fröhliche Fortschreiten des kühn begonnenen und kühn fortgeführten Baues gehemmt. Aber nachdem erst einmal die unstaatliche, trotzige Selbstherrlichkeit der alten Ritterschaft gebrochen war, hat dieselbe doch Vieles und Großes für den preußischen Staat geleistet. Sie hat im Staatsdienst an der Verwaltung des Staates eifrig mitgearbeitet, vielfach sogar in der Erlangung der einflußreichsten Aemter bevorzugt. Ihre traditionellen Standesanschauungen flossen so mit den spezifischen Anschauungen des Beamtenthums in der preußischen Staatsverwaltung zusammen; mag dadurch manche begründete Reformbestrebung des letztern vereitelt oder gehemmt worden sein, so hat doch die dauernde Theilnahme eines großen Theils des heimischen Adels an den Staatsgeschäften nicht nur diesen politisch erziehen helfen, sondern vielfach auch dem Staatsdienst eine konkretere Beziehung auf Land und Leute gegeben und ihn mit diesen in lebendigerer Wechselwirkung erhalten. Der hingebende Patriotismus, welchen die preußischen Stände in wohlthuendem Gegensatz zu dem politisch characterlosen Beamtenthum der Rheinbundesstaaten bewährt haben, sollte ihnen nie vergessen werden. Die weitaus größte, eine wahrhaft glänzende Leistung der preußischen Ritterschaft liegt aber in den Diensten, welche sie dem preußischen und durch dieses dem jetzt aus ihm hervorwachsenden deutschen Heere geleistet hat. Sie ist mit diesem auf das innigste verwachsen, seit zwei Jahrhunderten hat sie auf allen Schlachtfeldern, auf welchen für deutsches Recht und deutsche Ehre gekämpft wurde, ungezählte ihrer Söhne geopfert, sie hat für das Vaterland nie mit dem Tribut ihres Blutes gegeizt. Wie die preußische Kriegsgeschichte einzig dasteht an Größe und Ruhm, so kann auch die preußische Ritterschaft kühn mit allen ihr vergleichbaren Ständen, von welchen die Geschichte zu erzählen weiß, in die Schranken treten, sie wird von keinem an kriegerischen Tugenden übertroffen. Was der preußische Adel in dem preußischen und dem deutschen Heere geleistet hat, genügt, um ihm für immer einen Anspruch auf die Dankbarkeit der Nation zu sichern. Sein Verdienst wird dadurch nicht geschmälert, daß er mit den Angehörigen auch anderer Stände sich in dasselbe zu theilen hat; man braucht sich nur des einen Bauernsohnes Scharnhorst zu erinnern, um auch diesen Elementen gerecht zu werden, zugleich aber auch zu erkennen, wie der ritterschaftliche Absonderungsgeist innerhalb des Offiziercorps gegenüber dem Berufsgenossen sehr viel von seiner Sprödigkeit verliert. Der ursprüngliche Kern des preußischen Offiziercorps ist aber aus der Ritterschaft hervorgegangen und noch viel wichtiger ist es, daß unter dem unverkennbaren Einfluß dieser in altüberlieferten Standesansichten fest eingewurzelten ritterschaftlichen Elemente in demselben ein Standesgeist sich entwickelte, der im besten Sinn militärisch und royalistisch ist, dem der Offizier als solcher als Edelmann gilt und der den Edelmann höher schätzt, wenn er Offizier ist. Nimmt man endlich noch hinzu, daß die preußische Ritterschaft von jeher in nahen Beziehungen zu dem Königthum stand, welche namentlich durch ihre warme Hingebung an den Kriegsdienst immer lebendig erhalten wurden, so begreift es sich, daß es dem Stand und der ihn repräsentirenden politischen Parthei zunächst in Preußen und folgeweise auch im Reich an erheblichem politischem Einfluß nicht fehlen kann.

Gleichwohl und ungeachtet der andauernden zähen Energie, mit welcher sie von jeher für alles, was sie als ihre Sache betrachtete, eingetreten ist, wird es der preußischen Ritterschaft, so weit sie auf ihrem spezifischen Standpunkt verharrt, schwerlich gelingen, sich zu einer allgemein deutschen konservativen Parthei zu erweitern. Am leichtesten ginge dies im Norden, wo in manchen jetzt den Conservativen verschlossenen Gebieten der Adel eine dem preußischen vergleichbare Stellung einnimmt und wohl hauptsächlich nur durch verkehrten Partikularismus von der ihm so nahe liegenden und für ihn so vortheilhaften Verbindung mit den preußischen Conservativen abgehalten wird. Im Westen und Süden Deutschlands liegen dagegen die Verhältnisse so wesentlich anders als im Nordosten, daß hier die preußischen Conservativen ohne eine gewisse innere Umgestaltung kaum Aussichten auf Erfolg haben. Der Adel ist hier großen Theils katholisch, und hat allgemein als Stand politisch keine irgend erhebliche Bedeutung. Conservative Ansichten und Interessen sind selbstverständlich auch in diesen Gebieten vorhanden, aber sie treten in anderer Form und Gestalt auf, und ihre Ausgleichung mit dem konservativen Standpunkt der preußischen Ritterschaft zu wechselseitiger Stärkung wird nicht ohne Mühe möglich sein und namentlich längere Zeit in Anspruch nehmen. Ein rasch wirkender Ersatz ist auch nicht in der Verbindung einiger großen, weit hin dominirenden Interessen zu finden. An das vorjährige Bündniß zwischen Großgrundbesitz und Großindustrie sind von den entgegengesetzten Seiten viel zu große Hoffnungen oder Besorgnisse geknüpft worden. Schwerlich war mit demselben mehr als der einzelne, auch erreichte Erfolg beabsichtigt, in einer Frage, in welcher hunderte von großen und kleinen Interessen sich durchkreuzten, durch Coalition einiger besonders starken zu einem, wohl eben so sehr für die Staatsfinanzen, wie zu Gunsten bestimmter volkswirthschaftlicher Anschauungen erstrebten Ziele zu gelangen. Eine dauernde Verbindung zwischen Großgrundbesitz und Großindustrie, um unter der Firma einer politisch conservativen Parthei gemeinsam ihre Sonderinteressen zu vertreten, ist höchst unwahrscheinlich; ihre Lebensbedingungen und Interessen sind allzu heterogen, und nach der ganzen Art unsres Staatswesens, nach den Traditionen des Preußischen Königshauses, nach der interesse- und partheilosen Stellung unsres Beamtenthums, nach der Zusammensetzung des Reichstags ist es ziemlich undenkbar, daß der jedenfalls sehr wenig conservative Plan, einigen wenigen besonders hervorragenden Interessen alle andern, die in ihrer Gesammtheit doch immer noch stärker sind, dienstbar zu machen, jemals gelingen könnte, auch wenn er einmal von einem speculativen Kopfe erfaßt werden sollte. Die conservative Parthei wird sich in ihrem eigenen Interesse vor derartigen Experimenten hüten. Sie kann sich nur durch die Pflege der natürlich und allgemein conservativen, nicht einzelner egoistischer Interessen erhalten und sie wird ihr nothwendiges Ziel, gleichmäßigere Verbreitung im ganzen Reich, um so sicherer erreichen, je mehr es ihr gelingt, ihre spezifisch preußische Färbung zu mildern und die von ihr vertretenen, allgemein giltigen Interessen auch in gemeingiltiger Form erscheinen zu lassen.

In der That vertritt übrigens auch jetzt schon die deutsch-konservative Parthei, so ganz real sie nach ihrem Ursprung sein mag, den konservativen Standpunkt ganz prinzipiell und steht insofern nicht nur nach ihrer historischen Entwicklung, sondern auch innerlich und geistig in sehr scharfem Gegensatz zu den Liberalen. Vertreten diese, von der theoretischen Erkenntniß des Staates ausgehend, das kritische und treibende Element im Staatsleben, so jene das des Beharrens und der Autorität. Das gleichzeitige Nebeneinanderwirken der beiden Kräfte ist für die Gesundheit und das Gedeihen des Staates offen ersichtlich so unentbehrlich, daß die Liberalen ebensowenig die Nothwendigkeit der erhaltenden Kräfte läugnen, wie die Conservativen auf jede Kritik und Reform des Bestehenden verzichten. Das hindert aber nicht, daß jeder von beiden Theilen seinen Standpunkt mit voller principieller Schärfe geltend macht, und daß sie in grundsätzlichem, an sich unausgleichbarem Gegensatz einander gegenüber stehen, ungleich tiefer von einander geschieden als z. B. die englischen Torys und Wighs, welche, soweit man sie überhaupt mit deutschen Partheien vergleichen kann, die Rolle des Conservativen und des Liberalen im deutschen Sinn gelegentlich einmal untereinander vertauschen, ohne damit aus ihrer englischen Partheirolle herauszufallen. Mit der Vertretung des konservativen Standpunktes des Beharrens und der Autorität haben die Hauptrepräsentanten dieser Richtung ohne Zweifel mindestens ebenso sehr ihre realen Interessen, ihren ererbten Besitzstand, ihre altüberlieferten gewohnheitsmäßigen Anschauungen, wie ein bestimmtes Prinzip vertheidigen wollen; sie hatten historisch den politischen Besitzstand für sich und wehrten die Angriffe der neu auftretenden Kräfte, welche auch für sich activen Antheil am Staatsleben beanspruchten, ab, so gut sie konnten. Immerhin vertreten sie jetzt den konservativen Standpunkt auch rein prinzipiell, ebenso wie die Gegenparthei, auch nachdem ihr im Wesentlichen die von ihr erstrebte politische Stellung längst zugestanden ist, deshalb an der Schärfe ihres liberalen Prinzips nichts gemildert hat. Conservative und Liberale haben in gewissem Sinn die gerade entgegengesetzte Entwicklung durchgemacht; die ersten sind aus einem historisch gegebenen Stand zugleich Vertreter eines bestimmten Prinzips geworden, die zweiten haben sich aus Anhängern einer theoretischen Ueberzeugung durch praktische Arbeit am Staat zu einer politischen Parthei umgebildet, und beide stehen sich jetzt wesentlich als Vertreter verschiedener Staatsprinzipien gegenüber. In diesem Sinn sind auch die Deutschkonservativen Doctrinäre, so gut wie die Liberalen, und müssen es sein, um für die allgemein konservativen Interessen als allgemein deutsche konservative Parthei wirken zu können.

Im Beginn unsres Partheilebens standen Conservative und Liberale völlig fremd und ohne wechselseitiges Verständniß einander gegenüber. Waren die Liberalen geneigt, das Festhalten der Conservativen an den überlieferten Zuständen als gedankenlosen Egoismus zu brandmarken, so erschien diesen die Neuerungslust der andern mindestens als ein moralisches Unrecht. Auch die monarchische Gewalt, von welcher im vorigen Jahrhundert die ersten Schritte zur Erneuerung unsres Staatswesens ausgegangen waren, hatte unter den Nachwirkungen der französischen Revolution ihre früheren Reformneigungen aufgegeben oder in ihr Gegentheil verwandelt, und indem in Folge davon die Regierungen vielfach zu harten und ungerechtfertigten Maßregeln gegen alle liberale Bestrebungen sich hinreißen ließen, auch wo von Gesetzesverletzung oder Gefährdung des Staates nicht die Rede sein konnte, steigerte sich um die Mitte des Jahrhunderts der Gegensatz der Partheien bis zu feindseligem Haß. Im Lauf der folgenden

Jahre sind beide Theile einander sehr viel näher gerückt; eine Reihe früher heiß umstrittener Punkte, vor allem die konstitutionelle Staatsform selbst, sind heute außer Streit; der überschwängliche Glaube an die Macht staatsrechtlicher Theorien ist sehr reduzirt, und mit der falschen Bewunderung der französischen Revolution auf der einen Seite ist auch der Wahn auf der andern geschwunden, jeder Schritt von den alten Ueberlieferungen weg führe zu Umsturz und Verderben. In gemeinsamer praktischer Arbeit haben die Partheien sich kennen und anerkennen gelernt, und es wird ihnen heute eine Verständigung über die einzelnen zur Lösung vorliegenden Fragen sehr viel leichter als vor einem halben Jahrhundert. Bei allem dem ist aber die Scheidung der Partheien heute noch ganz so prinzipieller Art, wie sie es bei ihrer ersten Entstehung war. Bestreiten auch die Deutschconservativen theoretisch nicht das Recht und die Pflicht der Gegenwart, die überlieferten Staats- und Rechtseinrichtungen nach Maaßgabe des Bedürfnisses nöthigen Falls fort- und umzubilden, so verlangen sie doch bei Ausübung dieses Rechts die äußerste Zurückhaltung. In ihren Augen ist der Staat, als ein dem Volk in allen seinen Generationen gehöriges Gut, dem lebenden Geschlecht gleichsam nur zum Nießbrauch überlassen; wir dürfen ihn genießen, sollen aber wenigst möglich an ihm ändern; sie suchen in scharfem Gegensatz zu den Liberalen die freie Einwirkung der Gegenwart auf den Staat lieber auf das unerläßliche Minimum einzuschränken als bis zum möglichen Maximum auszudehnen. Und dieser Parteigegensatz wird sich um so weniger verwischen, als die liberalen und conservativen Anschauungen über den Staat auch materiell sehr weit auseinander gehen. Der Liberalismus, ein Kind der modernen allgemeinen nationalen Bildung, will die Resultate derselben auch auf das Staatsleben übertragen, und wenn dabei seine gemäßigten Anhänger mit Vorsicht und mit dem Bewußtsein des Unterschieds zwischen der intellektuellen und der praktisch moralischen Welt vorgehen, so wollen sie doch damit ihr letztes Ziel nicht aufgeben. Auf conservativer Seite sind dagegen nicht wenige jener Resultate, sei es an sich, sei es wenigstens in ihrer praktischen Brauchbarkeit bestritten, und hat sie auch im Lauf der Jahre gar manche derselben zugeben müssen, zum Theil auch wirklich sich mit ihnen ausgesöhnt, so genügt doch schon allein die total verschiedene Werthschätzung der individuellen Freiheit und der Autorität, um Liberale und Conservative für immer weit auseinander zu halten.

Die conservative Neigung zum Beharren kann begreiflich sehr wenig zur Geltung kommen in einer Zeit der gewaltigsten Umgestaltung unsres ganzen Staatswesens. Man wird sich schwerlich täuschen, wenn man annimmt, die Deutschconservativen hätten am liebsten eine ganze Reihe der umfassendsten und eingreifendsten Reichsgesetze nicht erlassen gesehen; es darf von ihrem Standpunkt aus, wie sie auch gelegentlich andeuteten, wohl als ein Opfer betrachtet werden, daß sie z. B. für das Zustandekommen der Justizgesetze mitwirkten, die ihnen speziell für Preußen kaum als ein Bedürfniß, dagegen mit vielen Belästigungen verbunden erscheinen mochten. Wenn sie jetzt von einem Zuviel der Gesetzgebung abmahnen, so vertreten sie damit nicht nur ihre Partheianschauung, sondern geben zugleich einem Wunsche Ausdruck, der unzweifelhaft von allen Partheien getheilt wird, nach der anstrengenden und aufregenden Thätigkeit der letzten Jahre zu relativ größerer Ruhe zu gelangen. Vielen Erfolg werden sie dessenungeachtet wahrscheinlich nicht haben, da wir eben mitten im Neubau stehen. Aber schon die Mahnung, der Gesetzgebung nicht allzu viel zuzumuthen, hat ihr Gutes und ist unter unsern Verhältnissen sehr gerechtfertigt. Wir sind bei der außerordentlichen Leichtigkeit, mit welcher unsre Gesetzgebungsmaschine arbeitet, mehr, als gut ist, gewöhnt, für jedes kleinste wirkliche oder auch nur vermeintliche Bedürfniß des Augenblicks neue Gesetze zu erlassen, die bestehenden zu ändern und immer wieder zu ändern, und haben die Geduld ganz verloren, das Leben selbst corrigirend und heilend wirken zu lassen. Wir laufen bei dieser Methode nicht selten Gefahr, an die Stelle des einen eben erkannten Mangels einen andern zu setzen, der nach kurzer Zeit vielleicht noch empfindlicher sich geltend macht und dann ebenfalls nach schleunigster Abhilfe verlangt; der viel größere Nachtheil ist aber der, daß das Gesetz, indem es thatsächlich auf die Stufe eines beliebig veränderlichen Reglements herabgedrückt wird, in den Augen der Massen einen großen Theil seiner Autorität und seiner Heiligkeit, als einer über dem Tumult des Augenblicks stehenden unabänderlichen Norm, unvermeidlich verliert. Gegenüber dieser Schwäche der Zeit sind die Conservativen mit ihrem erhaltendem Sinn die natürlichen Wächter der bestehenden Rechtseinrichtungen, und sie dienen nicht nur dem allgemeinen Interesse, sondern auch ihren eigenen Partheianschauungen weit wirksamer, wenn sie diesem Beruf treu bleiben, als wenn sie in die Hast der Gesetzesänderungen sich hereinreißen lassen, um heute einen kleinen Gewinn im Sinn des Partheiprogramms zu machen, den, wenn der Grundsatz des Beharrens das ihm gebührende Gewicht verloren hat, schon der morgende Tag ihnen wieder entreißen kann. Wie aber der Liberalismus seine Uebertreibung bei der Fortschrittsparthei findet, so fehlt es auch innerhalb der deutschconservativen Parthei nicht an einer extremen Richtung, welche mit dem bloßen Erhalten sich nicht begnügt, sondern, wenn sie die Gelegenheit für günstig hält, der Versuchung nicht widerstehen kann, auch auf das bereits Entschiedene wieder zurückzukommen und dasselbe möglichst in ihrem Sinn zurückzureformiren. Man erinnere sich z. B. der sehr heftigen Angriffe, welche von conservativer Seite seit Jahren gegen die bestehende Gewerbegesetzgebung in ihrem ganzen Umfang gerichtet werden. Neben gleichgiltigen und solchen Aenderungsanträgen, über welche eine Verständigung mit andern Partheien wenigstens nicht aussichtslos ist, sind auf conservativer Seite doch auch schon Tendenzen laut geworden, welche in ihrem schließlichen Ziel auf nichts anderes hinauslaufen, als die Freiheit des Individuums im wirthschaftlichen Leben, nicht etwa in ihrer Ausübung in einzelnen Beziehungen aus besondern Rücksichten zu beschränken, sondern prinzipiell zu beseitigen. Die Aussicht auf eine ruhige normale Fortentwicklung unsrer Verhältnisse wird sehr getrübt, wenn die Partheien in ihrem materiellen Urtheil über die Thatsachen der Geschichte und die Bedürfnisse der Gegenwart so weit auseinander gehen, daß die eine als wünschenswerth oder gar nothwendig erstrebt, was die andere nicht nur verwirft, sondern geradezu für unmöglich hält. Man sollte denken, Liberale und Conservative könnten in ihren Urtheilen über Gewerbefreiheit, Freizügigkeit und alles, was damit zusammenhängt, nur in sofern von einander abweichen, daß den einen mehr die Licht-, den andern mehr die Schattenseiten vor Augen stehen; dagegen müßten sie darüber einig sein, daß, wenn je irgend welche Einrichtungen im Staat nicht durch eitlen Menschenwitz, sondern durch die unwiderstehliche Macht der Umstände geschaffen wurden, dies von den in Frage stehenden gilt. Bei der heutigen thatsächlichen Beweglichkeit der Massen, bei der heutigen Beherrschung der Naturkräfte durch die Menschen ist eine der mittelalterlichen gebundenen Wirthschaft auch nur entfernt ähnliche Organisation absolut unmöglich. Ist es bei dem scharf prinzipiellen Standpunkt, von welchem unsre Partheien auszugehen pflegen, erklärlich und entschuldbar, daß die Conservativen gelegentlich einmal Ueberlieferungen der Vergangenheit selbst dann noch zu erhalten suchen, wenn sie sich überlebt haben, so wird doch die Grenzlinie einer berechtigten conservativen Politik überschritten, wenn man tief eingreifende gesetzgeberische Grundsätze, welche sich nach Jahrzehnte langem Ringen nichts weniger als unvorbereitet und plötzlich durchgesetzt haben, sofort wieder in Frage stellt. Der geringste, obwohl nicht zu unterschätzende Nachtheil solchen Beginnens ist die unausbleibliche Verschärfung und Verbitterung der Partheigegensätze, viel schlimmer ist die geradezu anticonservative Wirkung des hyperconservativen Strebens, daß dadurch jede Stetigkeit im Staatsleben zerstört wird.

Glücklicher und erfolgreicher als in ihren Anstrengungen für Erhaltung des Alten waren die Conservativen bisher als Vertreter des Autoritätsprinzips. Mindestens in dem gleichen Maaß wie auf liberaler Seite eine gewisse Vorliebe für die individuelle Freiheit ist auf konservativer eine solche für die Kraft und die Stärke der Staatsgewalt vorhanden. Dieser Gegensatz der Partheianschauungen tritt in allen Verhandlungen des Reichstags so scharf hervor, daß es überflüssig ist, auf Einzelnes besonders aufmerksam zu machen. Nicht nur haben die Conservativen sich stets bereit gezeigt, die Staatsgewalt in die verschiedenartigsten Verhältnisse eingreifen zu lassen und sie mit weit ausgedehnten diskretionären Befugnissen auszustatten, sie wollen selbst für die Volksvertretung keine solchen Rechte, von welchen sie eine zu starke Beeinträchtigung der Selbständigkeit der Regierung befürchten; sie sind deshalb Gegner des als parlamentarisches Machtmittel verwerthbaren Rechts der Bewilligung der Einnahmen und halten die der Ausgaben für genügend, um die Regierung insbesondere die Finanzverwaltung wirksam controliren zu können und dem Parlament den ihm nothwendigen Einfluß zu sichern.

Die Frage über das Verhältniß der Staatsgewalt zu den Einzelnen oder noch allgemeiner zwischen Autorität und Freiheit trennt Conservative und Liberale so tief, daß eine Verständigung darüber unter ihnen nie zu erreichen sein wird; das sollte aber nicht ausschließen anzuerkennen, daß keiner der beiden einander entgegengesetzten Standpunkte exklusive Geltung beanspruchen kann. Die innere Berechtigung und selbst die Unentbehrlichkeit der conservativen Verehrung der Autorität für unser Staatswesen ist auch auf der liberalen Seite um so mehr zuzugeben, als dieselbe sich eingestehen muß, daß ihre Grundsätze leicht zu einer Unterschätzung der Autorität verleiten. Die absolute Werthschätzung der freien Persönlichkeit, rechtlich und moralisch, gehört zu den fundamentalsten Ueberzeugungen des Liberalismus; er mag die Vollendung dieser Persönlichkeit nicht außerhalb, sondern innerhalb des Staates suchen und der daraus sich ergebenden Consequenz der Abhängigkeit des Individuums vom Staat mit vollster Deutlichkeit sich bewußt sein, immer muß bei seinem Ausgangspunkt das Autoritätsprinzip ganz unvermeidlich bis zu gewissem Grad in den Hintergrund treten. Die freie Persönlichkeit findet die Motive ihres Handelns nur in sich selbst, nicht in einer außerhalb ihrer liegenden Autorität, ja sie ist geneigt, die Verweisung auf eine solche fast als eine Demüthigung zu empfinden. Auf dieser Höhe stehen natürlich nur sehr wenige Einzelne; eine Gemeinschaft und gar die größte Gemeinschaft unter allen, der Staat kann auf diesem Standpunkt, wenn er in absoluter Schärfe durchgeführt werden sollte, nicht bestehen, er kann nicht existiren ohne eine gewisse Gemeinsamkeit des Denkens und Empfindens über staatliche Dinge und ohne einen gewissen Glauben, worunter durchaus nicht ein mystischer Cultus des Geheimnißvollen und Unbegreiflichen, sondern nur die ehrliche und treue Annahme des lebendig Empfundenen als eines Nothwendigen verstanden sein soll, obgleich es auch von dem Kundigsten nicht bis in seine letzten Gründe, von der übergroßen Mehrzahl überhaupt gar nicht rationell erkannt, sondern nur empfunden ist. Der außerordentlich starke individualisirende Zug unsrer modernen nationalen Bildung bringt auf der einen Seite unserm Staat eine Bevölkerung entgegen, welche für die Verantwortlichkeit des Individuums ein offenes Verständniß hat und durch ein folgeweise stark entwickeltes persönliches Pflichtgefühl ihm seine Aufgabe wesentlich erleichtert und höher als bei einem anders gearteten Volke zu stellen erlaubt; auf der andern Seite ist aber in Folge desselben Zuges auch der Autoritätsglaube bei uns schwächer als bei andern Völkern vertreten und es werden dadurch dem Staat Schwierigkeiten bereitet, welchen er anderwärts in gleichem Maaße nicht begegnet. Der Liberalismus kann bei aller Einsicht in den Werth und die Unentbehrlichkeit einer kräftigen Staatsgewalt und starker Autoritäten für unser Volksleben doch kaum nach seiner innern Natur diese Gesichtspunkte mit dem Nachdruck vertreten, mit welchem sie im Interesse unsres Staates vertreten sein müssen, er findet in dieser Beziehung seine nothwendige und heilsame Ergänzung in der Pflege, welche die Conservativen dem Autoritätsprinzip an sich und um seiner selbst willen widmen. Sie mögen darin bisweilen des Guten zu viel gethan, gelegentlich der bloßen gedankenleeren Gewalt Stelle und Würde sinnvoller Autorität beigelegt, den Schein mit der Sache verwechselt und abgestorbene Formen der Autorität künstlich am Leben zu erhalten versucht haben, bei allem dem bleibt die Thatsache bestehen, daß sie ein für das Staatsleben schlechthin unentbehrliches Prinzip, das der Autorität, systematischer und energischer vertheidigen, als es die Liberalen von ihrem Standpunkte aus vertreten können und in Wirklichkeit vertreten.

Die Hochhaltung der Autorität, welche die Conservativen auszeichnet, macht dieselben in gewissem Sinn brauchbarer als andere Partheien für das Regiment. Sie haben eine größere Fähigkeit und Neigung, der Regierung als solcher, weil sie Regierung ist, zu dienen, auch wenn sie mit derselben materiell nicht einverstanden sind; die Freude an der Staatsautorität, an der Uebung und Geltendmachung derselben ist bei ihnen größer als die an der Kritik. Sie haben diese Fähigkeit schon während der kurzen Dauer des Reiches glänzend bewährt. Der Reichskanzler ist, wenn er auch einmal Fractionsgenosse der preußischen Conservativen war, längst über alle Partheigegensätze hinausgewachsen. Seine gewaltige Neuschöpfung des Reichs hat unaufhaltsam von Neuerung zu Neuerung geführt, und eben so sehr dadurch, wie durch den Inhalt des Neugeschaffenen sind den Deutschconservativen mehr und schwerere Opfer an althergebrachten lieb gewonnenen Ueberzeugungen zugemuthet worden, als vielleicht irgend einer andern Parthei. Dennoch haben sie mit Ausnahme einer Anzahl Sezessionisten, welche hauptsächlich aus Anlaß der kirchlichen Streitigkeiten Gegner des Kanzlers wurden und auch jetzt noch zweifelhafte Freunde sind, die Reichsregierung fortwährend aufrichtig unterstützt; sie standen selbstverständlich in den Fällen, in welchen es sich darum handelte, die Ansprüche der Staatsgewalt und die Autorität zu vertheidigen, gern und mit Ueberzeugung dem Reichskanzler zur Seite, welcher in dieser Beziehung der reine Conservative geblieben ist, sie haben aber auch da, wo sie ihre Partheiansichten Preis geben mußten, der Regierung keine Schwierigkeiten bereitet. Das Verhältniß ist ebenso eigenthümlich wie lehrreich. Der Reichskanzler brachte, weil er in seinem Neubau nicht einhalten konnte, mit oder gegen seine persönliche Neigung, einen sehr erheblichen Theil des materiellen Programms der Liberalen zur Ausführung; er fand dabei allerdings die Unterstützung derselben, wenigstens der Nationalliberalen, hatte aber doch mit ihnen im Ganzen mehr zu kämpfen, als mit dem nicht in die Opposition übergegangenen Theil der Deutschconservativen, obgleich den letzteren schwerere Opfer zugemuthet wurden, als den ersten. Diese Resignationsfähigkeit, welche dem Staats- und Autoritätssinn der Conservativen zur Ehre gereicht, ist politisch entschieden eine Stärke der Parthei; jedenfalls hat sie ihr gute Früchte getragen.

Vorzugsweises Verständniß und besonders warme Neigung bringen die conservativen Kreise dem Militärwesen entgegen. Sie mögen darin bisweilen zu weit gehen, man kann aus den Budgetverhandlungen eine gewisse Bereitwilligkeit derselben erkennen, den Militäretat selbst bis zur Hypertrophie zu nähren, und sie sind vielleicht allzu geneigt, die Rechtsgleichheit und die bürgerliche Freiheit ohne Weiteres dem militärischen Interesse unterzuordnen. Liegt in der Wahrung derartiger Rücksichten das Verdienst der Liberalen, so findet dagegen der nothwendige und berechtigte spezifisch militärische Gesichtspunkt stärkere Vertretung bei den Conservativen. Es wird jetzt wohl auch außerhalb ihrer Kreise als dankenswerth anerkannt, daß sie gegen die Stimmen eines großen Theils selbst der Nationalliberalen den Grundsatz durchsetzten, daß für alle unter den Fahnen stehenden Mannschaften, auch für die nur zeitweise einberufenen Reservisten, das politische Wahlrecht ruht, und auch in der lebhaft umstrittenen Frage, ob die Heeresstärke dauernd durch Gesetz oder je nur für eine Budgetperiode durch den Etat festzustellen sei, dürften die bessern sachlichen Gründe auf ihrer Seite stehen, wie auch die Mehrheit der Liberalen dadurch anerkannte, daß sie, wenn gleich nicht auf ein zeitlich unbegrenztes, doch wiederholt auf ein für längere Zeiten bestimmtes Gesetz einging. Die conservative Vorliebe für das Heer beruht unverkennbar zum Theil auf persönlichen Beziehungen der Führer und hauptsächlichsten Mitglieder der Parthei; sie hat aber doch auch eine tiefer liegende, rein sachliche Wurzel in dem sehr lebendigen Sinn für eine kräftige Staatsgewalt, die ihre greifbarste Verkörperung in dem Heer findet, und in dem Zug zu starker Autorität, die nirgends energischer herrscht als in dem militärischen Organismus. Es wäre gewiß völlig unbegründet, den Liberalen das Verständniß des Heerwesens oder die volle Freude an den Thaten, dem Ruhm und der Leistungsfähigkeit des nationalen Heeres abzusprechen; aber weiten Kreisen derselben erscheint doch das ganze Heerwesen leicht als ein mindestens spröder Stoff, den nach den sonst im Staatsleben als erprobt geltenden Regeln zu behandeln schwer oder auch gar nicht angeht. Daß das Heer als solches außerhalb der politischen Partheikämpfe zu bleiben hat, ist freilich klar. Wer aber diesen Satz dahin erweitern wollte, das Heer sei überhaupt nur ein Mittel der staatlichen Exekutive, wenn auch das vornehmste und gewaltigste unter allen, aber doch immer ohne selbständige Bedeutung in dem lediglich als Gebieter ihm gegenüber stehenden Staat, der würde doch die in Wirklichkeit bei uns bestehenden Verhältnisse gründlich verkennen. Es mögen sich geschichtliche Beispiele anführen lassen, in welchen die Stellung des Heeres ungefähr unter jenen Gesichtspunkt paßt; jedenfalls sind die entgegengesetzten viel häufiger, in welchen die Heeresverfassung, so sehr sie an sich nur Mittel zum Zweck sein mag, doch so tief in den gesammten Staatsorganismus eingreift, daß ihre selbständige politische Bedeutung nicht zu verkennen ist, und daß sich die Sache bei uns wirklich so verhält, bedarf nicht erst des Beweises. Die verschiedenen Partheien werden diese politische Bedeutung des Heeres verschieden beurtheilen; sie können variiren von vollkommener Hingebung an das Heer aus hyperconservativer Lust an der vollständigsten Verwirklichung des Autoritätsideals, oder aus einseitig militärischer Liebhaberei, welcher das Heer als Selbstzweck erscheint, bis herab zu skeptischer Anerkennung des Militärs als eines nothwendigen Uebels. Jedenfalls liegt für diejenige Parthei, welche der bestehenden Heeresorganisation mit der ihr innewohnenden politischen Bedeutung am nächsten steht, darin ein um so erheblicheres Moment der Stärke, je größer die politische Bedeutung der Militärorganisation ist. Dieser Vortheil ist bisher bei uns hauptsächlich den Conservativen zugefallen. Unzweifelhaft haben dazu auch zufällige persönliche Ursachen mitgewirkt; aber auch abgesehen davon werden unsere Berufsmilitärs schon durch die starke Betonung des Autoritätsprinzips, welche für sie selbstverständlich und ihnen mit den Conservativen gemeinsam ist, immer, soweit überhaupt in unserm Heer politische Partheiansichten zu Ausdruck und Geltung gelangen, bis zu gewissem Grad zu jenen sich hingezogen fühlen. Trotz dessen sind Zweifel möglich, ob unser Offiziercorps auch in allen andern Beziehungen so rein conservativ gesinnt ist, wie gemeinhin angenommen wird; man könnte dagegen anführen, daß seit langer Zeit in unserm Heere die regste Lebendigkeit, eine nie rastende Kritik, eine wenn besonnene, doch darum nicht minder frische Reformlust herrscht; diese Triebe, auf eigenem Gebiet genährt, werden sich ähnlichen Bestrebungen auf andern Gebieten schwerlich antipathisch entgegenstemmen, wenn sie nur erst das Vertrauen gewonnen haben, daß von allen Partheien gleichmäßig dem Heere der Spielraum gestattet wird, welcher nöthig ist, um ihm seine Erhaltung und Fortentwicklung in seiner geschichtlich gegebenen Art zu ermöglichen.

Sehr characteristisch für die Deutschconservativen ist ihre Stellung zu den die Zeit so lebhaft bewegenden kirchlichen Fragen. Sie zeichnen sich durch eine sehr warme Partheinahme für die Kirchen aus, was hier selbstverständlich im rein politischen Sinn zu nehmen ist; von innerkirchlichen oder gar religiösen Anschauungen kann nicht bei Partheien als solchen, sondern nur bei den Einzelnen die Rede sein, welche sich in dieser Beziehung ganz anders als nach ihren politischen Ansichten und Bestrebungen gruppiren. Das Spezifische in der kirchenpolitischen Stellung der Deutschconservativen liegt darin, daß sie sehr geneigt sind, die Kirche als eine auch äußerlich organisirte Macht eine große politische Rolle in unserem Volksleben spielen zu lassen. Es hängt diese Neigung unverkennbar mit dem Werth zusammen, welchen sie auf das Autoritätsprincip legen. Eine vollkommenere Verwirklichung desselben als in der Kirche, welche ihrem Wesen nach eine schlechthin undiskutirbare, weit übermenschliche Autorität beansprucht und übt, giebt es nicht, und dies ist in den Augen der Deutschconservativen so werthvoll, daß sie selbst durch sehr derbe, roh sinnliche Mittel, welche eine Kirche zur Befriedigung der religiösen Bedürfnisse ihrer Gläubigen anwenden mag, ja sogar durch den Mißbrauch religiöser Empfindungen gegen den Staat sich nicht abschrecken lassen. Das Ideal der Deutschkonservativen ist ein möglichst inniges Zusammengehen von sacerdotium und imperium, sie sind der mittelalterlichen Theorie, nach welcher Gott zur Regierung der Welt zwei Schwerter, ein weltliches und ein geistliches gesetzt hat, nicht abgeneigt, nur geben sie natürlich die Schlußwendung dieser Theorie, nach welcher das geistliche Schwert das höhere sein soll, nicht zu. Diese Auffassung ist von dem allgemeinen Standpunkte der Deutschconservativen aus begreiflich genug; für die Autorität kann nicht besser gesorgt werden, als wenn die weltliche und die geistliche Gewalt, mit einander vereinigt, das Handeln und, soweit es möglich ist, das Denken der Menschen beherrschen. Das Ideal leidet aber an einer bedenklichen Einseitigkeit; die Gefahren, mit denen es für die freie menschliche Selbstbestimmung verbunden ist, sind nicht zu verkennen, und es steht im Widerspruch mit einer der tiefsten sittlichen Ueberzeugungen unseres Volkes, welche der Kirche den Beruf zuweist, nicht Beratherin und Leiterin des äußeren Lebens zu sein, sondern für die innere Reinigung und Erhebung der Menschen zu wirken. Mancher wird vielleicht diese Vorstellung eine spezifisch protestantische nennen, sie ist in der That zuerst durch die Reformation mit vollem Nachdruck betont worden, sie ist aber längst ein Bestandtheil der allgemeinen deutschen Bildung und nicht mehr zu zerstören. Diese Vorstellung schließt jeden Gedanken an eine geistliche Gewalt aus, welche in Gemeinschaft mit dem Staat das irdische Leben zu leiten habe; wer auf die Gesinnung der Menschen wirken will, muß im Interesse seiner Aufgabe jedes Einwirkens auf ihre einzelnen Handlungen möglichst sich enthalten. Wenn den Liberalen der Vorwurf gemacht wird, daß sie die politische Bedeutung der Kirche unterschätzen, so mag der Vorwurf in manchen Fällen nicht unbegründet gewesen sein; begründeter scheint aber der Vorwurf gegen die Deutschconservativen, daß sie diese Bedeutung überschätzen und sogar in einer Richtung suchen, welche sich mit der gegebenen Volksbildung nicht verträgt.

Die inneren Schwierigkeiten, welche in der deutschkonservativen Auffassung der kirchlichen Verhältnisse gelegen sind, haben in dem s. g. Culturkampf zum Schaden der Parthei sich geltend gemacht. Die römischen Anmaßungen müßten für die Parthei, welche, soweit sie einen bestimmten konfessionellen Charakter hat, protestantisch ist, und in welcher jedenfalls ein sehr entschiedener preußischer Staatssinn lebt, an sich antipathisch sein; die demagogischen Hetzereien der Ultramontanen gegen die Staatsautorität konnten ihren konservativen Sinn nur verletzen, und der Mißbrauch, welcher dabei gerade mit den pietätsvollsten Empfindungen der Menschen getrieben wurde, mußte sie mit Entrüstung erfüllen. Auch ist es kaum zu bezweifeln, daß die ultramontane Bewegung äußerlich für keine andere Parthei so nachtheilig war wie für die konservative. Man würde zwar sicher irren, wenn man annehmen wollte, daß alle die Wahlkreise, welche jetzt unter dem Banne des Ultramontanismus stehen, mit Wegfall desselben konservativ stimmen würden; selbst die parlamentarische Parthei des Zentrums würde, wenn die Macht jenes Bannes plötzlich aufhörte, ihre Mitglieder an die verschiedensten anderen Partheien übergehen sehen, und bei Neuwahlen würde das Schwarz gar manchen Wahlkreises sich in Roth oder Röthlich verwandeln. Aber die bäuerliche Bevölkerung, welche jetzt ultramontan stimmt, ist doch zugleich diejenige, in welcher konservative Neigungen verhältnißmäßig am stärksten vertreten sind, und so hat wohl die Bildung der außerstaatlichen ultramontanen Parthei den Conservativen mehr Abbruch gethan als den anderen Partheien. Ungeachtet aller dieser Verstimmungsgründe hat sich die Parthei nur ungern und mit Widerstreben zu ernstem und nachhaltigem Kampf gegen den Ultramontanismus entschlossen. Ein nicht unbeträchtlicher Theil der Deutschconservativen hat sogar in den kirchlichen Streitigkeiten Veranlassung zu förmlicher Sezession von ihren Genossen und zeitweise zu scharfer Gegnerschaft gegen den Reichskanzler gefunden. Aber auch dem Rest der Parthei ist es trotz der Einsicht in die unabweisbare Nothwendigkeit der Abwehr der römischen Anmaßungen unverkennbar schwer geworden, den Kampf gegen die Curie aufzunehmen, obgleich die Autorität der Kirche als solcher nie angegriffen, sondern nur ihrer staatsgefährlichen Wirksamkeit ein Riegel vorgeschoben wurde, und die ganze Parthei macht kein Hehl daraus, wie dringend sie die Beseitigung des Culturkampfs wünscht und selbst mit Opfern zu erkaufen bereit ist. Diese auffallende Nachgiebigkeit derjenigen Parthei, welche sonst die Interessen der Staatsautorität am eifrigsten zu vertreten pflegt, ist nicht daraus zu erklären, daß sie allein die Nachtheile einsehe, welche mit dem Kampf zwischen Staat und Kirche in staatlicher wie in kirchlicher und nicht zum wenigsten in allgemein menschlicher Beziehung verbunden sind; diese Nachtheile werden von allen Partheien gleich lebhaft empfunden und beklagt. Der besondere Grund, welcher den Culturkampf in den Augen der Deutschkonservativen so widerwärtig erscheinen läßt, liegt darin, daß durch ihn zugleich ihr politisches Ideal der Leitung und Beherrschung der Völker durch das vereinigte imperium und sacerdotium zerstört wird. Die reine Grenzscheidung zwischen Staat und Kirche, welche dem Wesen des Liberalismus vollkommen entspricht, ist für sie nur eine unerfreuliche Nothwendigkeit.

Sehr viel einfacher ist das Verhältniß des Staates und also auch der politischen Partheien zu der protestantischen Kirche. Diese hat an sich keinen Grund, sich in politische Händel einzumischen; ihrem ganzen Wesen nach darauf berechnet, den inneren Menschen zu erfassen, ist sie im Allgemeinen zum Betrieb politischer Dinge weder besonders geneigt noch besonders geschickt und läuft bei dem Versuch, sich derselben dennoch zu bemächtigen, leicht Gefahr, an bleibender Bedeutung mehr zu verlieren, als sie dadurch selbst im günstigen Fall momentan äußerlich gewinnen kann. Die Ziele, welche sie verfolgt, sind, wenn auch mit denen des Staates nicht identisch doch diesem so sympathisch, daß er selbstverständlich ihrem Wirken keine Hindernisse bereiten, sondern dasselbe, soweit seine abweichende Natur und Aufgabe es gestattet, eher befördern wird um so unbedenklicher, als diese Kirche auch nicht eine über die Grenzen des Staates hinausgehende äußere Gemeinschaft erstrebt, welche auf die unter ihr begriffenen Staaten störend einzuwirken befähigt wäre. Zwischen dem Staat und der protestantischen Kirche ist deshalb ein Grund zu Mistrauen oder Eifersucht nicht vorhanden, und wenn der eine oder der andere Theil einmal Neuerungen einführt oder geschehen läßt, welche dem andern Theil unlieb sind, so haben doch auch in solchem Falle beide Theile die stärksten Motive, sich freundschaftlich zu vertragen. Die natürliche Consequenz aus allen diesen Verhältnissen ist die, daß der Staat und die politischen Partheien gegenüber der protestantischen Kirche und den sie bewegenden Fragen und umgekehrt diese jenen gegenüber eine freundliche Neutralität beobachten. Nichts ist politisch wünschenswerther und nichts entspricht zugleich mehr dem innersten Wesen der protestantischen Kirche, als wenn diese ausschließlich ihrem eigentlichen Beruf der sittlich-religiösen Veredlung und Hebung ihrer Gläubigen sich hingibt; indem sie von der unmittelbaren Theilnahme an dem politischen Partheitreiben sich ausschließt, eröffnet sie sich den weitesten Kreis für diese Wirksamkeit, und durch Milderung der schroffen Gegensätze, durch Ermäßigung der Leidenschaft, durch Pflege des auch den Gegner anerkennenden Billigkeitsgefühls erfüllt sie eben so sehr ihre eigne Aufgabe wie sie dem gesammten Volksleben und dadurch auch dem Staat den werthvollsten Dienst leistet. Die lebhaften Kämpfe des letzten Jahrzehnts über das Kirchenstaatsrecht haben gleichwohl begreiflich auch der protestantischen Kirche eine gewisse Theilnahme an der politischen Bewegung nahe gelegt, und auf der anderen Seite zeigt ein großer Theil der Deutschkonservativen entschiedene Neigung sich mit den Orthodoxen politisch zu verbinden, um der protestantischen Kirche als solcher eine politische Bedeutung zuzuwenden, welche dann selbstverständlich im orthodox-konservativen Interesse verwerthet werden soll. Es zeigt sich darin wieder der bei den Deutschkonservativen so stark hervortretende Zug, die religiöse Kraft, über welche die Kirche gebietet, bestimmten politischen Interessen direct dienstbar zu machen und dafür der Kirche politische Macht und Bedeutung einzuräumen, vor allem innerhalb derselben die verbündete Richtung, so weit möglich, auch von Staatswegen zu unterstützen. Es ist hier nicht der Ort, die bedenklichen

Folgen hervorzuheben, welche für die Kirche mit der Verfolgung dieses Weges verbunden sind und wegen deren auch ein Theil der Orthodoxen denselben mißbilligt, während er den liberalen kirchlichen Partheien von selbst durch ihr ganzes Wesen verschlossen ist. Politisch und für den Staat würde aber ein irgend erheblicher Erfolg auf diesem Weg ohne Zweifel das volle Gegentheil des erhofften konservativen Gewinnes bewirken. Wie immer die verschiedenen theologischen Richtungen, welche aus der Wurzel des Protestantismus herausgewachsen sind, in ihren äußersten Extremen aber außerordentlich weit aus einander gehen, innerhalb der Kirche sich mit einander vergleichen mögen, jeder Versuch, die vollkommene Freiheit auf rein geistigem Gebiet durch die Staatsgewalt zu beschränken, würde als ein unerträglicher Angriff auf den innersten Kern unsrer nationalen Bildung empfunden werden und Hunderttausende politisch höchst gemäßigter Menschen dem Radikalismus in die Arme treiben. Es gibt nichts weniger konservatives, als wenn man mit den Mitteln des Staates dazu behilflich ist, die Kette, welche jetzt den äußersten linken Flügel in der protestantischen Kirche durch zahllose Mittelglieder, aber ohne klaffenden Riß mit dem äußersten rechten verbindet, an irgend einer Stelle zu zerreißen. Es würde dadurch nur zu den zahlreichen Spaltungen unsres Volkes noch eine neue, in ihrer Fortentwickelung nothwendig zu völliger gegenseitiger Entfremdung führende hinzufügt.

Zu den rein politischen Beziehungen zurückkehrend, ist endlich auch in der nationalen Frage die Stellung der Deutschkonservativen eine andere als die der Liberalen. Nicht als ob sie der nationalen Sache mit minderer Wärme und Hingebung dienten, als diese, aber sie erfassen dieselbe unter einem anderen Gesichtspunkt, sie sind, um ein Stichwort vergangener Zeiten ohne irgend eine schlimme Nebenbedeutung zu gebrauchen, mehr Großpreußen, die Liberalen mehr Nationaldeutsche. Fällt zu unserm Glück jetzt das eine so ziemlich mit dem andern zusammen, so ist der Unterschied beider Richtungen doch immer noch bedeutend genug, um den Partheien, je nach dem sie der einen oder der andern folgen, eine verschiedene Färbung aufzuprägen. Eine sehr natürliche und berechtigte patriotische Empfindung führt begreiflich tausend und aber tausend Preußen, und am stärksten selbstverständlich diejenigen der konservativen Richtung zu dem Wunsche, ihren ruhmreichen Staat, der um der unübersehbaren, ihm gebrachten Opfer willen ihrem Herzen nur um so näher steht, auch unter der neuen Gestaltung der Dinge möglichst unversehrt in seiner spezifischen Besonderheit erhalten zu sehen; und dieselbe Betrachtungsweise gönnt auch jedem der andern vereinigten Staaten die Bewahrung seiner Eigenthümlichkeiten, soweit sie nicht dem Ganzen positiv hindernd im Weg stehen. So ist die Neigung der Conservativen für die Einheitlichkeit der Gesetzgebung geringer als die der Liberalen; alle Ausdehnungen der Competenz der Reichsgewalt sind wesentlich den Bemühungen der letzteren zu verdanken; gegen die wichtigste dieser Erweiterungen in Betreff der Gerichtsorganisation und des Civilrechts haben die Deutschkonservativen während mehrerer Sessionen gestimmt. Die Ausdehnung preußischer Einrichtungen auf das übrige Deutschland entspricht ihren Anschauungen; so traten z. B. bei den Verhandlungen über die Gesetze über den Unterstützungswohnsitz, über Freizügigkeit u. ä., die wesentlich nur altpreußisches Recht erweiterten, viel mehr landsmannschaftliche als Partheigegensätze hervor. Dagegen entschließen sie sich, wie z. B. die Verhandlungen über die Justizgesetze zeigen, zum Aufgeben altpreußischer Einrichtungen nur schwer und nur nach ängstlicher Vorsorge für die Befriedigung aller speziell preußischen Bedürfnisse. Der lebhafte Wunsch der Liberalen, das Reich möglichst vollständig mit eignen Regierungs- und Verwaltungsorganen auszustatten, findet bei den Deutschkonservativen eine ziemlich kühle Aufnahme, nicht bloß weil sie auf konstitutionell korrecte Formen einen geringeren Werth legen, sondern mindestens eben so sehr, weil sie gegen die Leitung des Reichs durch den preußischen Staat nichts einzuwenden haben. Den preußischen Conservativen liegt naturgemäß die Einsicht am nächsten, daß das Reich, welches durch die organisirte Macht Preußens geschaffen und durch dieselbe zusammengehalten ist, einstweilen nicht ohne Weiteres durch eine nichtpreußische Reichsgewalt, sondern nur durch preußische Hegemonie, so sehr dieselbe in die Rechtsformen des Reiches eingekleidet und dadurch gemildert werden mag, geleitet werden kann. Selbst dem Kanzler scheint, wenn man den ursprünglichen Entwurf der Verfassung des Norddeutschen Bundes sich vergegenwärtigt, bei der Gründung dieses Bundes der Gedanke einer hegemonischen Leitung der verbündeten Kleinstaaten durch den preußischen Staat nicht ferne gelegen zu haben; wie er aber bei aller realistischen Würdigung gegebener Machtverhältnisse doch unter allen deutschen Staatsmännern unbestreitbar derjenige ist, welcher den deutschen und den Reichsstandpunkt am entschiedensten und mit dem größten Erfolg vertritt, so ist auch thatsächlich die Entwicklung des

Reichs als solchen in der kurzen Zeit seines Bestehens mit solcher Energie vorangeschritten, daß schon jetzt der Versuch, es als lose Form zu behandeln und den Hauptnachdruck auf die Führung der deutschen Kleinstaaten durch den Staat Preußen zu legen, als aussichtslos betrachtet werden darf. Ist es eine der Wirklichkeit voraneilende Fiction, das Reich als einen fertigen Staat zu behandeln, so bleibt man in gleichem Maaß hinter der Wirklichkeit zurück, wenn man es wesentlich nur als einen unter preußischer Leitung stehenden Bund auffaßt. Es wäre zu weit gegangen, wenn man die eine und die andere dieser Auffassungsweisen ohne Weiteres als die der Liberalen und der Conservativen bezeichnen wollte; daß sie aber je nach diesen verschiedenen Richtungen hinneigen, ist unverkennbar und wesentlich zur Kennzeichnung ihrer Art.

Man kann alle characteristischen Züge der deutschconservativen Parthei auf ihren historischen Ursprung und Kern zurückführen. Der Beharrungstrieb, der scharf ausgeprägte Sinn für Autorität, die Vorliebe für das Militärwesen, die Hinneigung zu einem starken, mehr oder minder orthodox gefärbten Kirchenthum, die unbedingte Hingabe an den preußischen Staat, alles das sind historische Züge der preußischen Ritterschaft, welche in der heutigen Generation derselben leben kraft alter Standesüberlieferung und ohne alle Rücksicht auf theoretische und prinzipielle Gesichtspunkte. Die Parthei begnügt sich aber nicht damit, ihre Ansichten lediglich als geschichtlich überlieferte Standesansichten zu vertreten, sie hat mit Absicht und Bewußtsein die weitere Aufgabe übernommen, auch die in denselben gelegenen Prinzipien als solche in unserm Staatsleben zur Geltung zu bringen. Kommt sie dadurch auf der einen Seite in einen noch schärferen Gegensatz zu den Liberalen, indem sie die entgegengesetzten Prinzipien wie diese vertritt, so ist eben dadurch auf der andern Seite auch eine Verbindungsbrücke zu dem Liberalismus hinübergeschlagen, indem sie aus der Standesisolirung heraus und auf einen gleichartigen Boden, wie dieser, wenn auch in gegnerischer Stellung, hinübertritt. Nur auf diesem Weg können die Conservativen unter Milderung mancher spezifisch altpreußischen Eigenthümlichkeiten die auch im übrigen Deutschland vorhandenen natürlich conservativen Elemente mehr an sich heranziehen, als es ihnen bisher gelungen ist. Jedenfalls ist aber schon jetzt die deutschconservative und die liberale Parthei die ganz unentbehrliche Ergänzung je der andern; jede der beiden Partheien vertritt an sich wichtige und zum Gedeihen des Staates schlechthin nothwendige Prinzipien, jede aber die ihrigen mit einer gewissen Einseitigkeit, welche der korrigirenden Ergänzung durch das Gegentheil nothwendig bedarf.

Die deutsche Reichsparthei.

Die deutsche Reichsparthei ist die eigenartigste unter unsern politischen Partheien. Ihren ursprünglichen Kern bilden die preußischen Freiconservativen, welche nach den Ereignissen des Jahres 1866 mit voller Absichtlichkeit von den streng Conservativen mit einer Schwenkung nach links als besondere selbständige Partheі sich trennten, wie später anläßlich der kirchlichen Streitigkeiten eine ultraconservative Gruppe in der entgegengesetzten Richtung ein sezessionistisches Lager innerhalb der Partheі ohne förmliche Ausscheidung aus derselben bildete. Der Namen Freiconservative war vollkommen zutreffend gewählt. Die Partheі steht nach ihren Grundanschauungen und Neigungen durchaus auf conservativem Boden; sie nimmt ihren Ausgangspunkt nicht von der wesentlich theoretisch gefundenen, wenn auch durch praktische Rücksichten modifizirten Forderung dessen, was sein sollte, sondern rein realistisch von den gegebenen Verhältnissen, und stimmt auch darin mit den Deutschconservativen überein, daß sie das Bestehende gern schonend zu erhalten sucht und einen sehr lebendigen Sinn für die Bedürfnisse der Staatsgewalt hat. Auch personell hängt sie mit jenen, aus deren Mitte sie hervorgegangen ist, eng zusammen, obgleich es zu beachten ist, daß unter den Freiconservativen namentlich der große schlesische Adel von Anfang an eine sehr hervorragende Rolle spielte und in der Partheі überhaupt das spröde Wesen der preußischen Ritterschaft weniger scharf als bei den Deutschconservativen hervortritt. Der Unterschied beider Partheien liegt aber doch viel tiefer. Die Freiconservativen stehen zu dem materiellen Inhalt des Liberalismus sehr viel freundlicher, als die Deutschconservativen; sie erkennen im Gegensatz zu der wesentlich abwehrenden Haltung der letztern rückhaltlos an, daß die Resultate der modernen nationalen Bildung auch im Staatsleben Berücksichtigung beanspruchen können, wenn sie auch bei der Prüfung des praktischen Bedürfnisses und der praktischen Ausführbarkeit einen strengeren Maaßstab als die Liberalen anzulegen geneigt sind; sie theilen nicht die Vorliebe der Deutschconservativen für das lediglich historische Werden und Wachsen des Staates und gestatten sehr viel liberaler als diese dem lebenden Geschlecht nach seinem Bedürfniß und seiner freien Einsicht die überlieferten Einrichtungen des Staates umzugestalten und fortzubilden. Die Freiconservativen legen auf das constitutionelle System mit allen seinen Consequenzen größeren Werth, sie würdigen den Rechtsschutz gegenüber der diskretionären Gewalt der Regierung höher, als ihre ehemaligen Partheigenossen, sie haben die ungemein thätige Reformgesetzgebung des letzten Jahrzehnts nicht nur als etwas Unvermeidliches hingenommen, sondern mit freudiger Theilnahme begleitet. Sie sind sehr warme Anhänger der Reichsidee auch in ihrer formalen Bedeutung im Gegensatz zu einer blos hegemonischen Führung der verbündeten deutschen Staaten durch Preußen; ja sie sind vielleicht unter allen Partheien diejenige, welche sich gegebenen Falles am leichtesten entschließen würde, alle prinzipiellen Bedenken von rechts oder von links zur Seite zu schieben, nur um die volle Wirksamkeit der Reichsgewalt zu sichern; es entspricht durchaus diesem ihrem Grundzug, wenn sie bisher in allen Fällen als die sichersten Anhänger des Reichskanzlers sich bewährten. Gehören die Freiconservativen wenigstens dann, wenn man nur Conservative und Liberale unterscheidet, unzweifelhaft zu den ersten, so war es doch durch die Verhältnisse durchaus begründet, daß sie sich als selbständige Parthei constituirten und sich nicht, wie ihre ultraconservativen Gegenfüßler, damit begnügten, eine besondere in einzelnen Fragen für sich stimmende Gruppe innerhalb der conservativen Parthei zu bilden; sie sind eben von dieser nicht blos in Einzelnheiten, sondern prinzipiell geschieden, indem sie grundsätzlich einer Vermittlung mit den Forderungen des Liberalismus geneigt sind. Man kann das Verhältniß zwischen Frei- und Deutschconservativen in mancher Beziehung mit dem zwischen Nationalliberalen und Fortschrittsparthei vergleichen; je die ersten vertreten die betreffende Partheirichtung nicht blos milder als die zweiten, sondern sie modifiziren dieselbe innerlich, indem sie die Berücksichtigung noch anderer außerhalb der Partheirichtung an sich gelegener Momente für nothwendig halten. Da dies in sehr verschiedenem Maaße geschehen kann, erklärt es sich, daß auf der einen Seite ein Theil der Freiconservativen den gemäßigten Deutschconservativen sehr nahe rücken kann, wie der Weg von dem linken Flügel der Nationalliberalen zu dem rechten der Fortschrittspartei nicht sehr weit ist, und daß auf der andern Seite zwischen einem andern Theil der Freiconservativen und den gemäßigten Nationalliberalen es an nahen Berührungspunkten nicht fehlt.

Neben die Freiconservativen stellte sich dann auf dem ersten Reichstag unter dem Namen der Reichspartei eine andere Gruppe, die ihren Ausgangspunkt mehr von den liberalen Anschauungen nehmend doch bei den liberalen Parteien den Character der Schule statt desjenigen einer rein politischen Partei, sei es mit Recht sei es mit Unrecht, zu stark ausgeprägt fand und sich deshalb als besondere Fraction separirte mit der Absicht und zu dem Zweck, zwar im Allgemeinen im Sinn des Liberalismus, aber ohne sich von dem prinzipiellen Standpunkt desselben allzu sehr beengen zu lassen, frei nach politischer Würdigung der jeweils gegebenen Lage zu handeln. Man sieht leicht, ein wie genaues Seitenstück diese Reichspartei zu den Freiconservativen bildet; die einen gehen mehr von liberalen, die andern mehr von conservativen Anschauungen aus, die einen wie die andern sind aber mit der nach ihrer Auffassung zu weit getriebenen Abgeschlossenheit dieser entgegengesetzten Anschauungen nicht einverstanden und suchen und beanspruchen deshalb neben und außer der als nicht genügend betrachteten liberalen bezw. conservativen Regel noch eine andere, beweglichere Richtschnur für ihr politisches Handeln. Die beiden Gruppen der Reichspartei und der Freiconservativen, die ursprünglich von ziemlich weit auseinander liegenden Punkten ausgingen, begegneten sich in der Ansicht, die Grundlage unsrer Parteigliederung sei ungenügend, und in dem Versuch, neue Parteien auf anderer Grundlage herzustellen. Sie sind dadurch von Anbeginn an bestimmt und scharf von derjenigen politischen Partei geschieden, von welcher sie ursprünglich ausgegangen, wie sehr sie auch in zahlreichen einzelnen Fragen mit derselben übereinstimmen mögen, und sie hatten untereinander, wenn auch in manchen Beziehungen abweichende Ansichten zwischen ihnen bestehen mochten, doch einen nahen Berührungspunkt darin gefunden, daß sie beide bei der Parteibildung den ganz neuen Grundsatz befolgten, das liberale bezw. conservative Postulat könne erst in zweiter Linie und hinter der concreten Würdigung der augenblicklichen Sachlage in Betracht kommen. Wäre die alte Parteibildung durch die neue verdrängt oder auch nur wesentlich erschüttert worden, so mochten die Freiconservativen und die Reichspartei die Anfänge neuer conservativer und liberaler Partheien werden, die nicht mehr in bisheriger Weise in scharfem prinzipiellem Gegensatz einander gegenüber, sondern wesentlich auf dem gleichen Boden, nur unter vorzugsweiser Betonung der einen oder der andern Richtung stehen. Blieb dagegen, wie dies bisher in der That der Fall gewesen ist, die alte Partheigliederung trotz der auf beiden Seiten erfolgten Aussonderungen im Wesentlichen bestehen, so lag es eben so nahe, daß die ausgeschiedenen Gruppen die unter ihnen bestehenden, in der That nicht allzu starken Differenzpunkte hinter das ihnen Gemeinschaftliche, die ihnen eigenthümliche Basis der Partheibildung, zurücktreten ließen und sich zu einer einzigen Parthei vereinigten.

Die Reichspartei hatte sofort bei ihrem Entstehen in verhältnißmäßig nicht unbedeutender Zahl noch andere Elemente in sich aufgenommen, welche weniger durch ihr Verhältniß zu der conservativen oder der liberalen Staatsauffassung als durch ihre Stellung zu der nationalen Frage dieser Partheigruppe zugeführt wurden, während sie freilich, was merkwürdig genug ist, über das Materielle dieser Frage weder mit den übrigen Bestandtheilen der Parthei noch untereinander in voller Uebereinstimmung sich befanden. Auch in der Reichspartei fanden sich, ähnlich wie bei den Freiconservativen, von Anfang an sehr entschlossene Anhänger einer starken Zentralgewalt; waren jene als Conservative frei genug, den unermeßlichen Fortschritt unsres Staatswesens, wie er seit dem Jahre 1866 gemacht war, mit vorbehaltloser Genugthuung anzuerkennen und alle seine unvermeidlich anticonservativen Consequenzen nicht blos hinzunehmen, sondern unter eigner freudiger Mitarbeit activ zu fördern, so waren diese als Liberale realistisch genug, um selbst mit einem ganz bruchstückweisen Vorschreiten sich zufrieden zu geben und an der Herstellung und Erhaltung einer vor allem andern nothwendigen starken Reichsgewalt nöthigen Falls selbst mit Hintansetzung liberaler Interessen mitzuarbeiten. Der Parthei unitarische oder auch nur planmäßig zentralisirende Tendenzen beizulegen, dazu fehlt jeder Grund; lag doch für sie der Hauptanlaß zur Trennung von den Liberalen gerade darin, daß sie diese zu sehr in den Banden des Systems und der Prinzipien befangen hielt; dagegen war sie allerdings sehr geneigt, mit dem Reich und der Reichszentralgewalt, so wie sie einmal gegeben waren, vollen Ernst zu machen ohne allzu ängstliche Rücksichtnahme auf sonstige Partheigrundsätze oder auf partikularistische Empfindlichkeiten, sei es auf preußischer, sei es auf kleinstaatlicher Seite. So ist es allerdings auffallend, daß gerade diese Parthеigruppe Elemente anzog, die einen gewissen Schutz für den Partikularismus gegen eine gefürchtete Ueberfluthung des nationalen, zentralisirenden Strebens suchten. Und doch war dies zunächst während der ersten Legislaturperiode des Reiches der Fall bei einer ziemlichen Anzahl bayrischer Abgeordneter, die nach ihrer politischen Gesammtauffassung auch in nationaler Beziehung eigentlich zu den Nationalliberalen gehört hätten, gegenüber dem stark entwickelten Selbständigkeitsgefühl ihres Heimathlandes aber Bedenken trugen, sich dieser, wie die Erfahrung gezeigt hat, freilich sehr mit Unrecht als unitarisch oder auch nur zentralistisch verschrieenen Parthei anzuschließen. Aber auch abgesehen von dieser bereits vorübergegangenen Episode hat die Reichsparthei von Anfang an und fortdauernd sogar in steigendem Maaße eine gewisse Anziehungskraft auf solche ausgeübt, deren hauptsächlichstes Streben darauf gerichtet ist, den Partikularismus thunlichst gegen Opfer zu schützen. Die Erklärung dieser an sich auffallenden Thatsache wird darin zu finden sein, daß von allen Seiten, und mit Recht, angenommen wird, die Parthei gestatte den absoluten Prinzipien nur einen beschränkten Einfluß auf ihre Entschlüsse, so daß auch spezifisch partikularistische Neigungen, so fern sie dem ursprünglichen Kern der Parthei gelegen sind, innerhalb derselben ertragen werden, so weit sie sich mit den gegebenen Thatsachen zurecht zu finden verstehen. Stricte Anhänger einer starken Reichsgewalt und ängstliche Hüter des Partikularismus, welche vor allem diesen vor jedem weiteren wirklichen oder auch nur formellen Opfer zu wahren suchen, können lange Zeit zusammengehen, wenn beide Theile weniger durch ihre Wünsche und ihr letztes Ziel als durch ihr Urtheil sich leiten lassen und dieses in so weit zusammentrifft, daß die einen als erträglich und unvermeidbar hinnehmen, was die andern als zur Zeit nothwendig und erreichbar betrachten. Der reine Partikularismus, der sich mit der Thatsache des Reichs ausgesöhnt hat und nur die Consequenzen derselben möglichst einzuschränken bemüht ist, befindet sich in einer schwierigen Lage; er trägt Bedenken, offen als partikularistische Parthei aufzutreten, weil er und wohl mit gutem Grund befürchtet, dadurch eine ihm an Macht weit überlegene national zentralistische Gegenströmung in's Leben zu rufen; eine Verbindung mit den Ultramontanen, die allerdings streng partikularistisch sind, ist durch die Sonderstellung derselben ausgeschlossen, und die Deutschconservativen, bei welchen in gewissem Sinn mehr als bei andern Partheien auf Schonung partikularistischer Neigungen zu rechnen wäre, können schon wegen ihres spezifisch preußischen Standpunktes auf außer- und zum Theil antipreußische Partikularisten keine Anziehungskraft ausüben, stehen auch in ihren allgemeinen politischen Anschauungen den betreffenden kleinstaatlichen Kreisen so fern, daß Anhänger derselben wenig Aussicht auf Erfolg hätten. So hat es sich gefügt, daß die Reichspartheі in Folge ihrer mehr vermittelnden Stellung, aber einiger Maßen im Widerspruch mit ihrem Namen eine ziemliche Anzahl von Mitgliedern in ihrer Mitte hat, deren Hauptbestreben nicht gerade auf die Pflege und Fortentwicklung der Reichsidee gerichtet ist.

Die Freiconservativen und die Reichspartheі, ursprüglich getrennt, haben sich im Reichstag — in Preußen besteht die alte freiconservative Parthei unter diesem Namen unverändert fort — zu einer einzigen Parthei unter dem Namen: deutsche Reichspartheі verschmolzen; vielleicht ist die eigentlich liberale Richtung, wie sie in der ursprünglichen Reichspartheі zeitweise ziemlich rein vertreten war, im Lauf der Jahre etwas zurückgetreten, dagegen haben die zuletzt besprochenen partikularistischen Elemente wenigstens numerisch in der Parthei zugenommen, eine Wandelung in ihrem Wesen hat dieselbe aber weder durch das eine noch durch das andere erfahren. Sie ist, wie ihre Entwickelung zeigt, aus sehr verschiedenartigen Elementen zusammengesetzt, welche ihre Einigung zunächst in einem negativen Moment, nämlich darin finden, daß sie den altüberlieferten Partheigrundsätzen ein sehr viel geringeres Gewicht als deren strenge Anhänger beilegen. Positiv huldigen sie einem gewissen Eklektizismus. Wie sie in ihrer eignen Mitte prinzipiell ziemlich weit auseinander gehende Ansichten ertragen, da sie die Entscheidung eben nicht durch das Prinzip, sondern durch concretere Erwägungen suchen, so wird es ihnen auch relativ am leichtesten, sich nach rechts oder links mit rein conservativen oder rein liberalen Anschauungen zu befreunden und unter denselben zu vermitteln. Sie sind zugänglicher als die Liberalen für die Bedürfnisse der Staatsgewalt, und als die Conservativen für die Forderungen der individuellen Freiheit; legen sie ein größeres Gewicht als die letztern auf die Reichsidee auch in ihrer formellen Bedeutung, so nehmen sie doch, wie sie durch Annahme des Frankenstein'schen Antrags gezeigt haben, an der bloßen dem Partikularismus schmeichelnden Form keinen Anstoß, wenn sachlich das Interesse des Reichs gewahrt ist. So ist die Reichspartheі bei fast allen wichtigeren und umfassenderen Verhandlungen des Reichstags in der Rolle des Vermittlers aufgetreten und hat den immer mit dieser Rolle verbundenen Einfluß reichlich geübt. Sie könnte mit sehr viel besserem Recht als die in unserm Staatsleben absolut excentrischen Ultramontanen Namen und Bedeutung des Zentrums in Anspruch nehmen und nach anderweitigem Vorbild möglicher Weise auch in ein rechtes und ein linkes Zentrum zerfällt werden. Auch der allen Mittelpartheien stets drohenden Gefahr ist sie gelegentlich unterlegen, daß sie über dem Streben, zwischen zwei naturgemäß stets veränderlichen Größen die Mitte einzuhalten, den eignen festen Standpunkt verlor. Anderer Seits wird aber das Wesen und das Lebensprinzip der Parthei nur sehr ungenügend bezeichnet, wenn man sie lediglich als eine Mittelparthei auffaßt; sie ist und will etwas anderes sein als nur gemäßigt conservativ oder gemäßigt liberal; sie möchte von diesen Gegensätzen und von jeder durch dieselben bedingten, zum Voraus festgestellten Regel für das politische Verhalten der Parthei thunlichst abstrahiren und legt größeren Nachdruck auf die möglichst richtige und vollständige Würdigung aller concreten Momente sachlicher und personeller Art, die bei Entscheidung der einzelnen Frage in Betracht kommen. Dieser Standpunkt kann die Parthei statt in die Mitte zwischen das conservative oder das liberale Lager auch sehr bestimmt in das eine oder das andere führen, wie sie z. B. in den Fragen der Militärorganisation in der Hauptsache ganz auf conservativer, in den kirchenpolitischen Fragen wesentlich auf liberaler Seite steht.

So könnte die deutsche Reichspartheі als die so viel gesuchte und so oft vermißte eigentlich realpolitische Parthei erscheinen, und man wird vielleicht nicht irren, wenn man annimmt, daß manchem der Gründer und Führer das englische Vorbild mit seinen prinzipiell lange nicht so scharf geschiedenen Partheien vorschwebte. Mag die Nachahmung beabsichtigt gewesen sein oder nicht, jedenfalls ist sie nicht gelungen. Der prinzipielle Gegensatz zwischen conservativ und liberal beherrscht heute noch wie seit lange die Masse unsres Volkes, ja er ist, merkwürdig genug, in dem Bewußtsein desselben heute noch mindestens eben so lebendig und wirksam wie der andere zwischen Partikularismus und Zentralisation, von dem man hätte erwarten sollen, daß er auf Jahre hinaus das politische Interesse der Nation erschöpfen werde. Vermochten die gewaltigen, unser Vaterland völlig umgestaltenden Ereignisse, deren Zeugen wir waren, das politische

Denken und Empfinden unsres Volkes nicht aus den gewohnten Bahnen zu verdrängen, so wird man noch für geraume Zeit mit den alten Factoren rechnen und den Gegensatz zwischen liberal und conservativ als den politisch dominirenden anerkennen müssen. Er hat sich so tief in das Bewußtsein unsres Volkes eingelebt, daß jede Parthei, wie sie auch an und für sich zu demselben stehen mag, fortwährend genöthigt ist, auf ihn Rücksicht zu nehmen. Jede tiefer eingreifende politische Frage wird von dem öffentlichen Urtheil nach dem prinzipiell conservativen oder liberalen Gesichtspunkt entschieden, so daß es für die handelnden Partheien thatsächlich unausführbar ist, davon zu abstrahiren. Es kann eine Anzahl von Personen sich zusammenfinden, welche ihrerseits diesem Gegensatz eine relativ untergeordnete Bedeutung beilegen, und sie können durch die ihnen gemeinsame Auffassung der Geschäfte und ihre übereinstimmende Beurtheilung der Bedingungen, unter welchen jeweils das Staatsleben sich bewegt und durch welche das zur Zeit Erreichbare bestimmt wird, in ihren Entschließungen geraume Zeit hindurch eben so fest zusammengehalten werden, wie eine unter stricterer Formel stehende Parthei. Eine eigentliche in der Bevölkerung selbst lebende Parthei, welche ihre Angehörigen eventuell selbst gegen ein gewisses persönliches Widerstreben derselben unter ihrem Bann festzuhalten vermöchte, kann sich aber auf so künstlicher Grundlage nicht entwickeln. In der That hat die Reichsparthei eine Existenz wesentlich nur im Reichstag; sie ist nicht, wie dies bei den Conservativen und den Liberalen der Fall ist, der handelnde Ausschuß einer auch außerhalb des Parlaments vorhandenen Parthei; sondern sie wird, soweit sie im Volk überhaupt vorhanden ist, durch ihre parlamentarischen Vertreter nicht sowohl repräsentirt als geschaffen. Es dürfte schwer sein, bei den Wählerschaften des preußischen Freiconservativen, des etwa mehr nach der liberalen Seite hinneigenden Anhängers eines stricten Reichsregiments und des sei es mehr conservativ sei es mehr liberal gestimmten Vertheidigers des Partikularismus ein einigendes Band gemeinsamen politischen Denkens, Empfindens und Wollens aufzufindeu; sie vertreten im Grunde sehr verschiedenartige Standpunkte und Bestrebungen, und nur ihren Abgeordneten ist es gelungen, durch Zurückdämmen der Prinzipienfragen und vorherrschend geschäftliche Behandlung der vorliegenden Aufgaben sich untereinander zu verständigen und im Reichstag als vermittelnde Parthei eine bedeutende Wirksamkeit zu üben. Die Reichsparthei zählt in ihrer Mitte verhältnißmäßig sehr viele Männer, welche auch abgesehen von ihrer parlamentarischen Thätigkeit in dieser oder jener Art eine staatlich bedeutende Stellung einnehmen; der Einfluß, welcher ihnen daraus erwächst, gewinnt ihnen in den diesem Einfluß zugänglichen Kreisen Vertrauen und Anhänger, die freilich nur aus gemäßigt Conservativen oder gemäßigt Liberalen sich rekrutiren werden, die aber ohne jenen Einfluß in sehr vielen Fällen sich nicht einmal unter einander geeinigt haben würden und noch viel weniger mit andern Wählerschaften harmoniren, welche zwar einen Candidaten der nämlichen parlamentarischen Parthei, aber vielleicht von ganz anderer Richtung erwählen. Trotz dieser künstlichen Grundlage ist die Reichspartei im Reichstag verhältnißmäßig stark; sie hat die Fortschrittsparthei überflügelt und steht den Deutschconservativen an Zahl ungefähr gleich, während ihr die Ausbreitung über die verschiedenen, namentlich auch die nichtpreußischen Theile des Reichs besser als jenen gelungen ist. Diese Ausdehnung beruht aber zu einem nicht unerheblichen Theil wohl nur auf den eben geschilderten Beziehungen, und die Parthei muß darauf gefaßt sein, namentlich die spezifisch partikularistischen Elemente, welche sich jetzt an sie angeschlossen haben, unter andern Verhältnissen, wenn dieselben einmal glauben sollten, ihre Sache in anderer Weise besser vertreten zu können, wieder zu verlieren. Die numerische Schwächung wäre schwerlich eine sachliche Schädigung, jedenfalls kein Zerfall der Parthei; der ursprüngliche freiconservative Kern wird bleiben, verstärkt durch verwandte außerpreußische, im Ganzen liberalere Elemente. Die Parthei würde damit noch mehr, als es bisher allerdings im Widerspruch mit den Intentionen bei Gründung der ursprünglichen Reichspartei der Fall war, in das allgemeine deutsche Parheischema, conservativ oder liberal mit ihren verschiedenen Abstufungen einrücken. In ihrer heutigen Gestalt und Zusammensetzung kann sie sich rühmen, sich von der Herrschaft schulmäßiger Begriffe vollständiger als die andern Partheien befreit zu haben; sie ist dafür aber auch, indem sie die populäre politische Vorstellungsweise zurückschob, in höherem Maaß als alle andern Partheien nur eine parlamentarische Fraction, welche ihre Kraft und Bedeutung nur aus sich selbst zieht ohne feste Wurzeln im Volksleben; ihr außerparlamentarischer Anhang bedarf weit mehr des Zusammenhalts durch sie, als daß er ihr eine selbständige Stütze wäre. Liegt darin für sie der Vortheil, durch Partheiüberlieferungen und Partheistimmungen weniger als andere beengt zu sein, so hat sie dagegen auch den Nachtheil zu tragen, daß sie, mehr ein Kind politischer Reflexion, als aus einem bestimmten volksthümlichen Bewußtsein entsprungen, der derben Kraft entbehrt, welche nur aus diesem Boden gewonnen werden kann.

Resultate.

Es versteht sich ganz von selbst, daß die Partheien, ihre Tugenden und ihre Schwächen je nach dem politischen Standpunkt, welchen der Betrachter einnimmt, sehr verschieden sich darstellen, und es wäre eine arge Selbsttäuschung, zu wähnen, man könne, mitten im Strom der Ereignisse, der hin- und herwogenden Kämpfe und Bestrebungen stehend, heute schon mit der Unbefangenheit des Historikers, der nach Jahrhunderten zugleich mit den wirkenden Kräften auch die abgeschlossenen Erfolge derselben überblickt, zu einem von allen Partheien anzuerkennenden Urtheil über ihr Wesen, ihre Bestrebungen und Leistungen gelangen. Bei dem Versuch, von jedem bestimmten Partheistandpunkt abzusehen, läuft man sogar Gefahr, von allen Partheien zurückgewiesen zu werden. Immerhin läßt sich ein gewisser Kern von objectiver Wahrheit herausschälen, für welchen man um so eher auf Anerkennung hoffen darf, je mehr man jedes unmittelbaren Eingreifens in die den Tag bewegenden Fragen sich enthält. Die Characteristik der deutschen Partheien, wie die vorstehenden Blätter sie enthalten, ist mit dem Streben nach objectiver Wahrheit, aber auch mit dem Bewußtsein entworfen, daß in so vieldeutigen Fragen, in welchen zwingende Beweise nach der Natur der Sache unmöglich sind, auf volle Uebereinstimmung in allen Einzelnheiten kaum mit einem Einzigen, geschweige denn mit der Gesammtheit des Publikums zu rechnen ist. Wenn aber auch nur die Grundzüge, welche hier unsern Partheien beigelegt sind, im Wesentlichen als richtig anerkannt werden, so ergeben sich schon hieraus höchst wichtige Consequenzen nicht für die Lösung irgend einer einzelnen Frage, wohl aber für unsre politische Gesammtsituation und die Beurtheilung dessen,. was überhaupt als möglich und wünschenswerth zu betrachten ist.

Wer anerkennt, daß unsere politischen Partheien ungefähr so beschaffen sind, wie sie hier geschildert wurden, wird zugeben müssen, daß für uns das sogenannte parlamentarische Regierungssystem eine Unmöglichkeit ist, darunter diejenige Form des Constitutionalismus verstanden, bei welcher das jeweilige Ministerium, wenn nicht formell rechtlich, doch thatsächlich mehr oder weniger der geschäftsleitende Ausschuß des Parlamentes bezw. der Majorität in demselben ist, so daß dieses zwar nicht direct regiert, aber doch den bestimmenden Einfluß auf die von ihm abhängige Regierung ausübt. Diesem System stehen bei uns auch noch andere, gleich unübersteigliche Hindernisse im Weg. Die preußische Krone, mit welcher jetzt auch die Kaiserwürde verbunden ist, hat nie entfernt eine Schmälerung ihrer Machtfülle erfahren, wie sie in dem sogenannten parlamentarischen System gelegen ist, und sie hatte um so weniger eine Veranlassung, eine solche in dem von ihr selbst geschaffenen Reich auf sich zu nehmen, als auch in keinem einzigen der deutschen Einzelstaaten, so verschiedenartig in denselben die Rechte der Volksvertretung und deren thatsächliche Macht sich entwickelt haben mochten, jenes System hergebracht war. Dasselbe verträgt sich eben so wenig mit den zwei mächtigsten Stützen und Werkzeugen, welche das deutsche Königthum für sich und den deutschen Staat geschaffen hat, unserm Heer und unserm Beamtenthum. Aber auch abgesehen von diesen dem Parlament gegenüber stehenden Kräften, wird durch das innere Wesen unserer constitutionellen Körperschaften selbst, welches durch die Art und Beschaffenheit der politischen Partheien bestimmt wird, für uns das parlamentarische Regierungssystem ausgeschlossen.

Schon rein äußerlich betrachtet stößt dasselbe im Reich auf die Schwierigkeit, daß wir viel zu viele Partheien haben, von denen bisher keine jemals über die absolute Mehrheit im Reichstag verfügte und von denen auch keine Aussicht hat, in absehbarer Zeit zu solcher Majorität zu gelangen. Die Zersplitterung unserer Partheien wird von auswärtigen Beobachtern, welchen die zu dem reinen Parlamentarismus gehörigen Sitten geläufig sind, mit Recht als ein wesentliches Hinderniß seines Gedeihens in Deutschland betrachtet; sie irren aber, wenn sie darin nur eine Schwäche unseres Volkscharacters erblicken und glauben, dieselbe könne und werde durch bessere politische Schulung geheilt werden. Gewiß wäre es möglich und wünschenswerth, den übermäßigen Individualisirungstrieb, welcher nach unserer Volksart auch in unserem Partheiwesen sich geltend macht und alle Partheien fortwährend mit der Gefahr der Zerspaltung bedroht, einigermaaßen einzudämmen; es ist aber doch nicht blos politische Unart, sondern in dem Wesen und der historischen Entwickelung unserer Partheien begründet, daß wir zu einer einfachen Zweitheilung derselben nicht wohl gelangen können. So wäre das parlamentarische Regierungssystem bei uns sofort zu Coalitionsministerien mit aller ihnen anhängenden Schwäche und Corruption genöthigt. Dazu kommt, daß eine der numerisch stärksten Partheien im Reichstag, das Zentrum, auf seiner außerstaatlichen Basis unserm Staat mindestens fremd, eventuell sofern es von demselben eine Beeinträchtigung seiner außerhalb des Staates liegenden Zwecke befürchtet, feindlich gegenübersteht. Nun würde zwar bei Anwendung des parlamentarischen Systems nicht die Gefahr entstehen, die Regierung des Reichs in die Hände dieser mehr als bedenklichen Parthei gelangen zu sehen, denn so wenig sie eine namhafte Verminderung zu befürchten hat, so — man darf wohl sagen — unmöglich ist es, daß sie je die absolute Mehrheit im Reichstag erlange. Sie verfügt aber für sich allein über ein Viertel, zusammen mit den Polen, die nur eine etwas anders gefärbte Ausgabe des Ultramontanismus darstellen, der Elsässischen Protestparthei, den Sozialdemokraten und andern Elementen, denen alles andere eher als die Förderung des Reiches am Herzen liegt, nahezu über ein Drittel der Stimmen des Reichstags, so daß von dem Rest drei Viertel auf eine Parthei sich vereinigen müßten, um dieser eine absolute Majorität zu verschaffen. Auf eine solche Konzentrirung der Stimmen könnte selbst bei sehr viel einfacheren Partheiverhältnissen nur ausnahmsweise unter besonders günstigen Verhältnissen gerechnet werden, wie die Dinge bei uns liegen, ist sie mehr als blos unwahrscheinlich.

Viel größer noch als die äußern Hindernisse sind aber die innern Schwierigkeiten, welche bei uns dem parlamentarischen System entgegenstehen. Wir haben, und damit ist alles entschieden, keine Partheien, welche als solche regierungsfähig wären. Diese Behauptung wird freilich vielfach, zumal in liberalen Kreisen auf sehr entschiedenen Widerspruch stoßen, welcher durch Hinzufügung der eigentlich selbstverständlichen Bemerkung sich kaum vermindern wird, daß die Regierung sehr wohl mehr in der Richtung der einen als der andern Parthei oder auch wesentlich in bestimmter Partheirichtung geführt werden kann, so wie daß mit dem Satze über die Regierungsfähigkeit der einzelnen Partheimitglieder durchaus nichts ausgesagt sein soll. Unsre deutschen politischen Partheien sind aber als solche

— das ist wenigstens die Ueberzeugung des Verfassers — nicht regierungsfähig. Um mit den Liberalen zu beginnen, unter welchen das parlamentarische System wohl die meisten, wenn auch großen Theils bedingte Anhänger zählt, wird die Regierungsfähigkeit der Fortschrittsparthei außerhalb ihrer eignen Reihen kaum Vertheidiger finden. Der geringste Anstand liegt in der numerischen Schwäche, die sich ja auch einmal in Stärke verwandeln könnte; aber eine normale Leitung der Staatsgeschäfte ist nicht wohl möglich vom Standpunkt des starren Prinzips aus, das wegen seiner behaupteten theoretischen Richtigkeit um seiner selbst willen durchgesetzt werden soll, neben welchem den Thatsachen Rechnung zu tragen, als charakterlose Schwäche verpönt wird. Die Fortschrittsparthei betrachtet unbekümmert um alle thatsächlich bestehenden Verhältnisse die Regierung lediglich nach den Anschauungen der parlamentarischen Mehrheit als raison écrite. das hält sie aber nicht ab, ihrer Seits namentlich durch innerlich absolut unhaltbare Coalitionen den Werth einer parlamentarischen Mehrheit auf sein Minimum herabzudrücken, ein recht sprechender Beweis dafür, wie sehr der Parthei in der Verfolgung ihrer Theoreme die zum Regieren unerläßlichste Fähigkeit abhanden gekommen ist, die thatsächlichen Bedingungen des Erstrebten richtig zu würdigen.

Aber auch die nationalliberale Parthei, obgleich sie neben ihren theoretischen Ueberzeugungen und Idealen grundsätzlich Rücksicht nimmt auf alle gegebenen Thatsachen, ist doch weit entfernt, den Aufgaben genügen zu können, welche das parlamentarische System an die Partheien stellen muß. Wesentlich durch theoretische Meinungen zusammengehalten, gegen deren Schwanken und Differenzen es keinen Schutz giebt, ist sie nicht stark genug, die schwere und kostbare Last der Regierung tragen zu können. Man denke sich ein nationalliberales Partheiministerium; dasselbe würde bestrebt sein, nach den Grundsätzen des Liberalismus die Regierung zu führen, es würde aber begreiflich der harten Wirklichkeit mehr und größere Conzessionen machen müssen, als das Partheiprogramm mit sich bringt; umgekehrt würde der Parteianhang in jedem Schritt, durch welchen irgend ein Theil des Programms verwirklicht wird, eine Bestätigung seiner Richtigkeit und Ausführbarkeit und darin die Aufforderung finden, auf dem eingeschlagenen Weg noch weiter voranzuschreiten. Die Parthei vertritt Ideale, wenn sie dieselben auch mit Rücksicht auf das praktisch Erreichbare zu mäßigen weiß und sie nicht abstract, sondern unter Beachtung der gegebenen Verhältnisse entwirft und auszuführen sucht. Das Ideal kann aber nie vollständig verwirklicht werden, es verliert bei der Ueberführung in die Realität unvermeidlich vieles von der Vollkommenheit, mit welcher es in der Gedankenwelt prangte. Die Mitglieder der Parthei können als Einzelne diesen Tribut an die menschliche Schwäche, welche das aus ihrer Mitte hervorgegangene Ministerium abzutragen hat, demselben zu gut halten; die Parthei als solche muß auf dem Standpunkt beharren, daß, nachdem man mit einem ersten Schritt dem Ideal bis zu einem gewissen Punkte nahe gekommen, in rastloser Arbeit nach vollständigerer Verwirklichung desselben gestrebt werden müsse. So unmöglich die absolute Erreichung des Zieles ist, so unabweisbar ist für denjenigen, der überhaupt einen idealen Standpunkt einnimmt, die Forderung, wenigstens nach immer weiterer Annäherung an dasselbe zu ringen. So führt der allgemeine Standpunkt der nationalliberalen Parthei mit einer gewissen Nothwendigkeit dahin, daß sie auch einem aus ihrer eignen Mitte hervorgegangenen Ministerium, selbst soweit dasselbe streng die Partheigrundsätze zu befolgen bestrebt ist, nicht unbedingt sich unterordnet, sondern ihm kritisch und treibend gegenüber tritt. Selbst der Reiz, die herrschende Parthei zu sein, würde sie kaum davon abhalten. Die Herrschaft einer Parthei, welche durch gemeinsame Interessen, durch ständische oder andere persönliche Beziehungen zusammengehalten wird, ist für alle Partheigenossen, auch für die an der Herrschaft direct nicht betheiligten, von erheblichem Werth, indem sie das allen gemeinsame Interesse schützt, und alle werden deshalb im Zweifel geneigt sein, zur Erhaltung dieser Herrschaft um ihrer selbst willen beizutragen. Die Regierung einer Parthei, welche wesentlich nur in der Gemeinsamkeit ihrer theoretischen Ueberzeugungen ihren Zusammenhalt findet, bringt den Anhängern derselben keinen andern Gewinn, als daß nach den für richtig gehaltenen Grundsätzen regiert wird; der Versuch, der Herrschaft einer solchen Parthei dadurch einen reelleren Rückhalt zu verschaffen, daß ihr die Vergebung von Aemtern und Würden, von einflußreichen und einträglichen Stellen lediglich nach Partheirücksichten gestattet würde, ist unter unsern Verhältnissen, zum Glück für uns, unmöglich. Die Folge ist, daß die Parthei sich viel weniger darum bemüht, die Regierung in der Hand einzelner ihrer Mitglieder zu erhalten, als darum, daß ihre Grundsätze möglichst rein durchgeführt werden, und sie ist deshalb wenig geneigt, diesen etwas zu vergeben, um den Ihrigen die Behauptung der Herrschaft zu erleichtern. Die Partheigrundsätze, welche höher stehen als die Parthei und sie beherrschen, bewahren unter allen Umständen ihre Anziehungskraft auf die Partheigenossen und werden gerade die entschiedensten Anhänger und Vertreter der Partheilehren immer wieder um sich sammeln und leicht in eine Art Oppositionsstellung selbst gegen ein ganz aufrichtiges Partheiministerium drängen, welches durch die Verhältnisse sich genöthigt sieht oder glaubt, die Schärfe der Prinzipien etwas ermäßigen zu müssen. Man schenkt dem Führer, welcher die ihm mit seinen Anhängern gemeinsamen Interessen vertheidigt, sehr leicht das Vertrauen, er werde von denselben nicht mehr aufgeben, als nothwendig und rathsam ist; dagegen verfällt der Vorkämpfer einer Meinung, wenn er bei seinem praktischen Handeln auf die Umstände Rücksicht nehmen muß, sehr leicht dem Mißtrauen, er habe sei es aus Ungeschick sei es aus Schwäche zu große Conzessionen gemacht, und läuft Gefahr, daß seine Anhänger um des Prinzips willen ihn verlassen. In einer Parthei, welche wesentlich durch die Gemeinsamkeit ihrer theoretischen Ueberzeugungen, das freieste und flüssigste, was es gibt, zusammengehalten wird, ist die strenge Partheidisziplin ziemlich undenkbar, ohne welche das parlamentarische Regierungssystem nicht bestehen kann. Für dasselbe taugen nur solche Partheien, welche gewohnt sind, den erkorenen Führern, so lange ihre Führerschaft anerkannt ist, sich unterzuordnen, statt in jedem einzelnen Fall sich die Prüfung und Entscheidung vorzubehalten, ob die Führer den richtigen Weg verfolgen. Eine derartige Disziplin liegt den Nationalliberalen ferner, als allen andern Partheien; es ist bekannt, eine wie weit gehende Toleranz sie unter einander üben müssen, wie die Fälle gar nicht selten sind, in welchen die Parthei bei der Abstimmung, mitunter in fast gleiche Hälften, sich spaltet oder in welchen einzelne Führer von dem Gros der Parthei sich trennen, ohne darum die Führerschaft zu verlieren oder aufzugeben, und doch war all diese Toleranz nicht im Stande, die Parthei vor der Sezession einer Anzahl ihrer hervorragendsten Mitglieder zu bewahren. Ist es schon jetzt unmöglich, innerhalb der nationalliberalen Parthei eine festgeschlossene Einheit und strenge Unterordnung unter den oder die erkorenen Führer aufrecht zu erhalten, so würde es unter den Versuchungen des parlamentarischen Systems noch weniger gelingen. Indem dasselbe auf die Erlangung der Mehrheit im Parlament die Prämie setzt, die Regierung bilden zu dürfen, fordert es neben allen guten auch alle schlimmen Kräfte zum äußersten Wagen heraus.

Wir würden, wenn wir mit unsern lose verbundenen Partheien auf das System uns einlassen wollten, die gleiche Erfahrung wie andere Völker vor uns zu machen haben, daß, je größere Bedeutung der Majorität beigelegt wird, mit um so geringerem Bedenken Leidenschaft, Ehrgeiz, Eifersucht auf die Erlangung einer Majorität um jeden Preis hinarbeiten würden. Hüten wir uns in die Rolle des Pharisäers zu verfallen, wenn wir bei verschiedenen romanischen Völkern das parlamentarische Regierungssystem unter der Last persönlicher Intriguen zu einem allerdings sehr unerquicklichen Zerrbild entartet sehen. Der Grund liegt schwerlich in der Unzulänglichkeit der Personen, sondern in der Unbrauchbarkeit jenes Systems ohne eine entsprechende Partheibildung, namentlich ohne eine ganz rigoröse Partheidisziplin, welche durch die Volkssitte geheiligt den ausschweifenden Gelüsten der Einzelnen einen wirksamen Zügel anzulegen im Stande ist. Selbst die parlamentarische Geschichte Englands ist trotz der strammsten Partheidisziplin, welche eher ein der Abhängigkeit unsrer Beamten als der losen Verbindung unsrer Partheien vergleichbares Verhältniß hervorruft, nicht arm an Ränken und Intriguen aller Art, unter welchen mehr als einmal das Interesse nicht weniger des Staates wie der Parthei hinter die Befriedigung persönlicher Leidenschaft zurücktreten mußte. Wir sind nicht schlechter, aber auch nicht besser als andere Nationen. Setzen wir, ohne vorher für schützende Dämme gesorgt zu haben, auf die reine Aeußerlichkeit, in einer sog. Hauptfrage eine Majorität für oder gegen zusammenzubringen, den höchsten im politischen Leben überhaupt möglichen Preis, die Erlangung der Herrschaft, so wird um denselben bei uns ganz mit derselben Rücksichtslosigkeit und in schlimmen Fällen mit derselben Gewissenlosigkeit wie bei andern Völkern gekämpft werden. Das Wagniß, die Regierung der jeweiligen parlamentarischen Majorität zu überantworten, kann nur gelingen, wenn die Bildung dieser Majorität nicht dem blinden Zufall, der schrankenlosen individuellen Willkür und Laune der Einzelnen überlassen wird, sondern nach heilig gehaltenen, politisch-moralischen Gesetzen sich vollzieht. Soll der Gang der Regierung von der parlamentarischen Mehrheit abhängig gemacht werden, so müssen die parlamentarischen Partheien unter einer nur in der Volkssitte zu findenden zwingenden Gewalt stehen, welche den Eigenwillen der Einzelnen bändigt und sie der planmäßigen Leitung des einmal erkorenen Führers für die Dauer seiner Führerschaft unterordnet. Unsere deutschen Verhältnisse bieten das gerade entgegengesetzte Bild dar; innerhalb der Partheien und zu allermeist der liberalen besteht nach der Natur und der Geschichte derselben die denkbar freieste Bewegung und die loseste Disziplin, und ein Partheizwang, wie das parlamentarische Regierungssystem ihn voraussetzt, würde, weit entfernt in den volksthümlichen Anschauungen die ihm nothwendige Stütze zu finden, im Gegentheil den politisch-moralischen Begriffen unseres Volkes geradezu widerstreben.

Die Deutschkonservativen sind Gegner des parlamentarischen Regierungssystems, auf ihre Mitwirkung für Durchführung desselben bei uns kann also nicht gerechnet werden. Sie ziehen eine in sich fest geschlossene, möglichst selbständige und stetige Regierungsgewalt einem System vor, bei welchem diese zwar nicht nothwendig abgeschwächt wird, welches aber für die Richtung ihrer Wirksamkeit gewisse, im günstigen Falle mäßige, unter Umständen aber auch recht starke Schwankungen nicht nur begünstigt, sondern geradezu will. Sie würden die zeitweise Herrschaft ihrer eignen Parthei für zu theuer erkauft erachten um den Preis, die Herrschaft an eine gegnerische Parthei zeitweise überlassen zu müssen; ein solcher Wechsel ist gerade das, was den ausgeprägtesten Neigungen der Deutschkonservativen für bleibende Autorität und möglichst geringe und ermäßigte Bewegungen im Staatsleben am entschiedensten widerspricht. Die Parthei bekämpft natürlich nicht nur die ihr widerstrebenden Maaßregeln, sondern je nach Umständen auch die Personen, welche in der Regierung dieselben vertreten; es ist bekannt, daß ein nicht unbeträchtlicher Theil der Deutschkonservativen zeitweise dem Reichskanzler persönlich Opposition machte, und daß die ganze Parthei wiederholt gegen andere Minister und nicht ohne Erfolg ihre Angriffe richtete. Die Parthei hat aber, auch wenn sie in oppositioneller Stellung sich befand, doch nie den Versuch gemacht, die parlamentarische Macht auf Kosten der Regierungsgewalt zu erhöhen; sie begnügt sich mit der engsten Begrenzung des Budgetrechts, sie ist gegen Ministeranklagen durch das Parlament u. s. w. Uebrigens sind die Deutschkonservativen dem parlamentarischen Regierungssystem nicht nur abgeneigt, sie sind zur Handhabung desselben auch eben so wenig wie die liberalen Partheien qualifizirt. Der Kern der Parthei, die preußische Ritterschaft, war ungeachtet der großen Dienste, welche sie ihrem Staate geleistet hat, und ungeachtet der ihr von Alters her eingeräumten bevorzugten und einflußreichen Stellung doch schon seit Jahrhunderten nicht mehr im Stande, als Parthei oder Stand eine leitende politische Rolle zu spielen; sie kann dies begreiflich, nachdem sie nicht einmal in den neueren Theilen des preußischen Staates festen Fuß zu fassen vermochte und im übrigen Deutschland bisher nur ganz sporadisch Anhänger gewonnen hat, noch viel weniger im Reich unter den heutigen Verhältnissen, welche dem Adel, zumal einem durchschnittlich nur mäßig begüterten Adel, selbst die Erhaltung seiner altüberlieferten Stellung schwer machen und gar den Gedanken, ihn im Widerspruch mit den demokratischen Hängen der Zeit neu zu einer leitenden politischen Stellung gelangen zu sehen, als aussichtslos erscheinen lassen. Insofern aber die Deutschkonservativen in rein prinzipieller Weise die konservativen Grundsätze als solche vertreten und sich damit auf einen ähnlichen Boden wie die Liberalen, wenn auch diesen entgegengesetzt stellen, würde bei ihnen die gleiche Unzulänglichkeit wie bei jenen für die Handhabung des parlamentarischen Regierungssystems aus den gleichen Ursachen hervortreten. Für dasselbe taugen eben nicht Partheien, welche sich in ihrem Handeln mehr durch allgemeine Grundsätze als durch konkrete Erwägungen bestimmen lassen. Diese Grundsätze stehen ein für alle mal fest und üben gerade über die entschiedensten Partheigenossen eine Herrschaft aus, die jede andere Rücksicht zum Schweigen bringt. Obgleich bei den Deutschkonservativen durch altüberlieferte persönliche und Standesbeziehungen der Zusammenhalt außerordentlich erleichtert und begünstigt ist, hat doch die Erfahrung wiederholt gezeigt, daß auch diese Parthei bei prinzipiellen Fragen, welche sie lebhaft erregen, in einen äußersten rechten Flügel und eine gemäßigtere Mitte auseinander fällt, welche selbst unter den jetzigen dem Zusammenhalt der Parthei sehr günstigen Verhältnissen nur schwer einer gemeinsamen Leitung sich fügen, und welche unter den schärferen Kämpfen des parlamentarischen Regierungssystems der Gefahr völliger Trennung schwerlich entgehen würden.

Die in gewissem Sinn geeignetste Parthei für dieses System wäre die Reichspartei, die zwar als solche dasselbe nicht erstrebt, deren Gründern und Führern aber bei ihrem Bemühen, die Gegensätze der Partheien zu mildern und dieselben weniger als bisher auf prinzipieller Grundlage aufzubauen, doch wohl auch der Gedanke vorschwebte, eine gewisse innere Annäherung der Partheien sei wesentlich auch zu dem Zweck wünschenswerth, um bei dem schwerlich hintanzuhaltenden Wachsthum des Einflusses der Partheien auf unser

Staatsleben diesem einen ruhigen und stetigen Gang möglichst zu sichern. Die Reichspartei ist aber bis jetzt überhaupt nur ein Versuch von mindestens zweifelhaftem Erfolg; unter der scharfen Zugluft des parlamentarischen Systems wäre es höchst wahrscheinlich unmöglich, dieselbe zusammenzuhalten; zunächst würden die kryptopartikularistischen Elemente ausscheiden, aber auch der Rest könnte leicht in ein rechtes und ein linkes Zentrum auseinanderfallen. Die Reichspartei könnte durch langjährige, ihre homogenen Elemente fest aneinander schweißende Ueberlieferung eine für das parlamentarische Regierungssystem brauchbare Parthei werden, wenn es ihr als Parthei nicht an einer festen Wurzel im Volksleben fehlte. Jetzt vermag sie so wenig wie die andern Partheien jenem System zu dienen, und, was für die Aussichten auf Verwirklichung desselben noch entscheidender ist, sie will es nicht. Bei allen bisherigen Erörterungen über die Vertheilung der Macht zwischen Regierung und Parlament stand sie vielleicht nicht ganz so bedingungslos wie die Deutschkonservativen, aber doch im Wesentlichen auf Seiten der ersten und begnügte sich mit der dem Reichstag zur Zeit thatsächlich zukommenden Stellung.

Ist jede einzelne unserer Partheien, für sich betrachtet, wenig geeignet oder gewillt, dem parlamentarischen Regierungssystem zu dienen, so paßt zu demselben noch weniger ihr gegenseitiges Verhältniß. Die Gegensätze zwischen ihnen sind so scharf, die Grundlagen, auf welchen sie ruhen, so verschiedenartig, daß ein Wechsel des Regiments zwischen ihnen, die Leitung des Staates abwechselnd nach dieser und jener Partheirichtung unvermeidlich zur Verwirrung führen müßte. Das parlamentarische Regierungssystem setzt Partheien voraus, welche grundsätzlich nicht allzu weit auseinander stehen und die einzelnen im Staatsleben auftretenden Probleme im Wesentlichen nach dem gleichen Maaßstab beurtheilen. Es beruht darauf, daß die zwei einander gegenüberstehenden Partheien die naturgemäß bei jeder Sache an sich vorhandenen zwei verschiedenen Seiten, ihre Licht- und ihre Schattenseite, in kontradiktorischem Verfahren geltend machen, während sie über den Maaßstab, nach welchem gemessen werden soll, im Wesentlichen einig sind, wie zwei Anwälte im Prozeß die entgegengesetzten Seiten der Sache vertreten, über die oberste Norm aber, nach welcher zu entscheiden ist, übereinstimmen; es können deshalb auch jene Partheien in einem anderen Falle ihre Rollen eben so ohne Anstand mit einander vertauschen, wie diese Anwälte. Die

Gegnerschaft unserer Partheien greift dagegen sehr viel tiefer; sie beschränken sich nicht darauf, die eine die Vorder-, die andere die Rückseite der Sache vorzukehren, sondern sie gehen von spezifisch verschiedenen Gesichtspunkten aus, und ihr eigentlicher Kampf gilt der Frage, welche allgemeine Norm das Staatsleben beherrschen soll. In dieser periodisch zu wechseln, ist aber ohne Auflösung des Staates unmöglich; das Wesen unserer Partheien würde dieselben, wenn wir es mit der reinen parlamentarischen Partheiregierung ohne weitere Schranken versuchen wollten, unaufhaltsam dahin führen, wechselseitig als Regierung den größten Theil dessen wieder zu zerstören, was die Gegenparthei, so lange sie im Besitz der Regierungsgewalt war, geschaffen hatte. Man braucht sich nur lebhaft vorzustellen, unser Staat werde je nach der wechselnden Reichstagsmehrheit einige Jahre hindurch von der preußischen Ritterschaft unter Benutzung ihres ständischen Einflusses und streng nach den Grundsätzen der Deutschconservativen regiert, dann gehe die Regierung an ein wesentlich nur auf seine Amtsgewalt gestütztes nationalliberales Ministerium über, um wieder nach einigen Jahren an jene zurückzukehren, und man wird zugeben müssen, daß dieser Weg wenigst möglich Garantien für gesundes Gedeihen und normale Fortentwicklung des Staates bietet.

Alle Einwendungen, welche hier vom Standpunkte unseres Partheilebens aus gegen die Anwendbarkeit des parlamentarischen Regierungssystems unter unsern deutschen Verhältnissen erhoben sind, könnten selbst demjenigen, der ihnen beipflichtet, insofern überflüssig erscheinen, als allgemein, vielleicht mit Ausnahme der Fortschrittsparthei, anerkannt sei, daß jenes System bei uns nicht in Geltung stehe und zur Zeit jedenfalls, sei es aus den angeführten, sei es aus andern Gründen, von demselben abgesehen werden müsse. Es ist richtig, daß die Anwendbarkeit des Systems bei uns heute auch in liberalen Kreisen weit aus nicht mehr mit der Sicherheit wie vor einem halben Jahrhundert angenommen, oder gar als ganz selbstverständlich vorausgesetzt wird. Seine Unanwendbarkeit ist im Gegentheil von Einzelnen sehr bestimmt und scharf ausgesprochen worden, sie wird vielleicht von der Mehrheit derjenigen, welche in politischen Dingen Erfahrungen gemacht haben, namentlich der Parlamentsmitglieder aller Farben wenigstens stillschweigend zugegeben, und selbst unter dem außerparlamentarischen Gros auch der liberalen Partheien ist die Zahl der Zweifler fortwährend im Wachsen. Dessenungeachtet ist aber die Hinneigung zu dem parlamentarischen System noch immer eine sehr große und weit verbreitete, hundertfach wird bewußt oder unbewußt aus den Anschauungen desselben heraus argumentirt, für die parlamentarische Mehrheit ein maaßgebender Einfluß, wie er nur bei diesem System möglich ist, in Anspruch genommen und das Fehlen dieses Einflusses als ein mit allen Anstrengungen zu beseitigendes Uebel empfunden. Aus diesem Grund ist es zweckmäßig und nothwendig, im Einzelnen nachzuweisen, daß bei uns dem parlamentarischen Regierungssystem das Wesen der Partheien selbst entgegensteht. Dieses Hinderniß beruht ganz unzweifelhaft nicht in einer beliebig zu ändernden rechtlichen Organisation, sondern es ist rein und ausschließlich thatsächlicher Natur. Auch die Hindernisse, welche bei uns dem parlamentarischen Regierungssystem in der historisch überlieferten Stellung des Königthums, des Heeres, des Beamtenthums entgegenstehen, lassen sich nicht durch einen freien Willensact, sei es eines Einzelnen, sei es einer politischen Körperschaft, aus der Welt schaffen; ihnen gegenüber schleicht sich aber doch gar leicht immer wieder die Vorstellung ein, sie könnten, wenn man nur ernstlich wolle, durch Aenderungen in der rechtlichen Organisation des Staates beseitigt werden. So weit dagegen die natürliche Beschaffenheit unserer Partheien in Betracht kommt, ist ein solcher Irrthum unmöglich, und wenn dieselbe, wie das in der That der Fall ist, die Anwendung des Systems für uns ausschließt, so ist schon damit allein constatirt, daß ihm Thatsachen, die nicht willkürlich zu ändern sind, im Wege stehen. Wer das parlamentarische Regierungssystem unbedingt will und für nothwendig hält, sollte sich wenigstens darüber klar sein, daß, ehe sein Ziel erreichbar wird, zunächst gegebene, mit den politischen Gewohnheiten und Ueberlieferungen unseres Volkes eng verwachsene Zustände geändert sein müßten, daß deren Umgestaltung, selbst wenn man sie für möglich hält, einen sehr beträchtlichen, jedenfalls weit längeren Zeitraum erfordern würde, als er für praktisches Handeln in's Auge gefaßt werden kann, und daß jeder verfrühte Versuch auf unvorbereitetem Boden verderblich wirken muß. Das parlamentarische Regierungssystem mag als theoretisches Ideal alle Anerkennung verdienen und finden, für das praktische Handeln muß von demselben vollständig und vorbehaltlos abgesehen werden.

Die stark ausgeprägte Vorliebe für dieses System, welches ja weit über die deutschen Grenzen hinaus in dem größten Theil Europa's ebenso zahlreiche wie warme Verehrer gefunden hat, beruht zu einem nicht geringen Theil unzweifelhaft auf seinen beispiellos glänzenden Erfolgen in seiner englischen Heimath. Sieht man aber, wie es anderwärts auflösend und zersetzend gewirkt hat, so sollte man denken, dies müsse, wenn nicht die Bewunderung vermindern, wenigstens Zweifel an seiner Gemeingiltigkeit erregen, und wenn es trotz dessen immer wieder ohne weitere Untersuchung über seine Anwendbarkeit als bestes Vorbild hingestellt und ihm nachgestrebt wird, so verdankt es diese Gunst wohl noch einem andern Umstande; sie beruht zu einem nicht geringen Theile darauf, daß es bis jetzt die einzige Art der konstitutionell beschränkten Monarchie darstellt, welche eine in das Einzelne eingehende sichere und in das allgemeine Volksbewußtsein aufgenommene Ausbildung erfahren hat. Das deutsche Reich ist zu jung, als daß sich in demselben schon eine feste Staatspraxis hätte bilden können. Auch in Preußen besteht die constitutionelle Staatsform erst seit drei Jahrzehnten und wurde, nachdem die schweren Geburtswehen kaum überwunden waren, durch den Militärconflikt Jahre lang in ihrer normalen Entwicklung gehemmt. In den deutschen Mittel- und Kleinstaaten ist diese Verfassungsform zwar schon länger in Geltung, hat auch da und dort für längere oder kürzere Perioden eine ungestörte und glückliche Entfaltung gefunden, es hat sich aber doch nirgends eine so sichere und maaßgebende Uebung gebildet, daß alle Zweifel über das constitutionell Richtige und Zulässige und alle Besorgnisse über unberechenbare Improvisationen im Staatsleben ausgeschlossen wären. Und doch ist es nicht blos eine theoretische, sondern eine höchst praktische Forderung, die auch von einem der Theorie sehr viel weniger ergebenem Volke, als es das unsrige ist, gestellt werden muß, den Weg klar und sicher vorgezeichnet zu sehen, bei dessen redlicher Einhaltung eine glückliche Entwicklung des Staatslebens erwartet werden darf. Unser constitutionelles System vermag aber auf gar manche sich darbietende Frage zur Stunde noch keine befriedigende Antwort zu geben, während sein parlamentarischer Nebenbuhler immer wieder neue Anhänger dadurch zu gewinnen weiß, daß er für alle Fälle die Antwort in der scheinbar außerordentlich einfachen Formel fertig hat: die Mehrheit des Parlaments entscheidet über die einzuhaltende politische Richtung, und um jede Collision unmöglich zu machen, sind ihre Führer an die Spitze der Regierung zu berufen. Die Voraussetzungen, unter welchen allein dieser scheinbar so einfache Satz heilsam wirken kann, sind aber in rechtlicher wie in thatsächlicher Beziehung unendlich compliziert und nicht beliebig übertragbar. Wir können die Unfertigkeit unsres constitutionellen Systems nicht dadurch ergänzen, daß wir es als werdenden Parlamentarismus behandeln, und vergeblich würde selbst der erfindungsreichste Kopf sich bemühen, dasselbe plötzlich zu der inneren Vollendung zu erheben, deren sein um Jahrhunderte älterer Rivale sich erfreut. Auch das parlamentarische System ist nicht erfunden, sondern erlebt worden, und nur auf dem gleichen Wege gelassener, durch Generationen fortgesetzter Arbeit können wir unsern Constitutionalismus, der auf andern Voraussetzungen beruht und mit andern Kräften zu rechnen hat, zu der Ausbildung führen, welche dem Verlauf unsres Staatslebens die jetzt so oft vermißte Sicherheit garantirt.

Je unmöglicher es ist, die künftige Entwicklung unsres constitutionellen Systems im Voraus zu umschreiben, um so wichtiger ist es, wenigstens über die nothwendigen Consequenzen der gegebenen Verhältnisse sich klar zu werden. Die wesentlichste von allen ist die, daß die Regierung bei uns der Volksvertretung durchaus selbständig und unabhängig gegenüber steht. Sie vertritt die Krone nicht etwa nur in dem Sinn, daß gewisse vorbehaltene Rechte nicht von dem Parlament als solchem, sondern nur von den zur Regierung berufenen Parlamentsmitgliedern Namens der Krone ausgeübt werden dürfen, sondern sie ist rein und ausschließlich Dienerin der Krone; sie leitet ihre Macht nicht nur formal, sondern auch materiell von dieser, nicht von dem Parlament her; sie steht nicht im Parlament, sondern demselben gegenüber; sie mag in ihren Ansichten mehr zu der einen oder der anderen Parthei hinneigen, sie besteht aber nicht aus den Führern einer Parthei als solchen. Es hieße darum Unmögliches verlangen, wenn man forderte, zwischen Regierung und Volksvertretung sollten nie Differenzen bestehen, die doch zwischen zwei unabhängig einander gegenüber stehenden Gewalten ganz unvermeidlich sind, und es wäre verkehrt zu fordern, jede entstandene Differenz solle durch den Rücktritt des Ministeriums gelöst werden. Dieser Ausweg hat einen Sinn nur bei dem parlamentarischen Regierungssystem, bei welchem durch die Ablösung des in der Minorität gebliebenen Ministeriums durch ein anderes über die Majorität gebietendes die Differenz zwar nicht gelöst, aber doch einstweilen unschädlich gemacht wird; bei dem rein konstitutionellen System wäre er in den meisten Fällen zweck- und erfolglos, weil die Regierung außerhalb des Parlaments steht und unabhängig von demselben ist und damit, so lange man das Grundwesen des Systems nicht in sein Gegentheil ändert, die Quelle von Differenzen zwischen beiden Gewalten immer offen bleibt. Das System legt unausweichlich beiden Theilen, der Regierung und der Volksvertretung, die Nöthigung auf, fortgesetzt nach sachlichem Ausgleich zu streben, welcher dann aber auch, soweit er gelingt, die Differenz nicht blos zur Seite schiebt, sondern wirklich löst.

Bei dem rein constitutionellen System kann es keine eigentliche Regierungs- und es sollte normaler Weise auch keine reine Oppositionspartei geben. So verhalten sich auch im Wesentlichen die Deutschconservativen, die Reichspartei und die Nationalliberalen. Die Unabhängigkeit der Regierung von den Parteien bedingt nothwendig auch die Unabhängigkeit dieser von jener. Eine Partei kann möglicher Weise lange Zeit hindurch sei es aus Ueberzeugung sei es aus Schwäche alles billigen, was die Regierung vorschlägt, unmöglich aber kann sie sich zu dem Grundsatz bekennen, sie werde immer allen Vorschlägen der Regierung zustimmen. Bei dem parlamentarischen Regierungssystem, bei welchem der Regierungs- und der Parteistandpunkt zusammenfallen, kann und soll die Mehrheitspartei ihren die Regierung bildenden Führern Gehorsam leisten, die gleiche Unterwerfung unter den Willen einer außerhalb der Parteien stehenden Regierung wäre nichts anderes als die Abdankung der Partei als solcher. Umgekehrt haben wir aber auch eine reine Oppositionspartei als etwas anomales zu betrachten. Da bei uns die Regierung als solche außerhalb der Parteien steht, ist die normale Vertheilung der Rollen nicht die, daß die eine Partei die Vorschläge der Regierung deshalb, weil es Regierungsvorschläge sind, unter Geltendmachung ihrer vortheilhaften Seiten vertheidigt, die andere dieselben aus dem gleichen Grund unter Hervorhebung ihrer Schattenseiten bekämpft, sondern das Natürlichere ist, daß jede Partei den Maaßstab ihrer Parteiansichten an die Vorschläge der Regierung anlegt und je nach dem darnach sich ergebenden Urtheil dieselben unterstützt, ihnen entgegentritt oder sie zu modifiziren sucht. Es ist freilich möglich, daß eine Regierung eine Richtung verfolgt, welche eine bestimmte Partei für unbedingt verderblich hält, und es ist begreiflich, daß dann diese Partei die Regierung als solche angreift und in allen Beziehungen bekämpft. Ein solcher Zustand ist aber für unsre Verhältnisse mißlich und anomal, denn die Partei erstrebt etwas, das mit den Mitteln des bestehenden Staatssystems jedenfalls nicht direct zu erreichen ist; sie will ein anderes Ministerium, dessen Berufung aber nicht von ihr oder dem Parlament, sondern von der Krone abhängt. In solcher unbedingten Opposition, für welche innerhalb des Systems jedenfalls nur ausnahmsweise ein Erfolg möglich ist, befinden sich bei uns die Ultramontanen und die Fortschrittsparthei, die ersten von ihrem dem Staat selbst gegnerischen Standpunkt aus mit gutem Grund und für immer jeder denkbaren, den Ultramontanismus zurückweisenden Regierung gegenüber, die zweiten mehr aus Grille, weil sie im Widerspruch mit den Thatsachen von der Fiction ausgehen, daß das parlamentarische Regierungssystem bei uns bestehe, oder von der Forderung, daß es bestehen solle. Bietet unser einfach constitutionelles System ordentlicher Weise keinen Raum weder für eine reine Regierungs- noch für eine reine Oppositionsparthei, so ist es ganz natürlich, daß die zu parlamentarischen Beschlüssen erforderliche Majorität abwechselnd aus verschiedenen Partheien sich bildet, je nach dem bald diese bald jene in den betreffenden Punkten in positiver oder negativer Richtung unter einander übereinstimmen. Es kann dies für die Regierung eben so gut vortheilhaft wie nachtheilig sein, unbegründet aber ist es, es als objectiv verwerflich zu betrachten, wenn sie in einem gegebenen Falle eine Majorität für ihre Anträge dadurch zusammenzubringen sucht, daß sie eine ihr sonst gegnerische Parthei für dieselben zu gewinnen weiß. Eine solche Handlungsweise kann höchst verwerflich sein wegen der Motive oder Zwecke, wegen der angewendeten Mittel oder des für die Unterstützung gezahlten Preises; an sich aber ist sie nicht nur keine Verletzung der politischen Moral, sondern es ist geradezu unvermeidlich, daß eine Regierung, welche aus keiner Parthei hervorgegangen und von allen grundsätzlich verschieden ist, für ihre verschiedenen, mit keinem einzelnen Partheiprogramm sich deckenden Vorschläge bald bei dieser bald bei jener Parthei Unterstützung finden wird. Die Gefahr, daß intriguante Herrschsucht oder politische Nullität und Characterlosigkeit sich auf diese Sätze berufen, um ihre unsaubern Manipulationen damit zu rechtfertigen, ist nicht zu leugnen, sie bleiben aber darum nicht minder wahr, und die Gefahr des Mißbrauchs der Partheien durch die Regierung bei dem constitutionellen System ist nicht größer als die der mißbräuchlichen Coalitionen unter den Partheien bei dem parlamentarischen.

Mag aber bei dem Constitutionalismus, wie er sich bei uns entwickelt hat, die Regierung der Volksvertretung an sich unabhängig gegenüber stehen, so kann und soll sie doch nicht jeder Rücksichtnahme auf die Anschauungen derselben sich entschlagen. Die Rechte, welche nach dem Wesen des Systems der Volksvertretung zustehen, genügen selbst in ihrer engsten Beschränkung auf die Theilnahme an der Gesetzgebung und die Bewilligung der Staatsausgaben (nicht einmal auch der Einnahmen), um der Regierung diese Nöthigung aufzuerlegen. Sie kann stark genug sein, um durch einzelne, selbst mit großer Majorität gegen ihre Anträge gefaßten Beschlüsse der Volksvertretung nicht erschüttert zu werden; wenn sie aber dauernd und entschieden auf das Mißtrauen und die Gegnerschaft der parlamentarischen Mehrheit stößt, werden die von ihr für nothwendig oder zweckmäßig gehaltenen Gesetze nicht votirt, die für ihre Zwecke erforderlichen, nicht schlechthin unabweislichen Ausgaben nicht bewilligt werden, die Staatsmaschine geräth in's Stocken und verzehrt, ohne ihre Aufgabe erfüllen zu können, ihre Kräfte in nutzloser Reibung. Das Ende eines solchen peinlichen, staatszerstörenden Zustandes kann nur sein Vernichtung des Constitutionalismus oder Berücksichtigung der Wünsche der Volksvertretung wenigstens so weit, daß der Regierung nicht mehr dauernd eine geschlossene gegnerische Majorität gegenüber steht. Es mag in Deutschland noch stille Absolutisten geben, welche das constitutionelle System gern auf ein bedeutungsleeres Minimum beschränkt sähen; es dürfte aber sehr zu bezweifeln sein, ob sie selbst an einen ernsthaften Erfolg glauben, jedenfalls werden sie ihn nicht haben. Der Constitutionalismus ist bei uns nicht die beliebig wieder auszutilgende Schöpfung einer theoretischen Grille oder einer Laune, sondern das nothwendige Produkt unsrer historischen Entwicklung. Die unbeschränkte Monarchie, so viel wir derselben namentlich in dem führenden deutschen Staat, in Preußen, zu verdanken haben, ist doch den staatlichen Anforderungen der heutigen Zeit nicht mehr gewachsen; sie kann, von allem andern abgesehen, nicht mehr die für unser Staatsleben nöthigen geistigen und materiellen Mittel flüssig machen ohne active Mitwirkung des Volkes durch seine Vertreter. So gewiß der Constitutionalismus für uns unentbehrlich ist, so gewiß werden auch die nothwendigen Consequenzen desselben sich geltend machen.

Vorübergehende Umstände, die über das gewöhnliche Maaß gesteigerte persönliche Autorität der Regierung, die Uneinigkeit der Partheien, eine momentane Nothlage können den Einfluß der Volksvertretung zeitweise zurückdrängen, auf die Dauer zu unterdrücken ist er nicht; er ist ein bleibender Factor in unserm Staatsleben, durch das ganze Wesen unsrer Verfassung mit solcher innerer Nothwendigkeit gegeben, daß er als zu derselben gehörig anerkannt werden muß. Indem die Krone die konstitutionelle Verfassung zuließ, hat sie nicht nur die thatsächliche Nöthigung sich auferlegt, sondern auch die politische Pflicht übernommen, auf das bei dieser Verfassungsform unentbehrliche Einverständniß mit der Volksvertretung bedacht zu sein und die von derselben vertretene politische Richtung zwar nicht ohne Weiteres und bis zu dem Grad als die entscheidende anzuerkennen, daß die Führer der Mehrheit an die Spitze der Regierung zu berufen wären, aber doch diese Richtung als ein Moment gelten zu lassen, das bei der vorbehaltenen eigenen Entschließung wesentlich in Betracht zu kommen habe. Noch mehr, es gilt in Deutschland, seit wir constitutionelle Verfassungen haben, als unzweifelhaft, daß die Regierung der Volksvertretung gegenüber politisch verantwortlich ist, und auch der Reichskanzler, einer so überlegenen Autorität er sich zu erfreuen haben und so leicht es für ihn sein mag, weitgehende Ansprüche des Reichstags abzulehnen, hat doch seine politische Verantwortlichkeit immer vorbehaltlos anerkannt. Es wäre bei dem rein constitutionellen System logisch denkbar, die Regierung im weitesten Sinn dieses Wortes als so ausschließlich dem Monarchen vorbehalten zu betrachten, daß die Minister, von der Legalität ihres Verhaltens abgesehen, nur ihm gegenüber über den richtigen Vollzug seines Willens, nicht auch gegenüber der Volksvertretung über die politische Zweckmäßigkeit ihres Handelns sich zu verantworten hätten. Real ist dies selbstverständlich unmöglich. Schon durch das einzige Recht der Ausgabebewilligung ist der Volksvertretung die Möglichkeit eröffnet, das gesammte vorhergegangene Thun und Unterlassen der Regierung einer Kritik zu unterwerfen und über die Art und Weise, wie das Bewilligte verwendet werden soll, sich zum Voraus sicher zu stellen. Die gleiche Möglichkeit bietet jeder andere Antrag der Regierung, für welchen diese der Zustimmung der Volksvertretung bedarf, und auch aus der freien Initiative der letzteren heraus kann jene hundertfach zur Rechtfertigung ihres Verhaltens genöthigt werden, wenn sie nicht die Autorität und das Vertrauen verlieren will, die ihr zu ihrer Wirksamkeit nöthig sind. Kannte der patriarchalische Staat nur die Pflicht des schweigenden Gehorsams gegen die Gebote der Obrigkeit, so hat der constitutionelle Staat die Pflicht der Regierung daneben gestellt, sich vor der Volksvertretung über ihr Thun und Lassen zu verantworten. Die Pflicht kann nicht auf die Krone zurückgeschoben werden; diese würde, wie durch die Uebernahme der rechtlichen Verantwortlichkeit die Unverletzlichkeit, so durch die der politischen Verantwortlichkeit die Würde einbüßen, ohne welche die Monarchie nicht bestehen kann, und es ist fehlerhaft und sollte nie ohne Rüge hingenommen werden, wenn ein Minister, statt persönlich für seine Maaßregeln einzutreten, sich auf die Zustimmung der Krone für dieselben beruft; es ist dies nichts anderes als die Ablehnung der Verantwortung, welche ihn und nicht den Monarchen trifft. Die Verantwortlichkeit des Ministers für die politische Haltung der Regierung führt von selbst zu der Consequenz, daß er auch für seine eigne Stellung als Minister, durch welche ja seine ganze Wirksamkeit bedingt wird, verantwortlich ist, und auch hier kann er sich nicht dadurch decken, daß er sich einfach auf die ohnehin selbstverständliche Thatsache beruft, daß er seine Stellung mit dem Willen der Krone einnehme; es handelt sich eben um die Vertretung und Rechtfertigung dieser Thatsache, welche ihm und nicht der Krone obliegt. Die politische Pflicht des Ministers, aus freiem Entschluß und obgleich er des Vertrauens der Krone fortgesetzt sich zu erfreuen hat, sein Amt niederzulegen, sofern seine fernere Amtsführung namentlich wegen seiner Beziehungen zu der Volksvertretung dem Staatswohl nicht entsprechen würde, hat für das Reich sogar einen gewissen positiv-rechtlichen Ausdruck darin gefunden, daß der Reichskanzler und einige andere oberste politische Beamte nicht nur jeder Zeit entlassen werden, sondern auch ihrer Seits die Entlassung fordern können, ohne in dem einen wie in dem andern Falle ihrer Rechte als Staatsbeamte verlustig zu werden. Dieses Recht ist ihnen selbstverständlich nicht aus Gunst als ein eigennütziges Privatrecht zugestanden, sondern es ist nur das Correlat zu der Pflicht, vom Amt zurückzutreten, wenn das politisch zweckmäßige Verhalten, für welches sie verantwortlich sind, dies verlangt. Wer diese politische Pflicht des Ministers anerkennt, der muß auch das correspondirende politische Recht der Volksvertretung zugeben, auf den Rücktritt des Ministers hinzuwirken. Wird damit der Volksvertretung zugestanden, auf die oberste Staatsleitung direct einen ähnlichen Einfluß auszuüben, wie es bei dem parlamentarischen Regierungssystem zu geschehen pflegt, so ist doch die tief gehende Verschiedenheit beider Fälle nicht zu übersehen. Die parlamentarische Mehrheit hat bei uns keinen Anspruch darauf, daß das Ministerium aus ihren Reihen entnommen werde; es ist deshalb auch an sich werthlos, zu constatiren, daß in der Volksvertretung eine antiministerielle Mehrheit besteht, vielmehr kommt es, wenn das von derselben angegriffene Ministerium nicht von selbst vor den ihm entgegentretenden Hindernissen zurückweicht, darauf an, bei der Krone die Ueberzeugung hervorzurufen, daß unter den gegebenen Verhältnissen die Aufgabe des Regiments durch ein anderes Ministerium leichter und mit besserem Erfolg erfüllt werden würde. Die parlamentarische Geschichte, wenn nicht des noch allzu jungen Reichs, so doch der deutschen Einzelstaaten liefert manche lehrreiche Belege, daß diese minder anspruchsvolle Methode die wirksamere ist. Wie weit bei einem solchen parlamentarischen Kampfe höchster Ordnung auf jeder Seite gegangen werden dürfe uud solle, welche Mittel als loyal zu gelten haben, wie viel man, ohne gerechtem Vorwurf sich auszusetzen, wagen dürfe, ist eben so wenig durch stricte Rechtssätze festzusetzen, wie die Regeln des Parlamentarismus auf solchen beruhen; nur durch glückliche Traditionen können sich Normen bilden, stark genug, um gegen die Exzesse der Leidenschaft zu sichern, und elastisch genug, um dem wechselnden Bedürfniß sich anzuschmiegen. Einstweilen, bis sie sich entwickelt haben und ihre wohlthätige Herrschaft üben werden, müssen wir uns auf den politischen Takt der handelnden Personen verlassen, welcher vieles ersetzen, aber freilich die beunruhigende Empfindung von der Unfertigkeit unserer Zustände nicht wegnehmen kann.

Geht man davon aus, daß bei uns nicht das parlamentarische, sondern ein davon wesentlich verschiedenes constitutionelles System in Geltung ist, nach welchem die Regierung selbständig und unabhängig der Volksvertretung gegenüber steht, so kann nur der Pessimismus verkennen, daß letztere mit Rücksicht auf die Stellung, in welcher sie sich nun einmal befindet, einen sehr bedeutenden Einfluß auf unser Staatsleben ausübt. Schon allein Angesichts der Gesetzgebung des deutschen Reichs, die auf jeder Seite die Spuren einer sehr starken Einwirkung des Reichstags, sehr vielfach gegen die offen ausgesprochenen und nachdrücklich vertheidigten Ansichten der Regierung aufweist, ist es unbegreiflich, wie man von Bedeutungslosigkeit des deutschen Constitutionalismus sprechen mag. Derartige wegwerfende Urtheile beruhen auf einer Verwechslung der Form mit der Sache; weil den Mehrheitsbeschlüssen des deutschen Reichstags nicht die äußerlich entscheidende Bedeutung englischer Parlamentsbeschlüsse zukommt, übersieht man seine minder augenfällige, aber darum nicht minder tief eingreifende Wirksamkeit. Es werden nicht viele Perioden in der parlamentarischen Geschichte Englands zu finden sein, in welchen die herrschende Parthei so viele Maaßregeln in ihrem Sinne durchsetzte, wie es seit der Gründung des Norddeutschen Bundes der nationalliberalen Parthei, obgleich sie niemals die absolute Majorität im Reichstag besaß, gelungen ist, in ihrem Sinn auf die Gesetzgebung des Reiches einzuwirken. Sie ist allerdings öfter auch auf einen unüberwindlichen Widerspruch der Regierung gestoßen, und auch andere Partheien haben, statt mit ihr in der Herrschaft zu wechseln, neben ihr und gegen sie ihren Einfluß auf unser Staatsleben geübt. Jedenfalls ist aber die tief eingreifende Wirksamkeit des Reichstags und seiner Partheien auf die Entwicklung unserer Gesetzgebung nicht zu verkennen; bei ihr ist unser constitutionelles System, welches einen sachlichen Ausgleich unter den einander gegenüberstehenden Ansichten fordert, vollständig und rückhaltlos zur Ausführung gekommen.

Dagegen hat der Reichstag, abgesehen von den Gebieten, in welchen die Regierung verfassungsmäßig an seine Zustimmung gebunden ist, auf die Gesammthaltung derselben bisher einen verhältnißmäßig sehr geringen Einfluß geübt, geringer noch als in den meisten deutschen Einzelstaaten außer Preußen. Der Hauptvorwurf gegen den Reichskanzler auch aus der Mitte derjenigen, welche gern und vertrauensvoll seiner Führung folgen, besteht darin, daß er den Reichstag auf die engsten Grenzen seiner einzelnen Befugnisse zu beschränken und im Uebrigen eine rücksichtslose Dictatur zu üben suche. Der Vorwurf ist jedenfalls übertrieben; im Gegentheil ist vielleicht niemals ein mächtiges Reich unter größerer Mäßigung des dictatorischen Willens gegründet und eingerichtet worden, wie das unsrige. Der erste Schritt des Kanzlers nach errungenem Sieg noch vor der formellen Gründung des Norddeutschen Bundes war die freiwillige Unterwerfung unter das Gesetz durch Nachsuchung der Indemnität für die vorangegangenen Gesetzesübertretungen, und wenn er in der jüngsten Zeit den Antrag auf Aufnahme der Hamburger Vorstadt St. Pauli in das Reichszollgebiet fallen ließ, dagegen auf der Verlegung der Zollgrenze auf der Elbe bestand, so hat er wieder gezeigt, daß er in der Aufrechterhaltung eines gesetzlich der Regierungsgewalt zustehenden Rechts durch keinen Widerspruch sich hemmen läßt, daß er aber Conflicte über zweifelhafte Rechtsfragen sorgfältig vermeidet. Im Uebrigen ist nicht zu bestreiten, daß der Reichskanzler bei seinen Entschlüssen den Anschauungen und Tendenzen des Reichstags oder gar der einzelnen Partheien ein ziemlich geringes Gewicht beilegt und jeden Einfluß desselben auf die Regierung abzuwehren sucht. Es mag dahin gestellt bleiben, wie weit damit ein als dauernd möglich gedachtes System verfolgt wird, oder wie weit darin nur die naive Aeußerung einer alles gewöhnliche Maaß weit übersteigenden Kraft vorliegt. Jedenfalls ist es eine unmögliche Zumuthung, daß eine solche Kraft sich als nicht vorhanden betrachte, und es ist für unsere politische Entwicklung vortheilhafter, daß sie im Bewußtsein ihres Werthes ihre Ziele offen verfolgt und die neben ihr vorhandenen schwächeren Kräfte lieber einengt, als daß sie dieselben fälscht. Hätte der Reichskanzler die Formen des parlamentarischen Systems in der Manier des Bürgerkönigthums mißbrauchen wollen, so hätte er wahrscheinlich auch auf diesem Weg und vielleicht unter minder lautem Widerspruch wie jetzt seine Ziele erreichen können. Damit wäre aber nur eine Unwahrheit in unser politisches Leben eingeführt worden, welche ihren Urheber nicht überdauern konnte, die Nation aber in falsche, schwer wieder zu verlassende Bahnen verlockt hätte. Das parlamentarische Regierungssystem mit seiner Abhängigkeit der Regierung von dem Parlament, so daß dieses die Richtung jener bestimmt, ist für uns nicht wegen der Herrschsucht des Kanzlers, sondern aus sachlichen, für absehbare Zeiten nicht zu ändernden Gründen so unmöglich, daß selbst seine gewaltige Kraft dasselbe nicht zu uns zu verflanzen vermöchte. Man mag finden, der Reichskanzler habe für die Bedingungen der Thätigkeit und Wirksamkeit der doch auch nach seinem Urtheil unentbehrlichen Volksvertretung nicht die sichere und feine Empfindung und darum auch nicht die ausdauernde Geduld und Nachsicht, wie für die meisten andern Bedingungen unseres Staatslebens, und man kann beklagen, daß daraus manche, unter andern Umständen vielleicht zu vermeidende Reibungen und Verstimmungen entspringen: in der Hauptsache hat er recht, daß die Regierung bei uns der Volksvertretung an sich unabhängig gegenüber steht und nur zur Erreichung der gemeinsamen Ziele auf sachliche Verständigung mit ihr angewiesen ist. Es ist deshalb werthlos, in den Formen des parlamentarischen Systems zu verkehren und sogar schädlich, den Schein seiner Geltung zu erregen; unserer politischen Schulung und Weiterentwicklung wird, vielleicht in minder angenehmer Weise, aber besser als durch derartige Fictionen durch das offene, selbst rücksichtslose Wirken und Gegenwirken der reell vorhandenen Kräfte gedient, welche wohl ihr wechselseitiges Stärkeverhältniß, nicht aber ihre innere Natur verändern können und werden. Die persönliche Machtstellung des Reichskanzlers ist gewiß sehr anomal, ganz eben so anomal wie seine Verdienste und seine Leistungsfähigkeit, sie ist aber persönlich und bedeutet keineswegs ein fortdauerndes gleiches Uebergewicht der Regierung gegenüber der Volksvertretung. Nur die grundsätzliche Unabhängigkeit jener von dieser wird bleiben, dagegen der Einfluß der letztern unfehlbar steigen, denn keinem Nachfolger Bismarck's wird es möglich sein, dessen Autorität zu gewinnen und zu behaupten. Möge es uns nur nicht beschieden sein, daß die alles überwältigende Kraft, die jetzt von ihm ausgeht, allzu bald auch von denjenigen schmerzlich vermißt werde, welche jetzt über das Uebermaaß dieser Kraft klagen.

Als die zwei wichtigsten Waffen, durch welche die Volksvertretung der Regierung gegenüber den ihr gebührenden Einfluß erlangen und behaupten könne, betrachtet die constitutionelle Doctrin die Ministeranklage und das Steuerbewilligungsrecht. Die rechtliche Verantwortlichkeit der Regierung ist nicht eine spezifische Eigenthümlichkeit des parlamentarischen Regierungssystems; es ist vielmehr uraltes deutsches Recht, daß jede öffentliche Gewalt nur nach Recht und Gesetz ausgeübt werden darf, daß die Inhaber und Träger derselben nicht über, sondern unter dem Gesetz stehen, und wenn an die Stelle des schlichten Satzes des Sachsenspiegels, der Pfalzgraf soll Richter sein über das Unrecht des Königs, in dem modernen Staatsrecht die Bestimmung getreten ist, daß der Minister für die Legalität der Regierungshandlungen einzustehen habe, diese aber auch alle an seine Gegenzeichnung gebunden seien, so ist dieser Fortschritt ebenso gut mit dem constitutionellen wie mit dem parlamentarischen Regierungssystem vereinbar. Bekanntlich ist in der Reichsverfassung auf Veranlassung des Reichstags die Verantwortlichkeit des Kanzlers in Verbindung mit der Formvorschrift, daß alle Regentenhandlungen des Kaisers seiner Gegenzeichnung bedürfen, ausdrücklich ausgesprochen, und sie ist als eine rechtliche jedenfalls in dem Sinn zu betrachten, daß ihm dadurch die Pflicht auferlegt werden soll, für die Gesetzmäßigkeit der Regierungshandlungen einzustehen. Schon dieser nackte Grundsatz ohne weitere Ausführungsbestimmungen ist vom höchsten Werth, denn die natürliche Macht des Rechts ist so groß, daß sie in der weit überwiegenden Mehrzahl der Fälle sich von selbst durchsetzt, und um so sicherer, wenn der Rechtssatz, um den es sich handelt, so klar und fest in dem Volksbewußtsein steht wie der, daß das Gesetz auch die Regierung bindet. Die Verfassungsvorschrift über die rechtliche Verantwortlichkeit des Reichskanzlers ist aber allerdings, wie so manche andere Satzungen des öffentlichen Rechts, eine lex imperfecta, insofern sie, abgesehen von der rechtlichen Unwirksamkeit des gegen das Gesetz Geschehenen, durch keine Strafsanction geschützt ist und Mittel und Wege zu ihrer Geltendmachung nicht bereitet sind. Mit dem Wesen unsres Constitutionalismus wäre die Anklage der Volksvertretung gegen einen Minister wegen gesetzwidrigen Verhaltens in seinem Amt an sich ganz wohl vereinbar, und ein Ministerverantwortlichkeitsgesetz, welches den Thatbestand, wegen dessen angeklagt und eventuell verurtheilt werden könnte, so genau zu präzisiren wüßte, daß in seiner Anwendung nur ein einfacher, wenn auch wichtiger Akt der Rechtsprechung läge, würde vielleicht nicht auf allzu große Schwierigkeiten stoßen. Nur würde ein solches, nothwendig sehr beschränktes Gesetz einen ziemlich geringen Werth haben und dem Hauptzweck wenig genügen, welchen man mit einem Ministerverantwortlichkeitsgesetz verfolgt, und welcher darin besteht, daß für den Fall des Conflicts zwischen Regierung und Volksvertretung, wenn jene etwas thut, was diese nicht will und für rechtlich unzulässig hält, eine beide Theile bindende Entscheidung herbeigeführt werde. Eine solche Entscheidung ist aber, so sehr dabei auch Rechtsfragen in Betracht kommen mögen, doch nicht einfache Rechtsprechung, sondern ein eminent politischer Act. Ob die Ueberwindung eines Conflicts zwischen Regierung und Volksvertretung — und darauf, nicht auf die Lösung eines juristischen Problems kommt es an — leichter und sicherer durch eine Ministeranklage oder durch das freie Spiel der einander gegenüberstehenden politischen Kräfte, welche doch auch bei jener unvermeidlich den Ausschlag geben, zu erreichen sein wird, läßt sich schwerlich zum Voraus entscheiden. Die politische Ministeranklage ist für einen äußersten Fall ein letztes Mittel von zweifelhafter Wirksamkeit, über dessen Zubereitung zum Voraus zu streiten, mit der Gefahr, sich darüber zu entzweien, kaum der Mühe löhnt. Der Reichstag hat nur während der ersten Sessionen des Norddeutschen Bundes schwache und beschränkte Versuche zu weiterer Ausbildung der rechtlichen Verantwortlichkeit der Regierung gemacht, ohne Erfolg. Dagegen haben namentlich die Nationalliberalen ein wesentliches Verdienst dadurch sich erworben, daß sie mit eben so viel Geschick als Erfolg bemüht waren, die Competenz und die Machtbefugnisse der Regierung möglichst genau zu bestimmen und die Entscheidung streitiger Rechtsfragen in möglichst weiter Ausdehnung an unabhängige Gerichte zu übertragen. Sie haben für die Aufgabe, den öffentlichen Rechtszustand gegen Verletzungen auch von Seiten der Regierung zu schützen, dadurch mehr geleistet, als durch das vollendetste Ministerverantwortlichkeitsgesetz zu erreichen wäre. Auch die öffentliche Meinung scheint in der Werthschätzung eines solchen Gesetzes etwas schwankend geworden zu sein; wird es noch immer in weiten Kreisen als eine Einrichtung betrachtet, die zweifellos zur Vollendung der constitutionellen Verfassung gehöre, so ist es doch in den Augen vieler nur eine theoretisch und logisch nothwendige Ergänzung derselben von zweifelhaftem praktischem Werth und wird mit der Kühle behandelt, welche dieser Auffassung entspricht.

Um so lebhafter wendet sich das öffentliche Interesse der andern parlamentarischen Waffe zu, dem s. g. Steuerbewilligungsrecht, d. i. der Einrichtung, daß die Einnahmen des Staats, insbesondere die Steuern von der Regierung nicht kraft einer ihr ein für allemal zugestandenen Vollmacht, sondern nur auf Grund einer jeweils nur für eine Budgetperiode erfolgenden Bewilligung der Volksvertretung erhoben werden dürfen. Es ist klar, daß die letztere durch dieses Steuerbewilligungsrecht, sofern man dasselbe als ein innerlich unbeschränktes auffaßt, der Regierung gegenüber eine sehr große Macht erlangt, unvergleichlich größer als durch das bloße Ausgabebewilligungsrecht, denn eine nicht bewilligte Ausgabe kann ohne Schwierigkeit für die Regierung von dieser thatsächlich gemacht werden, wenn sie nur im Besitz der erforderlichen Mittel ist, während ihr gerade diese durch eine von der Bevölkerung befolgte Steuerverweigerung entzogen werden. Das Recht der Volksvertretung, frei nach ihrem souveränen Ermessen die Zahlung der Steuern, aller oder irgend eines unentbehrlichen Theils derselben, zu hemmen, obgleich die Unentbehrlichkeit feststeht und anerkannt ist, hat aber einzig als Pressionsmittel gegen die Regierung, namentlich um einen Ministerwechsel im Sinn des parlamentarischen Systems zu erzwingen, einen Sinn. Die wirkliche Sistirung der Steuerzahlung ist rechtlich und thatsächlich unmöglich, rechtlich weil ohne Steuereinnahmen die zu ihrer Erfüllung auf dieselben angewiesenen rechtlichen Verbindlichkeiten des Staats nicht erfüllt werden können, thatsächlich weil ohne dieselben der Staat überhaupt nicht existiren kann. Es wäre offenbar widersinnig, der Volksvertretung die Absicht unterzuschieben oder das Recht beizulegen, durch ihre Beschlüsse den Staat aufzuheben. Der Beschluß, die Steuern zu verweigern, obgleich ihre Unentbehrlichkeit außer Frage steht, kann daher keinen andern Sinn haben als den, es sollten irgend welche Forderungen des Parlaments erfüllt, namentlich ein der Mehrheit desselben genehmes Ministerium eingesetzt werden, und es wird dabei als selbstverständlich vorausgesetzt, daß dann die nothwendigen Steuern anstandslos werden bewilligt werden. Indem die Volksvertretung die als unentbehrlich anerkannten Steuern verweigert, droht sie, um ihre Forderungen durchzusetzen, mit der Auflösung der Staatsordnung in der Hoffnung, die Krone werde, um diese Gefahr zu vermeiden, dieselben lieber zugestehen. Macht man aber mit dem Recht der Krone, die Minister frei nach ihrer Ueberzeugung zu wählen, Ernst und nimmt man an, sie beharre auf ihrem Recht, so führt die Steuerverweigerung zu einem unmöglichen Zustand, aus welchem es einen rechtlichen Ausweg nicht gibt. Das absolute Steuerverweigerungsrecht ist um nichts besser als das mittelalterliche Fehderecht der Stände gegen den Landesherrn, in seiner Anwendung liegt die Erklärung, die Mittel der Rechtsordnung seien erschöpft und die Herrschaft der Thatsachen beginne. Als das Steuerbewilligungsrecht zuerst als Hebel benutzt wurde, um für die Volksvertretung Rechte und Einfluß zu gewinnen, war es eine sehr viel ungefährlichere und darum weit brauchbarere Waffe als heute; der Staat konnte damals geraume Zeit hindurch ohne (neu bewilligte) Steuern existiren. Das ist längst nicht mehr der Fall. Unter unsern heutigen Verhältnissen ist das absolute Steuerverweigerungsrecht theoretisch nur unter der Voraussetzung annehmbar, daß die Pflicht der Krone unzweifelhaft feststeht, das Ministerium nach dem Willen des Parlaments zusammenzusetzen, und wo dieses parlamentarische Regierungssystem sich befestigt hat, kommt es praktisch mit weniger gewaltsamen Mitteln aus; die Steuerverweigerung aber als Mittel zu gebrauchen, um dieses noch nicht zu rechtlicher Anerkennung gelangte System gegen den Willen der Krone durchzusetzen, ist mindestens außerordentlich gefährlich.

Für das rein konstitutionelle System ist eine wesentlich andere Auffassung des Budgetrechts begründet. Auch bei diesem System empfiehlt es sich, das ganze Budget, die Einnahmen ebenso wie die Ausgaben, von der periodischen Genehmigung der Volksvertretung abhängig zu machen, nicht um eines constitutionellen Prinzips willen oder um ein Pressionsmittel gegen die Regierung zu schaffen, sondern aus dem rein sachlichen Grund, weil das Budget nach seinen beiden Seiten, den Ausgaben und den Einnahmen, ein untrennbares

Ganzes ist, welches zweckmäßiger Weise nicht zur einen Hälfte, in Betreff der Einnahmen, durch dauernde Gesetze, zur andern in Betreff der Ausgaben je nur für eine Budgetperiode durch den Staatshaushaltsetat festgestellt werden kann. Die Volksvertretung darf aber das ihr zustehende Recht in seinen beiden Beziehungen nicht wie ein Privatrecht nach freiem Belieben oder zu andern außerhalb der Sache gelegenen Zwecken verwenden, sondern sie ist, da jede öffentliche Gewalt eben so sehr Pflicht wie Recht ist, verpflichtet, die als nothwendig anerkannten Ausgaben und die entsprechenden Einnahmen zu bewilligen, und diese Pflicht ist nicht nur eine moralische, sondern eine rechtliche in dem Sinn, daß ein Zuwiderhandeln gegen dieselbe als eine Verletzung der Rechtsordnung zu betrachten ist. Auch für diese Pflicht der Volksvertretung fehlt es allerdings an der Sanction durch ein Strafgesetz für den Fall, daß sie dieselbe nicht erfüllen sollte, und ist es schwer, eine solche Sanction zu schaffen, um die rechtliche Verantwortlichkeit der Minister auszuführen, so wird es geradezu unmöglich sein, eine rechtliche Form zu erfinden, in welcher eine widerstrebende Volksvertretung genöthigt werden könnte, die erforderlichen Bewilligungen an Ausgaben und Einnahmen zu machen. Jede derartige Veranstaltung ist aber auch entbehrlich. Der Rechtssatz, daß die nach den Verhältnissen gebotenen Ausgaben und dann die entsprechenden Einnahmen bewilligt werden müssen, ist für sich allein vollkommen genügend; es kommt nur darauf an, die beirrende Vorstellung zu beseitigen, das Steuerbewilligungsrecht könne und dürfe, ohne daß man Unrecht thue, auch als Mittel zur Erreichung anderer mit dem Staatshaushalt nicht zusammenhängender Zwecke, namentlich zur Erzwingung des parlamentarischen Regierungssystems benutzt werden. Ist nur gegen diese irrige Vorstelluug durch die Gesetzgebung Vorkehr getroffen, so ist der Satz, daß dem Staat die für ihn nothwendigen Ausgaben und Einnahmen durch keines seiner Organe, auch nicht durch die Volksvertretung vorenthalten werden dürfen, so selbstverständlich und durch seine Selbstverständlichkeit von so zwingender Macht, daß er ganz sicher ohne äußere Hilfe sich von selbst durchsetzt.

Bei dieser Auffassung des Budgetrechts kommt die praktisch größere Bedeutung dem Recht, die Ausgaben zu bewilligen, zu. Ein großer Theil derselben beruht allerdings unmittelbar auf gesetzlichen Vorschriften und darf schon deshalb, wie auch in der parlamentarischen Praxis unbedingt anerkannt ist, nicht verweigert werden, und ein anderer Theil ist thatsächlich so unwidersprechlich nothwendig, daß die Ablehnung unmöglich ist. Die Volksvertretung hat aber doch immer das höchst werthvolle Recht, alle diese Ausgaben auf das unentbehrliche Minimum zu reduziren und überdies die in jedem Budget sehr zahlreich vorkommenden Anforderungen, deren Gewährung nur zweckmäßig oder wünschenswerth wäre, nach freiem Ermessen zu bewilligen oder nicht zu bewilligen, und sie besitzt darin ein vollkommen ausreichendes Mittel, nicht nur um im Interesse der Steuerzahler auf richtige Sparsamkeit hinzuwirken, sondern auch um einen zwar indirecten, aber keineswegs unerheblichen Einfluß auf die Regierung auszuüben, welche, um ihre Anforderungen leichter durchzusetzen, auf die Anschauungen und Wünsche des Parlaments eine gewisse Rücksicht nehmen muß. Das Recht der Einnahmebewilligung hat, der usurpirten Function als Zwangsmittel gegen die Regierung entkleidet, praktisch einen geringeren Werth, indem die Einnahmen mindestens bis zum Betrag der genehmigten Ausgaben bewilligt werden müssen. Immerhin gewährt es der Volksvertretung die Möglichkeit, dafür zu sorgen, daß nicht Einnahmen über den Bedarf erhoben werden, und vor allem ist die Bewilligung aller Einnahmen oder wenigstens eines Ausschlag gebenden Theils derselben je nur für eine Budgetperiode und nach dem Bedarf derselben im Interesse einer sichern und geordneten Finanzverwaltung dringend geboten. Nichts hat die von allen Seiten als nothwendig anerkannte Steuerreform bisher mehr erschwert und wird ihr voraussichtlich auch für die Zukunft größere Hindernisse bereiten, als die Feststellung aller Steuern durch bleibende Gesetze (in Preußen), wodurch unvermeidlich bald unverwendbare Ueberschüsse bald bedenkliche Defizits entstehen. Die jetzt in Preußen getroffene Bestimmung, daß die Ueberschüsse, welche sich etwa für diesen Staat aus den erhöhten Einnahmen des Reichs ergeben werden, in voraus festgesetzter Weise verwendet werden müssen, mag einstweilen ganz zweckmäßig sein, sie ist aber nicht mehr als ein Nothbehelf; eine gründliche Beseitigung der Schwierigkeit wird kaum anders als dadurch zu erreichen sein, daß die periodische Bewilligung wenigstens der einen oder der andern Steuer zugegeben, anderer Seits aber auf die Verwendung des Steuerbewilligungsrechts als eines Zwangsmittels gegen die Regierung verzichtet und also durch die Verfassung ausdrücklich ausgesprochen wird, daß die Einnahmen bis zur Höhe des durch die genehmigten Ausgaben bestimmten Bedarfs bewilligt werden *müssen*.

Im Reich ist das Budgetrecht nach diesen Gesichtspunkten geordnet und hat sich bewährt. Der Reichstag hat das Recht der Ausgabebewilligung mit dem Vorbehalt, daß bei Feststellung des Militär-Ausgabe-Etats die gesetzlich bestehende Organisation des Reichsheers zu Grunde gelegt werden muß. Dieser Vorbehalt heißt aber nichts anderes, als der Reichstag ist, unbeschadet seines Rechts der Ausgabebewilligung, verpflichtet, diejenigen Ausgaben zu bewilligen, welche nothwendig sind, um das Heer in seiner reichsgesetzlich festgestellten Organisation zu erhalten. Was dazu gehört, ist im einzelnen Fall zu vereinbaren, alles aber, was darnach als nothwendig anzuerkennen ist, muß bewilligt werden, selbst wenn der Reichstag annehmen sollte, der Aufwand könne unter Voraussetzung einer andern Organisation unbeschadet des Zwecks verringert werden. Involvirt nach den ausdrücklichen Bestimmungen der Reichsverfassung das Ausgabebewilligungsrecht des Reichstags, wenigstens den Militärausgaben gegenüber, zugleich die Pflicht, das Nothwendige zu bewilligen, so wird auch allen andern Ausgaben gegenüber die gleiche Auffassung jenes Rechts als im Sinn der Reichsverfassung gelegen anzuerkennen sein; der Aufwand für das Militär bildet nicht nur den weit aus bedeutendsten Ausgabeposten, neben welchem zumal bei Gründung des Bundes alle andern Ausgaben so gut wie vollständig verschwanden, sondern es ist auch an sich natürlich und selbstverständlich und von der constitutionellen Doctrin und Praxis, welche das Ausgabebewilligungsrecht nicht als Pressionsmittel gegen die Regierung zu behandeln pflegen, wenigstens stillschweigend anerkannt, daß die für den Staat nothwendigen Ausgaben nicht verweigert werden dürfen. Die Verfassungsvorschriften über den Militär-Ausgabe-Etat enthalten kein Ausnahmsrecht, sondern sie betonen nur das auch sonst geltende Recht speziell für einen Punkt, welcher nach dem vorangegangenen langen Conflict besonders bedroht und in dem eben neu begründeten Bunde besonderer Sicherung bedürftig schien. Für den Militär-Etat war ursprünglich und ist auch noch jetzt nach dem Wortlaut der Verfassung eine weitere Cautel allerdings mehr thatsächlicher als rechtlicher Natur durch die Bestimmung aufgestellt, daß die Einzelstaaten für jeden Mann ihres Contingents jährlich 225 Thaler dem Kaiser zur Verfügung zu stellen haben. Indem nach dieser Bestimmung die Summe, welche zur Erhaltung des Reichsheers in seiner gesetzlichen Organisation für erforderlich galt, unter allen Umständen aufgebracht werden muß, war nicht zu befürchten, daß die Ausgaben unter den Betrag jener doch zu zahlenden Summe herabgesetzt werden. Die fragliche Bestimmung hat ihren praktischen Werth zum größten Theil dadurch eingebüßt, daß jene Summe längst nicht mehr genügt. Man hat sich aber gleichwohl bei den Grundsätzen der Verfassung beruhigt und dieselben haben sich bisher durch ihre eigene Kraft mühelos durchgesetzt; so vielfach auch darüber gestritten wurde, was nothwendig sei, darüber war man doch immer einig, daß der Reichstag sich nicht der Pflicht entziehen könne, das als nothwendig Anerkannte, speziell die zur Erhaltung des Reichsheers in seiner gesetzlichen Organisation erforderlichen Mittel, auch über den Betrag von 225 Thlr. pro Kopf der Friedensstärke hinaus, zu bewilligen. Und wie das Ausgabe- so hat auch das Einnahmebewilligungsrecht des Reichstags in der Verfassung eine vollkommen korrekte Regelung erfahren. Nach derselben dürfen die Matrikularbeiträge nur in dem budgetmäßigen Betrag ausgeschrieben werden, zugleich ist aber bestimmt, daß für die Bedürfnisse des Reichs, soweit sie nicht durch die s. g. eignen Einnahmen desselben gedeckt sind, nach ihrem vollen Betrag durch Matrikularbeiträge zu sorgen ist, d. h. es ist ein Recht des Reichstags, daß Matrikularbeiträge nur nach seiner (zu dem Budget erforderlichen) Zustimmung ausgeschrieben werden, es ist aber zugleich seine Pflicht, dieselben in der den Ausgaben entsprechenden Höhe zu bewilligen. Die Erfahrung hat bereits zur Genüge gezeigt, welchen Werth dieses Recht hat, um auf Ermäßigung der Matrikularbeiträge und damit auf Erleichterung der Steuerzahler hinzuwirken, und der Reichstag hat deshalb guten Grund gehabt, ungeachtet der sehr bedeutenden Erhöhung der eignen Einnahmen des Reichs, welche Matrikularbeiträge ordentlicher Weise entbehrlich machen würden, dieselben und sein Bewilligungsrecht als regelmäßige Einrichtung formell aufrecht zu erhalten, und er wird sie ohne gleichwerthiges Aequivalent wohl niemals aufgeben. Er hat aber anderer Seits auch nie den leisesten Versuch gemacht, der Erfüllung seiner Pflicht sich zu entziehen; indem die Reichsverfassung die Verwerthung des Einnahmebewilligungsrechts als eines Zwangsmittels gegen die Regierung durch das einfache Gebot ausschließt, daß, soweit die eignen Einnahmen des Reichs zur Deckung der Ausgaben nicht genügen, das Fehlende durch Matrikularbeiträge aufgebracht werden muß, sichert sie den richtigen Gebrauch jenes Rechts und hat damit einen dankenswerthen Fortschritt in der Entwicklung unsres constitutionellen Staatsrechts begründet.

Behagen oder Misbehagen über den Gang unsrer politischen Entwickelung, namentlich in den activ daran betheiligten Kreisen, hängt wesentlich davon ab, ob man sich entschließt, einfach auf alle Versuche zur Einführung oder Nachahmung des parlamentarischen Regierungsystems zu verzichten oder nicht. Die Zahl derjenigen, welche an die Möglichkeit seiner sofortigen Verwirklichung glauben, ist wohl sehr gering, sehr groß aber die Zahl derjenigen, welche sich nicht entschließen können, es als letztes Endziel aufzugeben, und welche einstweilen im Sinne desselben urtheilen und nach dem Maaßstab desselben messen. Was die Zukunft bringen wird, kann Niemand wissen; zur Zeit, d. h. für den ganzen Zeitraum, welcher bei dem politischen Handeln überhaupt in's Auge gefaßt werden kann, ist das System unmöglich, von allem andern abgesehen, auch wegen der thatsächlichen Beschaffenheit unsrer Volksvertretung und unsrer politischen Partheien, die nicht willkürlich sich ändern läßt. Wir sind auf die Pflege und Fortbildung des rein konstitutionellen Systems angewiesen, welches in der anerkannten und kräftig geübten Theilnahme der Volksvertretung an der Gesetzgebung und der Finanzverwaltung volle Gewähr gibt für die Volksthümlichkeit der Rechtsentwicklung und die Schonung der finanziellen Kräfte des Staates und seiner Angehörigen; es gibt die Sicherheit, daß in unserm Staat nach Recht und Gesetz verfahren werden muß unter der rechtlichen Verantwortlichkeit der Regierung und unter dem weit ausgedehnten Schutz unabhängiger Gerichte, und es eröffnet durch die politische Veranwortlichkeit der Regierung die Möglichkeit, deren Gesammthaltung so zu beeinflussen, daß sie der von einer bleibenden Mehrheit der Volksvertretung vertheidigten politischen Richtung auf die Dauer Berücksichtigung nicht versagen kann. Dieses System ist freilich noch weit entfernt von der Vollendung seines inneren Ausbaues, welche erst aus der Arbeit und den Ueberlieferungen vieler Generationen hervorgehen wird. Wir sind aber doch seit der Grüudung des Reichs entschieden und mit Erfolg in seinen Bahnen gewandelt, und wenn man nach seinem Maaßstab und ohne beirrende Seitenblicke auf das parlamentarische Regierungssystem mißt, wird ein großer Theil des, wie sich nicht läugnen läßt, jetzt vorhandenen Misbehagens und der Klagen, für die Zukunft sei nichts vorbereitet, als unbegründet erscheinen. Eine Vorbereitung des parlamentarischen Regierungssystems ist unmöglich, und es ist unter allen Umständen unvermeidlich, daß wir eine ungeheure Lücke empfinden werden, wenn wir einmal die Kraft des Reichskanzlers entbehren müssen. Er hat uns aber doch auf den richtigen Weg gewiesen, und er hat, indem er den Reichstag zum Pfleger und Vertreter des nationalen Gedankens machte, demselben ein politisches Machtmittel ersten Ranges in die Hand gegeben, das für unsre Zeit von weit größerer und jedenfalls für unser Volk glücklicherer Wirksamkeit ist als die heute nicht mehr anwendbare mittelalterliche Subsidienbewilligung.

Kolibri 360 GmbH
Ferdinand-Jühlke-Straße 7
99095 Erfurt, Deutschland
produktsicherheit@kolibri360.de